QUARTIER LACAN

Testemunhos colhidos por Alain Didier-Weill
e
Emil Weiss e Florence Gravas

TRADUÇÃO
Procopio Abreu

QUARTIER LACAN

Testemunhos colhidos por Alain Didier-Weill
e
Emil Weiss e Florence Gravas

REVISÃO
Sandra Regina Felgueiras

EDITOR
José Nazar

Copyright © 2001, Éditions Denoël

Título Original
Quartier Lacan

Direitos de edição em língua portuguesa adquiridos pela
Editora Campo Matêmico
Proibida a reprodução total ou parcial

Editoração Eletrônica
FA - Editoração Eletrônica

Tradução
Procopio Abreu

Revisão
Sandra Felgueiras

Editor Responsável
José Nazar

Conselho Editorial
*Bruno Palazzo Nazar
José Nazar
José Mário Simil Cordeiro
Maria Emília Lobato Lucindo
Teresa Palazzo Nazar
Ruth Ferreira Bastos*

Rio de Janeiro, 2007

FICHA CATALOGRÁFICA

Q26

Quartier Lacan : testemunhos / colhidos por Alain Didier-Weill e Emil Weiss e Florence Gravas ; tradução Procopio Abreu ; revisão Sandra Regina Felgueiras ; editor José Nazar. - Rio de Janeiro : Cia. de Freud, 2007.

798p. ; 23 cm

Tradução de: Quartier Lacan
Inclui bibliografia

ISBN 978-85-7724-020-3

1. Lacan, Jacques, 1901-1981. 2. Psicanalistas - Entrevistas. 3. Psicanálise. I. Didier-Weill, Alain. II. Weiss, Emil, 1947-. III. Gravas, Florence.

07-1005.   CDD: 150.1952
                                              CDU: 159.964.2

*Companhia
de Freud*

Endereço para Correspondência
Rua Barão de Sertório, 57
Tel.: (21) 2293-7166 • (21) 2293-9440
Rio Comprido - Rio de Janeiro
e-mail: ciadefreud@ism.com.br

Sumário

Nota do editor 7

Introdução, por Alain Dider-Weill 9

Entrevistas com:

    Jean Clavreul 21
    Serge Leclaire 31
    Wladimir Granoff 47
    Moustapha Safouan 81
    Charles Melman 97
    René Bailly 119
    Claude Dumézil 131
    Maud Mannoni 163
    Michèle Montrelay 173
    Christian Simatos 189
    René Tostain 203

René Major 209
Daniel Wildlöcher 221

Posfácio, por Emil Weiss 247

Glossário 253

Nota do editor

As entrevistas que compõem esta obra, como explica Alain Didier-Weill em sua introdução logo após, têm origens diversas – entrevistas para um filme em vídeo, gravações e, num único caso, respostas escritas a um questionário. Certos textos foram revistos em detalhe pelos autores dos testemunhos, outros não. Assim, com freqüência foi necessário proceder a uma "limpeza" do que foi dito – a mais leve possível – para respeitar a passagem da forma oral à forma escrita.

A quase totalidade das entrevistas aconteceu durante o segundo semestre de 1993 e durante o primeiro semestre de 1994. Só as entrevistas de René Major e Daniel Wildlöcher são mais tardias, já que seus testemunhos datam do meio de 2001. A ordem dos textos corresponde à ordem cronológica das gravações.

As notas foram reduzidas ao estritamente necessário para dar algumas informações aos leitores que não conhecem em detalhe a história do movimento psicanalítico francês e, em particular, do movimento lacaniano. Os termos ou siglas com um asterisco durante sua primeira ocorrência na introdução e em cada entrevista são explicitados no pequeno glossário que se encontra no fim da obra. Esta, bem como as notas e as apresentações dos autores dos testemunhos, foi redigida pelo editor.

Todos estes textos são inéditos, à exceção de um, o que retoma a entrevista com Wladimir Granoff (*cf.* nota p. 47), que este último desejou ver rapidamente disponível sob forma escrita.

Agradecimentos de Alain Didier-Weill e do editor a Charlotte Didier-Weill, Julie Penot-Didier-Weill e Gricelda Sarmiento pela ajuda em matéria de transcrição dos textos e da documentação, bem como a Betty Milan, autora de um espirituoso lapso que está na origem do título desta obra.

Introdução

por Alain Didier-Weill

A heterogeneidade do público que se juntou para ouvir Lacan falar durante quase trinta anos não cessa de nos lembrar a razão pela qual essa fala fez exceção no pensamento contemporâneo. Durante o tempo de um seminário*, a clivagem que separa disciplinas tão diversas quanto psicanálise, matemática, antropologia, filosofia, lingüística, literatura... parecia ter perdido a razão de ser. A fala de Lacan trazia à existência essa exceção.

Mas antes de ressoar para um público amplo essa fala previamente "soou" junto a um pequeno número de psicanalistas – a quem cabe, portanto, o mérito de tê-la reconhecido bem antes de ser difundida pelos meios de comunicação. Foi desses ouvintes, dos quais se pode dizer que foram os primeiros "passadores*" de Lacan, que recolhemos os testemunhos publicados nesta obra.

Esta coletânea de entrevistas, entre esses psicanalistas e – no essencial – eu mesmo, foi constituída a partir de três fontes: gravações

---

* Os termos dotados de um asterisco estão explicitados num glossário no fim da obra [com exceção de alguns asteriscos que remetem a notas do tradutor em pé de página, o que é facilmente identificável pelo leitor (NT)].

efetuadas durante a realização de um filme em vídeo, entrevistas com gravador e, num único caso, respostas a questões escritas. A parte vídeo[1] foi filmada no meio dos anos 1990 por Emil Weiss e Florence Gravas, que, por outro lado, intervêm em certas retomadas durante as questões colocadas a: Jean Clavreul, Wladimir Granoff, Charles Melman, Claude Dumézil, René Bailly, Moustapha Safouan e Serge Leclaire (neste último caso, assinalemos a participação, desejada pelo entrevistado, de Madeleine Chapsal). A coleta de conversas no gravador depois tomou o lugar do filme por diferentes razões: às vezes o documento vídeo não servia para uma transcrição utilizável, e tivemos assim que retomar, com a participação de Alain Vanier, a entrevista com Maud Mannoni; às vezes as testemunhas não desejavam ser filmadas (Michèle Montrelay, Christian Simatos e René Tostain); em outros casos ainda, a entrevista foi muito tardia, como foi o caso de Daniel Wildlöcher, que encontrei com Renaud de Rochebrune. Enfim, considerado também há muito pouco tempo, o testemunho de René Major só pôde ser recolhido por escrito.

Poderão objetar que a escolha das testemunhas não visava ser exaustiva: é verdade. Se alguns, muito raros, entre aqueles que eu havia solicitado, preferiram abster-se, alguns outros, que poderiam ter sido convidados, não o foram. Assumo a responsabilidade por essa "seleção" algo arbitrária, embora faça questão de sublinhar que foram contatadas testemunhas de diferentes "obediências".

Ao termo do conjunto dessas entrevistas, numerosas questões se desdobram. Quero, de imediato, pôr o acento nesta: como temos de compreender que o destino dessas testemunhas, que nada predispunha a se encontrarem, tenha sido, para cada um, um por um, infletido e orientado por esse encontro com um homem que, por aí mesmo, produziu um certo tipo de laço social entre eles? Pois, se, quinze ou vinte anos após a sua morte, cada um deles parece evocar "seu" Lacan, "sua"

---

[1] *Quartier Lacan*, filme em videocassete realizado por Emil Weiss, publicado por Le Seuil. *Cf.*, a esse respeito, o posfácio de Emil Weiss no fim desta obra.

interpretação do ensino do mestre, fica claro, de maneira incontestável, que há entre cada testemunho um ponto de concordância no nível do que se pode dizer ser o encontro com sua fala.

Se fosse preciso marcar, da maneira mais condensada, o que foi o cerne desses encontros, seria, parece-me, a irrupção de uma questão que ninguém até ali tinha tão explicitamente colocado. Essa questão vinha, primeiramente, do interesse apaixonado de Lacan, nisso rompendo com toda neutralidade quanto ao que lhe era dito. Mas, mais profundamente ainda, vinha do que tinha de verdadeiramente enigmático o fato de que esse interesse se referia, para além do que era dito, ao fato mesmo de que pudesse haver "dizer".

O fato de um sujeito espantar-se com o que não espanta ninguém, tanto o domínio da evidência torna impossível o questionamento, deve ser a alavanca na qual desde sempre se apoiaram aqueles que lançam para o mundo um olhar que vê algo absolutamente novo. A esse respeito, poder não achar evidente que o homem possa falar não é tão espantoso quanto poder não achar evidente que uma maçã possa cair da árvore?

Assim, é verossímil que o que originariamente estabeleceu uma "transferência de trabalho", que não mais se desmentiu, entre essas testemunhas da vida e do trabalho de Lacan, ficou ligado ao reconhecimento delas para com um homem que ouviu delas que, para além de suas "historiazinhas" singulares, também estavam sujeitas à grande história do homem: aquela pela qual estavam instituídas pela linguagem.

Ao colocar que o inconsciente estava estruturado como uma linguagem, Lacan dava, em relação a Freud, um passo ao lado, que o conduziu a dizer "que a identificação do sujeito com um sexo... é algo que só se faz de modo secundário... e que resulta de algo mais radical: que esse ser é falante[2]". Suponho que, se, ao introduzir essa radicalidade do ser falante, Lacan pôde suscitar uma transferência tão decisiva, foi por-

---

[2] *Lettre de l'École freudienne*, nº 18, p. 9.

que decorre dessa própria radicalidade um paradoxo escandaloso que não pode deixar um sujeito indene: esse paradoxo é aquele pelo qual Lacan é conduzido a enlaçar a linguagem com o impossível de dizer.

Assim é que, embora tivesse um contato apaixonado com as produções linguageiras da história humana – filosofia, teologia, lógica, matemáticas, lingüística, antropologia –, Lacan significava, ao mesmo tempo, que seu interesse mais fundamental era menos suscitado pela abertura para o saber que pela abertura para o que ele nomeou o real, a saber, esse furo no saber que, segundo ele, especifica o ser humano, "não como a obra-prima da criação, o ponto de despertar do conhecimento, mas, ao contrário, como a sede de uma *Unerkennung*... isto é, de uma impossibilidade de conhecer o que diz respeito ao sexo[3]".

A articulação produzida por Lacan entre o dizer e o impossível de dizer era inerente à sua concepção do inconsciente estruturado como uma linguagem: ela ampliava a descoberta, feita por Freud, de um umbigo do sonho, ao colocar que o ser falante encontrava-se excluído de sua própria origem e que permanecia, no inconsciente, um rastro dessa exclusão. Ao identificar esse rastro, esse furo umbilical, com o que Freud percebia como recalque originário, Lacan fazia desse recalcado originário a origem estrutural de um furo – ulteriormente borromeano* – fundador da falta humana. Não hesitarei em dizer que a transferência que ele suscitou deveu-se à maneira como, para aqueles que aqui dão seu testemunho, ele fez ressoar a existência desse furo.

Para medir os efeitos dessa ressonância, cujas vibrações fizeram explodir o dogma teórico pelo qual a IPA* progressivamente substituíra o ensino vivo de Freud e seus discípulos, é preciso situar-se novamente no contexto dos anos cinqüenta, no qual adveio a primeira cisão* da comunidade psicanalítica internacional, de que Lacan foi um dos principais protagonistas.

---

[3] *Lettre de l'École freudienne*, n° 18, p. 9.

Introdução

A essa cisão de 1953 acrescentaram-se, sempre à volta de Lacan, duas outras cisões, uma em 1963 e outra em 1981, de tal modo que a paisagem atual dos grupos psicanalíticos historicamente se constituiu pelo efeito dos agrupamentos que vão a favor ou contra Lacan.

As testemunhas que falam aqui pertencem a duas gerações analíticas. Só Leclaire, Clavreul, Safouan, Granoff conheceram diretamente a cisão de 1953. Todos os outros – Melman, Simatos, Mannoni, Montrelay, Tostain, Dumézil, Bailly, Wildlöcher, Major – foram contemporâneos das duas cisões seguintes, das quais foram, conforme os casos, ou testemunhas, ou agentes ativos.

Para nós que nos interessamos em tentar extrair desses testemunhos o que foi o homem Lacan, o exame desses três tempos históricos que foram essas três cisões é precioso, pois ele nos permite esclarecer de modo mais vivo diferentes aspectos de Lacan. Se a primeira cisão colocou em cena o posicionamento dos analistas diante da novidade de seu ensino, a segunda foi a resposta que ele deu à sua excomunhão pela IPA, ao fundar a École freudienne de Paris. A terceira cisão, enfim, esteve ligada à dissolução da EFP, que só ele podia produzir, considerando que só ele havia fundado essa escola – ainda que alguns o contestem (*cf.* notadamente a entrevista com Michèle Montrelay, aqui nesta obra).

Esses três tempos não me parecem sem relação com os três tempos lógicos que Lacan descreveu, como numa antecipação fulgurante de seu destino futuro, sendo levado a discernir um tempo para ver, um tempo para compreender, um tempo para concluir[4].

Para compreender o que está em jogo na primeira cisão, temos que escutar as testemunhas que, neste livro, permitem que entendamos em que o encontro que tiveram com Lacan evoca um choque comparável ao que se produz, numa cura, quando há retorno do recalcado. O efeito de espanto, de abertura, de ultrapassamento dos limites que sobre eles produziu sua fala evoca, de fato, o que se apossa de um sujeito quan-

---

[4] J. Lacan, "Le tempos logique et l'assertion de certitude anticipée", publicado em 1945 na revista *Les Cahiers d'art*, dirigida por Ch. Zervos, e retomado em *Écrits*, Le Seuil, 1966.

do o significante recalcado pela censura acaba por retornar a ele numa transmissão comparável àquela de um chiste. Assim, se a fala de Lacan teve o poder de lhes transmitir, de maneira renovada, o que, do espírito da mensagem de Freud, havia sucumbido a um recalque instaurador de dogma, a questão que se colocava era esta: por que esse recalque?

Na verdade, essa disposição dos analistas para recalcar a mensagem de Freud não era, nos anos cinqüenta, uma questão absolutamente nova. Já em 1928, Freud se espantara com o fato de que os analistas, não ousando, em sua maioria, autorizarem-se em sua prática, eram levados a transformar os conselhos técnicos que ele lhes deixara em prescrição imperativa, à qual se punham em posição de obedecer docilmente. Desanimado, ele escrevia a Ferenczi: "Os espíritos obedientes não notam a elasticidade dessas convenções e a elas se submetem como a regulamentos tabus[5]". Vinte anos mais tarde, em 1947, Michael Balint, evocando a posição subjetiva dos jovens analistas da IPA, vai se interrogar sobre: "A submissão... dos candidatos... ao tratamento dogmático e autoritário sem muito protesto... e sobre o comportamento reverencioso deles[6]".

A questão colocada por Freud e Balint corresponde, em suma, a isto: como compreender que jovens analistas, alunos da IPA, que supostamente tinham encontrado em sua análise pessoal com o que transformar uma fala alienada em fala desejante, pudessem ser levados a renunciar ao achado dessa fala para situá-la novamente numa relação de obediência superegóica a uma regra institucional?

Se quisermos compreender esse aparente paradoxo, uma reflexão muito profunda de Freud, em seu estudo sobre Leonardo da Vinci[7], nos

---

[5] S. Freud, carta a S. Ferenczi de 4.1.1928 – *Cf.* "Six lettres de la correspondance Freud-Ferenczi", apresentadas por Ilse Grubrich-Simitis, in *Le Coq-Héron*, nº 88, 1983, p. 32.
[6] M. Balint, "On the psychoanalytic training system", in *Primary Love and Psychoanalytic Technique*, Londres, Tavistock Publications, 1952, trad. franc. Paris, Payot, 1972. Citado por M. Safouan, in *Jacques Lacan et la question de la formation des analystes*, Paris, Le Seuil, 1983, p. 23.
[7] S. Freud, *Un souvenir d'enfance de Léonard de Vinci*, Gallimard, coll. Idées, 1977, pp. 123-124.

dá uma pista fecunda. Interrogando-se sobre o espírito de criação, ele opõe aquele que "trabalha com o espírito" àquele que, "trabalhando só com a memória", tende a se submeter à autoridade dos "antigos" pela imitação. Prolongando sua reflexão, ele supõe que Leonardo teria tido a possibilidade de trabalhar com o espírito na medida em que não teria estado numa relação de intimidação com o pai e ele supõe que essa ausência de intimidação predispunha Leonardo a ser capaz "de abrir para o mundo olhos espantados". Essa aptidão para o espanto, na qual Freud identifica "a mais alta sublimação que o homem possa atingir", seria assim, segundo ele, a condição de transmissão do espírito. Inversamente, a inaptidão para o espanto seria o que ocorre quando o sujeito, "intimidado" pela autoridade, não tem outro recurso senão obedecer a essa autoridade, imitando-a pelo recurso à memória.

Por essa reflexão, Freud já não manifestava o temor que ele comunicava a Ferenczi? Que os analistas intimidados por sua autoridade não ousassem aceitar o que ele dizia com o "espírito", mas apenas com a "memória"? O emprego dessa "memória", ao permitir colar ao texto freudiano, podia outorgar aos analistas o sentimento de serem "freudianos" na medida em que a repetição literal do texto era recebida, nessa perspectiva, como uma garantia de não enganar o mestre. Como se, nessa proximidade estabelecida com ele pela estrita repetição de sua fala, os analistas pudessem receber dele a seguinte mensagem: "Já que não me enganas, tu não te enganas".

Ora, o que Freud nos ensina em seu *Leonardo* é que é precisamente no ponto em que o sujeito pode ter a garantia de ser ortodoxo, ao obedecer à autoridade, que algo radical lhe escapa: o espírito do ensino do mestre. Não é possível, em suma, obedecer a dois mestres: a obediência ao supereu não permite obedecer, ao mesmo tempo, ao espírito.

Mas, questão temível, o que é o espírito? Como é possível ao mestre reconhecer se seu aluno lhe diz "sim" com ou sem espírito? Essa questão não esperou Freud para ser colocada. Já Platão indicava, em seu *Teeteto*, que o fato de dizer "sim" ao ensino do mestre em nada garantia que esse "sim" fosse um autêntico assentimento: "É com conhecimento de causa que você me dá o seu assentimento, ou é levado pela argumentação e pelo hábito que você se deixou levar a uma aquiescência tão rápida?"⁸.

A esse respeito, podemos dizer que, se Lacan foi, a partir dos anos cinqüenta, entendido como fazendo "retorno" a Freud, é porque se ouvia, no que ele dizia, esse autêntico assentimento a Freud que não se ouvia mais no discurso daqueles cujo "sim" dado a Freud estava preso à repetição dogmática das "vaquinhas de presépio".

Mas uma coisa é constatar o que se torna um ensino privado de espírito, outra é poder falar explicitamente das condições de possibilidade do espírito de invenção ou de reinvenção. Lacan deu esse passo em dois tempos: em 21 de junho de 1964, ele funda a EFP, introduzindo esta pequena frase: "O analista só pode se autorizar por ele mesmo⁹". Pequena frase que foi uma verdadeira labareda, pois, se o analista não tinha mais que ser "autorizado" pela instituição, o que acontecia com a autoridade institucional cujo poder vinha precisamente do fato de autorizar analisados a se tornarem psicanalistas?

Em outubro de 1967, ele introduzia, com a proposta do "passe*", uma evolução da primeira fórmula, que se tornava esta: "O analista se autoriza por ele mesmo e por alguns outros".

Com esse procedimento do passe, ele supunha que, para além da transmissão possível da psicanálise pelo recalque, podia existir um modo de transmissão sem recalque cujo modelo podia ser o do chiste: da mesma maneira que o locutor de um chiste transmite um saber inconsciente que acerta em cheio no ouvinte, aquele que se tornava analista não poderia "passar" a maneira como ele reinventa a psicanálise com palavras, "palavras de passe", estruturadas como chistes? Palavras através das

---

⁸ Platão, "Le Sophiste [ou de l'Être; genre logique]", in *Sophiste, Politique, Philèbe, Timée, Critias*, Paris, GF-Flammarion, nº 203, 1969, 236c-237a, p. 79.
⁹ "Proposition du 9.10.1967 sur le psychanalyste de l'École", in *Scilicet*, nº 1, p. 14; *Télévision*, Paris, Le Seuil, 1974, p. 50; "Les non-dupes errent" (1973-74), seminário inédito, aula de 9.4.1974.

16

quais se transmitia não um saber universitário, mas um saber estruturado pela presença de um sujeito do desejo inconsciente?

Assim, ao convidar os analistas a ousarem autorizar-se a pensar, Lacan não esquecia a inquietude expressa por Freud quando via analistas que, ao se tornarem "obedientes a prescrições tabus", eram forçados a esquecer o espírito criador com que, no entanto, tinham tido que conviver na experiência de analisando.

A possibilidade de um tal não-esquecimento levou-o a propor um procedimento – o passe, portanto – no qual não se tratava mais de dar prova de ser freudiano por repetir fielmente o mestre, mas de passar por uma prova: a de fazer ouvir se as palavras com as quais o analista fala são a repetição das palavras de Freud ou se, ao contrário, se tornaram as dele. Que essas palavras possam, como no chiste, tornar-se dele implica que a prova do passe seja comprovadora: se o analista cessa de estar nessa proximidade repetitiva que parece garantir a presença de Freud, advém a possibilidade de ousar deixar falar esse intérprete que é o sujeito do inconsciente e abre-se, então, um abismo angustiante. Com efeito, tão logo ele autoriza a falar, o sujeito faz o luto da presença do Outro e só pode ser provado pelo fato de que se expõe, então, a não mais receber do Outro resposta que garanta uma ortodoxia.

Em compensação, o que ele pode receber do Outro é, por exemplo no chiste, o testemunho daquilo que o Outro ouviu: não uma fala ortodoxa, mas uma fala pela qual se tornou transmissível que o saber que ele enunciou estava habitado pela enunciação desejante de um sujeito do inconsciente. Se o inconsciente não pode ser afetado pelo saber dogmático, ele é, em compensação, "mobilizado" tão logo pode ouvir um falante que pagou o preço devido à linguagem (a castração simbólica) para que sua fala desejante pudesse viver.

O fato de Lacan ter podido esperar da experiência do passe a produção de um "saber rival ao seu" nos instrui de sua confiança imensa nas possibilidades do sujeito do inconsciente se este último viesse a poder falar. A esse respeito, havia nele uma contradição espantosa, evocada por alguns dos testemunhos: ele manifestava um respeito extraordinário pelo sujeito do inconsciente que se dirigia a ele ao mesmo tempo que um desprezo pronunciado pelos analistas, cuja inserção institucional prevalecia – pensava ele – sobre a inserção que tinham na fala.

O fato é que a esperança que Lacan depositara no passe decepcionou cruelmente: o júri do passe decerto pôde nomear analistas da Escola* um certo número de passantes*, mas não pôde produzir, a partir de sua experiência, os avanços teóricos que eram esperados. Diante do que nomeou, quando da dissolução da EFP, um "fracasso do passe", Lacan, de certa maneira, se encontrava diante de um problema quase insolúvel: ele, que quisera tanto distinguir-se da IPA ao querer provar, por esse passe, que a psicanálise podia ser transmitida sem recalque, se achava, em razão desse fracasso, numa posição inteiramente nova.

Sob o efeito da decepção, ou do cansaço, ele fez, então, um retorno à crítica que havia endereçado, em seus jovens anos, ao velho Freud, quando o censurava por ter deliberadamente confiado à IPA a sua mensagem a fim de que esta fosse transmitida por intermédio do recalque. Com efeito, o recalque era uma das modalidades possíveis da transmissão, já que tendia, contrariamente à foraclusão, a conservar a mensagem: como uma carta em espera, esta estava fadada a esperar pacientemente que, um dia, adviesse um destinatário que a arrancasse a seu esquecimento.

Mesmo que fosse porque sabia, por experiência própria, que esse destinatário podia a qualquer momento advir para retomar o depósito recalcado, o fato é que, no limiar da morte, Lacan foi levado a reconhecer que, não tendo conseguido fazer melhor que Freud, já que o passe era um fracasso, só lhe restava fazer o que fizera este: confiar a sua mensagem a uma instituição – a École de la cause freudienne* – que conservaria seu dizer ao recalcá-lo.

Esse gesto freudiano era acompanhado de um ato mais propriamente lacaniano: a dissolução da EFP, que só Lacan, como dissemos, considerava poder pronunciar, já que estivera sozinho[10] para criá-la. Com essa dissolução, cada um era remetido a ele mesmo, remetido a uma posição de solidão salutar uma vez que punha seus antigos alunos, um por um, em posição de poder autorizar-se a definir seu desejo quanto ao destino da psicanálise.

O trabalho de recalque a que se entregou a École de la cause freudienne só fez prosseguir aquele que fora iniciado de maneira espetacular, durante o ano de 1980-81, pela encenação de uma espécie de tribunal – batizado, na oportunidade, grupo Delenda[11] –, que se dera, ao menos explicitamente, por tarefa inaugural "excomungar" inúmeros antigos alunos de Lacan, que eram necessariamente, nessa nova concepção inquisitorial da psicanálise, heréticos.

Assim, ao ano de 1964, pelo qual se abrira uma era em que a voz do herético Lacan, ao não cessar de se fazer ouvir, progressivamente prevalecera sobre aquela da inquisição, respondia em 1980, enquanto desaparecia a voz do próprio Lacan, o reaparecimento de uma inquisição "religiosa" exprimindo-se – como se deve – em nome do amor: o que, doravante, era visado não era mais a questão do desejo singular de um analista por uma prática, mas a questão do amor que este podia sentir por sua Escola: "A Escola tomou o lugar de Lacan... ela própria passou a ser objeto de amor... Aqueles que ainda amam Lacan... o metaforizam pela Escola[12]".

Que o fervor desse amor seja tocante é uma coisa, outra coisa é o fato de que o caráter coletivo desse amor suscitou, nessa Escola, um discurso em uníssono que várias das testemunhas entrevistadas nesta obra recusaram afiançar: tendo apoiado Lacan porque ele rompera com

---

[10] Em 21 de junho de 1964, Lacan punha assim, com estas palavras célebres, o acento nessa solidão: "Fundo – tão sozinho quanto sempre estive em minha relação com a causa psicanalítica...".

[11] A referência ao "Delenda est Carthago" de Catão assimilava a EFP a Cartago.

[12] Jacques-Alain Miller, "Acier l'Ouvert", in *La Lettre mensuelle de l'École de la Cause freudienne*, carta branca de janeiro de 1990, § 8.

o pensamento dogmático, podiam eles sustentar uma volta ao dogma, em outras palavras, uma volta ao recalque do sujeito falante?

Assim, Lacan terá atravessado este século deixando atrás de si um sulco inapagável, que, conforme o olhar que para ele lançamos, inscreve o rastro de uma separação ou o de uma direção. Empreendimento apaixonante por sua maneira de renovar o "Ali onde isso estava, eu devo advir" de Freud.

O próprio Lacan foi dividido por esse sulco: a certeza que o animava, no trilhamento perseverante da direção que ele indicava, não era vizinha de uma dúvida angustiante que significava, para quem o ouvia: "Há alguém para me ouvir?".

Entrevista com Jean Clavreul

Jean Clavreul, psicanalista, de formação médica, encontrou Jacques Lacan, com o qual então empreendeu uma cura analítica, em 1948. Ocupou diversos postos de responsabilidade no seio da École freudienne de Paris, da qual foi notadamente vice-presidente e responsável pelo passe. Após a dissolução da École freudienne de Paris, foi um dos fundadores da Convention psychanalytique. Publicou numerosos artigos e obras, dentre as quais A ardem médica *(Seuil, 1978) e* O desejo e a lei *(Denoël, 1988).*

ALAIN DIDIER-WEILL: Antes de ter sido secretário da *École freudienne de Paris** e depois vice-presidente dessa escola fundada em 1964, você foi um dos primeiríssimos alunos de Lacan. Quero dizer, um dos que foram levados a reconhecer o alcance do ensino dele antes que este tivesse sido consagrado pela fama. Assim, você atravessou, desde 1953, todas as cisões* institucionais que estão na origem do estado atual da comunidade psicanalítica. Em cada uma dessas cisões, o que o determinou a prosseguir com Lacan, você disse, estava ligado ao que para ele era a ética psicanalítica. Em que essa ética estava em jogo em 1963, nos momentos que precederam a fundação da *École freudienne*?

JEAN CLAVREUL: Em 1963, Lacan falou, a justo título, de excomunhão a seu respeito, referindo-se não à ética de Kant ou à de Aristóteles, mas à de Spinoza. Nessa época, fomos poucos a criar o GEP (Grupo de estudos da psicanálise¹), cuja secretaria assumi, já que não queríamos nos dobrar às exigências da Associação Internacional, a IPA*, que nos pareciam perverter a ética. A questão completamente louca que nos era colocada pelos representantes da IPA correspondia a dizer isto: "Aceitamos que vocês possam dizer que foram analisados por Lacan, mas lhes pedimos para afirmar que Lacan não era um analista didata".

Se alguém como Lacan nunca esteve inclinado a ele mesmo excluir quem quer que fosse, não foi em nome de uma espécie de tolerância liberal e benevolente, foi em nome de uma concepção teórica: se o sujeito recebe do outro sua própria mensagem sob forma invertida, então somos simplesmente imbecis se excluímos esse outro, pois, com esse outro, temos muito a aprender, inclusive quando ele se engana.

É bem significativo, do ponto de vista dessa época, de 1963-1964, fazer o paralelo com o que se passou em 1980, após a dissolução da EFP*. O grupo Delenda*, então, por sua acusação a um certo número de pessoas – Dolto, Montrelay e outros –, reconciliou-se com essa prática da exclusão. Em suma, a EFP, na origem da qual se achava uma recusa da exclusão, acabou numa vontade de exclusão furiosa.

A. D.-W.: Pode-se pensar que as vozes dos inquisidores, que tinham sido reduzidas ao silêncio, enquanto Lacan, o herético, falava, foram de novo ouvidas tão logo Lacan cessou de falar?

J. C.: Num certo sentido, pode-se dizer isso. Mas é preciso acrescentar que quem diz herético diz ortodoxia, implicando uma

---

¹ O Grupo de estudos da psicanálise (GEP) foi criado em dezembro de 1963, no momento da radicalização do segundo grande conflito entre a IPA e Lacan. Jean Clavreul foi o porta-voz e animador desse "grupo" que pretendia reunir e mobilizar os fiéis de Lacan na véspera da cisão da Société française de psychanalyse*.

Igreja, e que a psicanálise tem o duro trabalho de se constituir de outra forma que como uma Igreja. Assim que há Igreja, não há mais avanço possível.

A esse respeito, quero citar Althusser, que me observava que quanto mais os partidos marxistas que estão no poder são fortes, menos há estudos marxistas. Outro exemplo: quanto mais a Igreja católica é forte (penso na Irlanda e na Polônia), menos há teólogos. No que se refere à psicanálise, quanto mais as instituições são poderosas, menos há possibilidades de inovações originais.

A. D.-W.: Mas, se é esperado do analisando que ele inove para transformar a sua vida, não é esperado do tornado-analista que ele inove para transformar a teoria analítica?

J. C.: Com certeza, mas isso não impede que certos analistas sejam levados, quando estão presos no discurso da instituição, a esquecer suas experiências de analisando para cair numa paixão da ortodoxia. Essa paixão, que consiste em pretender dizer o verdadeiro e esmagar o outro, faz daquele que por ela é habitado o que chamo um "ortonóico".

A. D.-W.: Ao utilizar esse neologismo "ortonóico", através do qual você evoca os fanáticos da ortodoxia, você está pensando, por contraste, naqueles analistas a quem Freud dizia: "A cada novo caso, esqueçam tudo o que sabem!"?

J. C.: Estou. A dificuldade com a qual nos confronta a psicanálise deve-se ao fato de que, muito rápido, tendemos a forjar para nós uma idéia teórica sobre o analisando e ao fato de que, posteriormente, o real da experiência nos obriga, se escolhemos não ser "ortonóicos", a revisar as concepções ortodoxas que pensávamos ter no início.

A esse respeito, direi que os momentos em que Freud é mais freudiano são os momentos em que ele revisa aquilo que ele até então tinha elaborado para inventar uma nova teoria que explicará melhor uma dificuldade introduzida pelo real da experiência. Por exemplo, quando ele elabora a noção de um "para além do principio de prazer" para explicar a compulsão à repetição.

Um analista é lacaniano ou freudiano, no bom sentido do termo, quando não se prende à fala do mestre ao dizer: "É a última fala do mestre; é, portanto, 'a' verdade". Caso se imobilize aí, ao pretextar que porque o mestre não voltou a isso é "a" verdade, ele então cessa de ser freudiano ou lacaniano, pois não pode mais se mexer, está fixado em seu pensamento e na paixão de seu próprio discurso.

A. D.-W.: O que você diz, dessa relação com o movimento ou com o não-movimento, evoca em mim o que Lacan ensinava através de sua prática de analista: ela mostrava um movimento psíquico, e até físico, incessante, que se exprimia através de sua aptidão para ficar sem cessar espantado. O que ele ouvia a ele não se transmitia como já sabido, mas como ainda não sabido...

J. C.: É totalmente seguro que, com ele, nunca se tinha o sentimento de ser jogado sobre uma teoria acabada. O que mais o caracterizava era uma relação com o desejo tal que ele não aceitava aborrecer-se. O paradoxo dessa disposição tão particular que tinha Lacan para estar "interessado" é que ela era induzida tanto pelo amor quanto pelo ódio.

A. D.-W.: Você diz que Lacan não aceitava aborrecer-se. Ele às vezes não manifestou, em sua Escola, através de certos sinais, que se aborrecia?

J. C.: Manifestou sim, por exemplo quando ouvia os alunos recitarem, um ano inteiro, o seminário* que ele fizera no ano anterior. Isso o irritava, deixava-o em cólera e levava-o a dizer: "Vocês não entenderam coisa alguma, vou retomar tudo". Então, durante todo um período, ele retomava sem cessar as coisas, modificando a abordagem teórica, achando que conseguiria sacudir a inércia do grupo. Mas, progressivamente, já bem antes do que se passou na época da dissolução da Escola, parece que ele se resignou à impossibilidade de ir contra essa tendência à inércia que, na minha opinião, remonta até aproximadamente o ano de 1973.

A. D.-W.: A resignação, eis o que não combina com a idéia que tenho de Lacan...

J. C.: Era uma resignação em relação ao grupo. Ele achava que ia mudar o grupo e progressivamente se deu conta de que era o grupo que o engolia. Talvez até já tivesse começado a deixar para lá a partir de 1969. Antes dessa data, o primeiro diretório*, do qual eu era secretário, composto por Lacan, Piera Aulagnier, Perrier, Leclaire, Rosolato, Valabrega, reunia-se uma vez por semana para falar de psicanálise. Com o novo diretório, após 1969, acabou, não se falava mais de questões tocantes à psicanálise. O segundo diretório considerava-se o estado-maior do general Lacan. Provavelmente muita coisa teria sido diferente se os membros do primeiro diretório não tivessem ido embora e tivessem aceitado constituir o júri do passe. Mas as coisas, para eles, aconteceram de outro jeito – será por histórias idiotas de precedência, como se disse ou se deixou entender?

A. D.-W.: Creio que não é demais dizer que o passe*, introduzido por Lacan três anos após a fundação da Escola, desempenhou um pouco o papel de um barômetro para com a maneira como a psicanálise era transmitida na EFP. Não poderíamos dizer, só-depois, que no início da experiência Lacan esperava do passe que ele abrisse a possibilidade de uma transmissão que pudesse se fazer sem o recalque que se observava na IPA e que, nos últimos anos, o poder recalcador da instituição tornara-se tal que os discursos que Lacan teorizara como "discurso do mestre" e "discurso universitário" não deixavam mais lugar possível ao "discurso analítico"?

J. C.: É certo que antes do reconhecimento progressivo do fracasso do passe, que conduziu à dissolução da Escola, Lacan estava apaixonado por essa experiência, de que falara muito bem. "É uma experiência emocionante", dizia ele em 1973, em Montpellier.

É um fato que o passe foi a oportunidade de encontros, entre analistas, de uma qualidade excepcional. Os encontros, ao acontecerem, eram centrados em torno dessa possibilidade de reconhecer que se possa confessar, como tal, o desejo do analista. Essa noção de desejo do analista, que não existia de modo algum no círculo de pensamento da IPA, onde só se tinha em vista a seriedade e a competência do analista, tinha sido elaborada por Lacan ao substituir o dualismo pelo qual Freud opunha, de maneira biologizante, pulsão de vida e pulsão de morte por ela.

Ao falar de desejo e não mais de prazer, Lacan situava o sujeito como um ser para a morte, sustentado e causado como desejante pela lei simbólica. O que suscitou muita resistência diante da possibilidade de expressão de um tal desejo deve-se ao fato de que ele punha em perigo toda tendência dogmática.

A. D.-W.: A esse respeito, você estaria de acordo que se defina o dogma como um discurso que permite ao sujeito do inconsciente não falar, fazer silêncio para que só se ouça a fala de um eu [*moi*] que terá consentido em renunciar a uma enunciação?

J. C.: De fato, o problema de um dogmático fixado numa concepção teórica – a do outro ou a dele própria, pouco importa – é que ele só pode ouvir o que já sabe e fica surdo, por isso, ao que vem perturbá-lo. O psicanalista aceita, ou não, ser perturbado por seu analisando? Se não puder aceitá-lo, melhor exercer outro ofício.

Se é preciso um desejo específico para exercer esse ofício, é que o analista deve ser capaz de reinventar a teoria para cada novo paciente. Essa reinvenção incessante supõe uma curiosidade, um interesse infatigável pelo outro. O paradoxo desse interesse inesgotável é induzir em alguns o amor da transferência e, em outros, o ódio: com efeito, essa curiosidade incessante tende a desencorajar as explicações medíocres com as quais o sujeito pode querer se contentar.

A. D.-W.: Parece-me que o acento que você coloca na significação profunda do passe ultrapassa, se posso dizer, o estrito procedimento institucional.

J. C.: É verdade: se interrogarmos essa organização tão particular do desejo do analista, somos levados a ampliar a noção de passe. Quanto a isso, Lacan não hesitava em dizer de seu seminário que ele era o lugar onde ele não cessava de passar o passe. Ele me aprovara vivamente quando eu lhe dizia que certas supervisões bem-sucedidas eram da mesma ordem que o passe. Em suma, Lacan queria, e admitia, que a palavra "passe" se tornasse um significante que só podia ficar mais rico com um uso ampliado. Mas a EFP, em seu conjunto, só queria reconhecer sua significação num procedimento institucional. Por isso é que os diversos grupos oriundos da EFP quiseram retomar o passe com algumas modificações no procedimento. Era aí um contra-senso maior em relação ao pensamento de Lacan e à sua teoria. O que é fecundo é o significante, não uma organização seletiva e hierárquica.

A. D.-W.: O passe, como acabamos de falar dele, foi a um só tempo um procedimento e um estado de espírito, graças aos quais, durante um certo tempo, puderam existir instantes preciosos de reinvenção. Então, por que esse fracasso do passe?

J. C.: Primeiro porque, progressivamente, o título de "analista da Escola*" apareceu representando uma promoção considerável, de tal modo que não se pôde escapar ao fato de que os analistas candidatos puseram-se a falar, cada vez mais, daquilo que acreditavam que se queria ouvir, notadamente dos benefícios de suas análises didáticas. A partir do momento em que ocorria essa glorificação, segundo a qual as psicanálises didáticas deviam tornar-se uma cerimônia iniciática que permitisse aos mais dotados tornarem-se psicanalistas, a experiência passava a ser esterilizante.

O outro fator do fracasso foi em razão não mais dos candidatos, mas de certos responsáveis hierárquicos da Escola. Com efeito, é preciso dar-se conta de que o passe era, por um lado, um permanente questionamento mal suportado por certos responsáveis institucionais; e, por outro lado, uma experiência na qual não viam interesse, pois a compreendiam mal, ou nem um pouco.

Assim, entre aqueles que quiseram tomar o poder, em 1980, no momento da dissolução, havia principalmente pessoas que sabiam que não fariam o passe, que estavam se chocando com algo onde só podiam fracassar, ou ainda que não tinham chance alguma de ser eleitos para o júri do passe.

A. D.-W.: Segundo você, quando e como apareceram os sinais de endurecimento institucional que conduziram à dissolução da Escola?

J. C.: Há alguns anos, havia tão pouca conversa na EFP que *Confrontations*, animado por René Major, tornara-se a única válvula de escape, o lugar onde ainda se podia falar.

Quanto à dissolução, acho que Lacan foi levado a desejá-la porque estava cheio dessa escola, porque de bom grado reconhecia que não a dirigia mais. Aos setenta e nove anos, é verdade que ele não estava mais em condição de provocar a agitação necessária para que a Escola recuperasse a possibilidade, que conhecera em seus primórdios, de suscitar falas vivas.

Eu mesmo, nessa época, havia renunciado, como você sabe, já que você assistia a meu seminário. Eu estava de saco cheio de ser o único a sustentar isso. E de ouvir, no diretório, por parte de alguns, alusões ferinas aos "seminários muito populares em que há muita gente...".

A. D.-W: Você conheceu todas as cisões da comunidade analítica. Qual foi, para você, a mais marcante?

J. C.: A dissolução da Escola. Lembro-me do ambiente que reinava após a publicação de meu artigo no *Le Monde*[2]. Todo mundo, com algumas exceções – você, entre outros –, me virou as costas. Lembro de uma analista que fazia supervisão comigo e que me telefonou, após a pretensa resposta de Lacan[3], para me dizer: "Oi, parei". Hoje, não deve estar muito orgulhosa de si.

A. D.-W.: Para concluir, poderíamos evocar a lembrança que você guarda do seu encontro com Lacan?

J. C.: Sei, hoje, que há uma quantidade fantástica de pessoas que fracassam na análise, ou porque não a começam nunca, ou porque passam rápido a outra coisa porque não encontram espaço para falar.
Quando encontrei Lacan em 1948, soube que encontraria com ele uma saída muito mais interessante do que com os outros analistas da sociedade parisiense que eu havia encontrado. Eram muito gentis, eram capazes de ter compaixão por mim que estava numa situação muito difícil, mas interessavam-se essencialmente em admitir-me, ou não, como candidato a uma análise didática.
Em relação a eles, eu diria que Lacan não pensava em meu ser cheio de dificuldades ou cheio de esperança, ele só se interessava pelo que eu dizia. Logo, comecei com ele. Tive então de ser hospitalizado. E ele veio me ver no hospital, umas vinte vezes talvez, para que fizéssemos as sessões. Devo dizer que, na época, isso não me havia impressionado, porque eu não tinha modelo para me dizer como um analista devia fazer ou não. Evidentemente, não era comum, mas Lacan era assim. Há um monte de coisas dessa ordem que ele fez existir ao longo de sua vida e que são muito diferentes da imagem que em geral passam dele.

---

[2] Artigo intitulado "A Igreja freudiana de Paris" e publicado no *Le Monde* de 19.1.1980.
[3] "Resposta", que Jean Clavreul supõe apócrifa, ao artigo de Jean Clavreul de 19.1.1980, assinada Jacques Lacan e publicada no *Le Monde* de 24.1.1980.

A. D.-W.: O que você acha do retrato de Lacan que resulta de sua biografia, feita por Élisabeth Roudinesco, que acaba de ser publicada[4]?

J. C.: Acho, assim como numerosos analistas, que não se vê de maneira alguma, ao longo desse livro, por que Lacan foi psicanalista e não escolheu outra profissão. Acrescentarei que fico muito constrangido com a atribuição generosa do qualificativo "gênio" a Lacan. De minha parte, não reconheço muito ali o Lacan que encontrei pelo menos duas vezes por semana durante mais de vinte anos, como analisando, depois em supervisão, coletiva e individual, e como colaborador na vida institucional da antiga SFP, depois da EFP.

---

[4] Élisabeth Roudinesco, *Jacques Lacan*, Fayard, 1993.

Entrevista com Serge Leclaire

Serge Leclaire, psicanalista, de formação médica, é às vezes considerado o primeiro verdadeiro lacaniano. Seu encontro com Jacques Lacan, com o qual ele então empreende uma análise, data de 1949. Presidente da Société française de psychanalyse em 1963, membro a título pessoal da IPA entre 1961 e 1965, membro da École freudienne de Paris, onde exerceu diversas responsabilidades desde a sua criação em 1964, foi o fundador do departamento de psicanálise da universidade Paris-VIII em 1968 e da Association pour une instance tierce des psychanalystes (APUI) em 1990. Entre suas numerosas publicações, podemos citar alguns livros marcantes: Psicanalisar *(Seuil, 1968),* Desmascarar o real *(Seuil, 1971),* Mata-se uma criança *(Seuil, 1975).*

ALAIN DIDIER-WEILL: Direi que você representa, para a geração daqueles que, como eu, foram residentes em psiquiatria nos anos 63-68 e estavam na maioria em análise no Institut*, aquele cuja comunicação no colóquio de Bonneval sobre o inconsciente de 1960 foi o texto "passador" do ensino de Lacan. Você tem consciência do papel que representou no encontro dessa geração com Lacan?

MADELEINE CHAPSAL: A primeira vez que vi você, Serge Leclaire, foi em Guitrancourt, na casa de Jacques Lacan no campo. Eu concluíra dali que você fazia parte dos íntimos, porque ele não convidava muita gente lá, e sobretudo gente da análise. Quem você conheceu primeiro? O analista, aquele que fazia seminários, ou o amigo?

SERGE LECLAIRE: Nem um nem outro. Meu primeiro contato com Lacan, que data de 49, é bem exemplar do que foi para mim esse encontro. Isto é, um encontro a um só tempo ao vivo e enviesado. Na verdade, fui ver Lacan por indicação de Françoise Dolto. A psicanálise era para mim uma coisa realmente muito pouco familiar: eu me interessara sobretudo pela filosofia, e notadamente pela filosofia oriental. O que aconteceu com esse encontro? Eu diria que tudo se passou a um só tempo no cerne das coisas e nas beiradas, enviesado para retomar o mesmo termo. Ficou decidido, quase de imediato, que eu viria conversar com ele como analisando, o que se fez durante mais de quatro anos, durante os quais muitas coisas aconteceram, na análise e no movimento analítico.

M. C.: Logo, ele era seu analista?

S. L.: Ele era a um só tempo meu analista e alguém extraordinariamente próximo. Não no sentido da familiaridade, da mundanidade, mas de alguém que ouvia, e que com toda certeza eu também ouvia. Posso lhes contar anedotas mostrando relações que não eram estritamente analíticas.

Era por volta dos anos 54-55, ele passava pela Alsácia, onde tínhamos uma casa de campo. O pretexto era uma visita a Heidegger, por um lado, e uma peregrinação gœtheana, por outro lado, nos locais de Gœthe na Alsácia – o que fizemos, o que ele fez escrupulosamente. Acontece que, além disso, era justo no momento do aniversário dele, por volta da Páscoa. O tempo não estava muito bom. Propus-lhe dar um passeio na floresta, subir os pequenos picos dos Vosges. O entusiasmo dele era moderado, mas quando eu lhe disse o nome do lugar aonde eu me propunha levá-lo, a saber, uma localidade, Urchstein, isto é, "pedra original", partimos imediatamente. Não equipados, é claro, embora ainda restasse um pouco de neve. É tipicamente um encontro sobre...

M. C.: Sobre significantes?

S. L.: Sobre significantes, como ele teria dito, e como agora dizemos.

Outro exemplo desse tipo de encontro que digo "enviesado", pois sempre havia algo de uma formidável presença numa ausência e num alhures... Ele sempre estava ocupado com outra coisa, com o próximo seminário, refletindo, olhando as coisas sem parecer vê-las...

A anedota, mais tardia, se passa em 1963. Estamos juntos em Estocolmo e, para nos afastar um pouquinho da tristeza do meio analítico, saímos de carro para fazer uma excursão com Françoise Dolto, François Perrier e Judith, a filha de Lacan. Ele estava bem taciturno, e não muito presente. Os fins de tarde são esplêndidos nesses países nórdicos no verão. Passamos num lugar suntuosamente belo, e todos tentam, cada um de seu lado, sobretudo Françoise, tirar Lacan de seu "alhures", de sua ausência. Não há jeito. E, depois, deixamos esse lugar, era eu o chofer, como de hábito. Nesse momento, Lacan, que está ao meu lado, vê a placa que indica o nome do lugar onde estávamos, e que era extraordinário, com um castelo medieval refeito. Ele vê escrito "Gripsholm"; então o nome Gripsholm, que ele vê ali, bruscamente o tira de seu torpor, e ele diz: "Mas estamos em Gripsholm, temos que visitar o castelo".

M. C.: Isso quer dizer?

S. L.: Gripsholm? É o nome do lugar.

M. C.: Era tão importante?

S. L.: Era importante sim, pois era um lugar da história dos países nórdicos. Não pude elucidar isso, porque ele não falou sobre isso, e depois porque não tive a curiosidade de fazê-lo, ou, pelo menos, se a tive, esqueci. Mas era um local histórico, como diríamos "Estamos em Chambord" ou "Estamos em Versalhes".

Era a mesma coisa para ele. Mas foi preciso que ele visse a placa para que, deixando tudo de lado, déssemos meia-volta na estrada. E que fôssemos tentar despertar o guardião para lhe pedir para visitar o castelo, o que não conseguimos.

M. C.: Você faz de Lacan um personagem um pouco austero. Mas parece que você também gostava dele enquanto homem, tal qual...

S. L.: Acho que o que mais me tocou, tenho dificuldade de falar disso no passado, o que mais me toca nele é que eu sempre sentia em suas falas, justamente as mais neutras e as mais ocasionais, algo como um apelo, como se ele estivesse ali sempre a chamar, a gritar, a insistir, a suplicar, a dizer: "Vocês estão me ouvindo? Tem alguém que me ouça?".

M. C.: Você o ouviu?

S. L.: Acho, à minha maneira. Há mil maneiras de ouvi-lo.

M. C.: O que você ouviu de mais essencial?

S.L.: A perseverança, a maneira dele de estar inteiro em seu ser, poderíamos dizer, nesse apelo. E, na mesma oportunidade, também, algo de sua solidão. Ela não aparece em sua história, não se pode dizer que ele foi só, mas há algo como uma profunda solidão nele que me tocou. Esse apelo chegava ao grito, todos os que estiveram próximos dele ouviram, num momento ou noutro, o que estou dizendo aqui: é alguém que nos chamava às duas horas da manhã, porque tinha algo a dizer em momentos de crise, justamente durante esses anos, como o ano de 1953, em que ele se sentia alvo da hostilidade, para não dizer da perseguição por parte dos colegas analistas. Ele telefonava, assim, em plena noite, para falar de seu desamparo.

M. C.: Mas ele não fez só chamar, ele não fez só gritar, o que, aliás, fazem outras pessoas; ele trouxe algo, ele lhe trouxe algo. Você poderia nos dizer o quê, em que domínio essencial?

S. L.: É aí que podemos reconhecer a afinidade. Ele me trouxe, no fundo, o que ele me pedia, ele me trouxe aquela formidável presença e aquela escuta, que não se limitou à situação analítica. Com ele, eu soube que havia alguém que ouvia. Então, o que se pode trazer a mais? O que ele pôde me trazer a mais? Não sei, o resto, eu diria, é quase secundário... O que ele me trouxe foi isso, aquela fantástica presença, aquela escuta, em situação analítica ou em outra parte, bem para além daquilo que eu podia ouvir de meu apelo, de meu grito, de minha angústia, de minha solidão. Havia pelo menos um que me ouvia, e eu estava seguro disso. Então...

M. C.: Você mesmo diz, enquanto analista, que não há nada mais raro que a escuta...

S. L.: É verdade.

M. C.: Isso, ele tinha? Porque, no plano clínico, muitos boatos correram sobre Lacan. Justamente, que talvez não fosse um formidável clínico. Você está dizendo exatamente o inverso...

S. L.: Estou dizendo exatamente o inverso. Numa enorme discrição, numa economia de palavras e falas, ele pressentia, semanas, meses, anos antes, o que ia acontecer com fulano, ou com sicrano, sentindo que ia traí-lo ou que ia deixá-lo, e que ia devotar-se inteiramente a ele, o que, aliás, ele não desejava particularmente. Ele tinha uma maneira de pressentir, a partir de um fragmento de palavras que ouvia... Ele não escutava muito, mas isso não o impedia de ouvir, apesar de todas as suas outras preocupações, ocupações...

M. C.: Também era um teórico. Isso alimentou você, o ajudou? Você utilizou a teoria dele? Freud podia bastar, mas você, Serge Leclaire, você considera que há uma contribuição de Jacques Lacan para além, ou ao lado, de Freud?

S. L.: Seguramente, mas, já que é a maneira como vivi e senti, digamos que só tenho, de maneira geral, em relação à teoria, um interesse muito vivo, mas sempre desconfiado. O que Lacan trouxe são palavras novas, conceitos novos e, como ele dizia de maneira patética nos últimos anos, significantes novos... No curso de seu trabalho, podemos assinalar muitas incoerências aparentes, inversões. Na verdade, os fios estão em outra parte, em algo que excede o sentido e a significação, como ele sempre ensinou. A perseverança em seus significantes é o que chamarei um verdadeiro trabalho teórico, isto é, uma constante colocação em trabalho daquilo que ele inventava, do que ele descobria, pegando emprestado de todos os lados, lançando mão de todos os meios, servindo-se de todas as filosofias, de todas as teorias, de todas as pesquisas contemporâneas, de todas as hipóteses. Ele fazia disso algo que não é, propriamente falando, a meu ver, um *corpus* ou uma teoria, mas algo que ainda guarda a sua força viva de trabalho no essencial. Ao lermos os *Escritos* ou o Seminário, é isso que passa para mim primeiro.

M. C.: E como você o situa em relação a Freud?

S. L.: Embora se possa imaginar que não teriam tido muitas afinidades caso se tivessem encontrado, penso que Freud, apesar de suas aparências de "Herr Professor", era alguém que tinha a mesma loucura e a mesma paixão que Lacan.

Era a mesma escuta. Aí, temos um monte de testemunhos, pois Freud não tinha o mesmo pudor que Lacan, a mesma reticência que ele em relatar seu trabalho clínico, a começar, aliás, pelo trabalho com os próprios sonhos.

Lacan podia adormecer em dez segundos, quando tinha um tempinho, o que lhe era bem útil considerando o ritmo de vida que levava. Se tinha essa capacidade de adormecer imediatamente, Freud, este, tinha a capacidade de produzir sonhos quando precisava trabalhar. Bom, sabemos, ele contou isso, faz parte de suas histórias com Fliess.

M. C.: Você considera que estamos após Lacan? Ou ainda em pleno Lacan?

S. L.: Após quase um século de psicanálise, estamos simplesmente redescobrindo mais uma vez a análise. Não estamos em nenhum após, talvez ainda estejamos nos antes, pelo menos para aqueles que ainda não encontraram a psicanálise... Acho que não é pertinente utilizar termos como "após Freud", "após Lacan". Esses escritos atravessarão os séculos, não sei, como os de Parmênides, ainda que deste reste muito pouco.

M. C.: E os analistas que começam, que debutam? Lacan é precioso para eles, eles o lêem, dele se impregnam?

S. L.: Ele é precioso, temível, e eles têm dificuldade, porque não conheceram o homem. Também têm dificuldade porque nem sempre passaram por Freud, cujos escritos costumam ser mais acessíveis, mais sensíveis, mais clínicos.

Existem, entre os jovens analistas, alguns que, como eu no início, tiveram um encontro ao abrir um texto de Lacan. Mas há todo o aparelho de glosa em torno de seus textos, do que Lacan desconfiava muito. Ele estigmatizava isso ao situá-lo no registro do discurso universitário, desse discurso com o qual são feitas teses. Para muitos desses jovens, o acesso a Lacan passa por aí, o que torna as coisas difíceis para eles.

M. C.: Serge Leclaire, você nos fez um retrato de Jacques Lacan magnífico, emocionante. Como se explica que esse homem tenha tão pouco conquistado o grande público, em comparação com Sigmund Freud em particular? Que ele tenha até uma espécie de imagem ruim, de reputação de dândi que tentou passar para trás o burguês, como se dizia antigamente dos pintores? Há, aí, algo que é mal compreendido. Você tem uma explicação?

S. L.: Se eu lhe disser o que me vem, não é uma explicação. Há uma vertente de Lacan que também faz profundamente parte daquilo que ele é: é um personagem trágico.

Devo dizer que tentei, certas vezes, durante os nossos encontros, falar disso, dizer-lhe a que ponto eu achava aquela obstinação trágica contrária ao espírito da psicanálise. E, ao mesmo tempo, isso dá uma familiaridade com o que se poderia chamar o fundo do ser. Mas ele se esforçava em mascarar esse lado trágico – não digo em denegá-lo, porque o reconhecia, e é uma coisa que me tocou profundamente. Compreendo bem demais que tenham preferido fazer dele um engraçadinho, um palhaço: todos sabem que o engraçadinho ou o palhaço é um personagem trágico.

Em vez de levá-lo a sério, porque o trágico é de todo modo levado a sério, a tendência sempre foi defender-se disso. Aconteceu-me ouvir várias vezes advertências que eram nada menos que "desconfie, é o diabo". Ou estar com alguém que me fazia passar um bilhete com um desenho onde representava a terra, o céu e o inferno: o inferno, é claro, representado do lado de Lacan. Essa vertente do personagem, diabólico, trágico também, não fornece uma explicação em relação à pergunta que você me fazia, mas mesmo assim me parece algo fundamental, determinante. Durante todos os seus últimos anos, o trágico estava realmente ali, foi reconhecido, até pelos meios de comunicação.

M. C.: E a respeito da terapia, como se situava Lacan?

S. L.: Ele era de uma presença extraordinariamente calorosa junto às pessoas em desamparo. Dizem: "Ah, Lacan, como houve suicídios!". Ao passo que eu acho que poucos analistas tiveram uma presença tão calorosa, tão terna, tão devotada junto a pessoas em desamparo.

M. C.: Eu também conheci casos que vão no sentido do que você diz. Mas gosto da fórmula que você empregou: era um homem que estava próximo do fundo do ser.

S. L.: E que nem escondia isso, nem disso se prevalecia, nem disso se servia para se fazer valorizar.

M. C.: Era um dom? Era algo que ele cultivou, quis, trabalhou?

S. L.: Acho que ele não tinha escolha. Era o fundo de sua história e de seu segredo. Fazia parte de suas fantasias originárias. Como se teria dito de um personagem trágico, era seu destino.

A. D.-W.: Essa perseverança de que você fala, que foi degradada, que o é ainda, por muitos, em perseverança diabólica, evoca em mim a história da Igreja que nomeou, à sua maneira, o que você disse: *errare humanum est, perseverare diabolicum*. Quando Lacan, durante os conflitos com a IPA*, definiu como religiosa a comunidade analítica que o excomungava, não era uma maneira de dizer que o horror do inquisidor é induzido pelo herético apoiado por sua perseverança?

S. L.: Era, e precisarei o que você está dizendo, que subscrevo. A perseverança de Lacan no pecado é, a um só tempo, perseverança não no fato de ter roubado o fogo do céu, mas roubado a fala e a linguagem aos deuses, e perseverança no fato de devolver a fala aos humanos. Sobre esse ponto, ele era intratável. O *perseverare* que você diz, ele mesmo o proferiu, ao dizer: "eu persevero [*je persévère*][1], ou "mais, ainda"[2], vale dizer, algo não se romperá. Que ele tivesse se encontrado, em relação à comunidade analítica, nessa situação de excomunhão não é espantoso, considerando que, ao roubar a fala aos deuses – ou a seus substitutos –, ele se confrontou com os analistas para os quais a fala analítica tinha se tornado domínio reservado.

M. C.: Era um guerreiro?

S. L.: Vejo-o mais como um explorador, e isso também é muito freudiano, do que como um guerreiro. Explorador que nada podia deter. Eu lhes contei essa anedota de Gripsholm, mas o número de lugares onde ele tinha algo a descobrir, o número de vezes em que tentou fazer com que lhe abrissem uma igreja, um museu, um lugar privado, reservado, fechado, é incalculável. Pôde-se rir disso, mas era uma paixão.

M. C.: Ele tinha a paixão pelos seres também. Lembro-me de como ele foi ver Cohn-Bendit assim que este surgiu. Houve outros casos?

S. L.: Sim, ele era explorador de tudo o que se mexe, de tudo o que vive: tão logo algo vivia em algum lugar, ele lá ia.

A. D.-W.: Na medida em que você faz parte dessa geração que encontrou Lacan no imediato pós-guerra, é possível avaliar a incidência desse período histórico em seu encontro com ele?

---

[1] Fórmula que ele emprega na circular em que anuncia a dissolução da École freudienne, datada de 5 de janeiro de 1981, e que, evidentemente, pode ser ouvida "Eu pai-severo" [*Je père-sévère*].

[2] Título do seminário de Lacan de 1972-73 (Jacques Lacan, *Encore*, Seminário livro XX, Seuil, 1975).

S. L.: O termo pós-guerra resume a questão, e vou ser extremamente abrupto em minha resposta. Digo como sinto; para a nossa geração, a Shoah, os campos eram menos conhecidos que hoje. Quero dizer que ainda se escondia isso, ou pelo menos as pessoas eram muito pudicas a esse respeito. Não sei se permaneceu exatamente assim no momento da saída do filme de Resnais[3], mas, seja como for, era esse o contexto no pós-guerra. Minha interpretação é a seguinte: para a geração do pósguerra, para nós, já que é a questão que você me colocava, não vou retomar idéias de resgate, mas havia algo a ser recuperado, que Lacan entendeu muito bem. Não digo que ele tivesse falado disso de uma maneira tão abrupta e direta quanto faço agora. Penso que estávamos todos marcados, mesmo sem ter elaborado, sem saber. Agora, não se deixa mais a qualquer um o tempo de elaborar, de reconhecer e de reconstruir, as coisas nos são explicadas. Melhor, mas, naquela época, não era o caso, havia um atraso a ser tirado. É claro, seria preciso que eu me explicasse sobre a maneira como a invenção da psicanálise por Freud precipitou ou deu os meios de pensar o extermínio, o dos judeus em particular – acho que seria um pouquinho longo demais ou difícil. Mas, hoje, felizmente, isso sobressai, há todo o questionamento sobre os anos cinzentos da psicanálise; e aquele sobre o nosso posicionamento, hoje, como analistas, diante daquilo que continua a ameaçar voltar.

A. D.-W.: Lacan, no colóquio de Roma em 1975, concluiu dizendo que a volta do racismo parecia-lhe absolutamente previsível, e irreprimível. Eu fiquei espantado ao ouvi-lo dizer isso. O que você acha?

S. L.: Talvez seja a esse respeito que seria preciso se transformar em guerreiro.

M. C.: Lacan falava de racismo e segregação?

---

[3] O filme evocado é, evidentemente, *Noite e nevoeiro*.

A. D.-W.: Ele falou antes que, de maneira maciça, isso voltasse à frente da cena. Você pensa que foi a partir da experiência dele, do cotidiano da prática, que esse retorno do racismo lhe apareceu?

S. L.: É uma coisa de que temos todos a experiência. O que ouvimos ao longo das horas no divã é, de qualquer modo, melhor que a televisão! Quero dizer, não é falsificado demais, e isso se ouve. Com o ouvido que ele tinha, Lacan o ouviu um pouquinho mais cedo.

A. D.-W.: Acho que foi o único analista, da época, que disse nomeadamente – no caso, nos estatutos da École freudienne – que um analista não podia ignorar a questão colocada pela existência dos campos de extermínio.

S. L.: Não estou seguro de que Bruno Bettelheim não o tenha dito também.

M. C.: Disse, mas ele tinha estado no campo.

A. D.-W.: Como os próximos de Lacan encararam essa questão? O que isso suscitava?

S. L.: Suscitava o que isso suscita habitualmente: 80% de surdez e 2 ou 3% desses próximos que diziam: "Sim, bom, de acordo". Os outros não diziam nada de muito categórico.

M. C.: Não falamos de uma dimensão que me parece importante em Jacques Lacan: a relação dele com as mulheres. Você se interessou por isso? Disso foi testemunha? Lacan tinha uma relação particular com as mulheres, como se houvesse, de modo bem nítido, para ele, os homens e as mulheres, dois povos. Eu me senti reconhecida em meu ser por Lacan, e foi o que me ligou muito a ele...

S. L.: Tenho vontade de dizer que isso deveria ser a mínima das coisas para um analista. Infelizmente, de fato, não é. Talvez seja um dos pontos fortes que vão fazer com que Lacan permaneça na história, porque a posição dele em relação às mulheres, no caso, não é exatamente a mesma que a de Freud. Há aí uma contribuição lacaniana quanto a essa questão.

M. C.: Ele explorou o continente branco...

S. L.: Sim, ou negro... Mas me parece que permanecia, em seu estilo, algo que estava um pouco passado, que não era tão moderno quanto ele, algo um pouquinho tradicional, digamos.

M. C.: Talvez ele tivesse vontade de parar por ali?

S. L.: Talvez, não é uma censura, digo simplesmente que foi sobre esse ponto que ele pôde atrair para si a crítica... Digamos, *grosso modo*, do lado do movimento das mulheres, ele permanecia, e isso fazia parte de seu encanto, um pouco fora de moda.

M. C.: E, no entanto, que homem moderno, não?

S. L.: É verdade.

A. D.-W.: Pode-se até dizer que ele suscitou o movimento das mulheres?

S. L.: Nesse caso, sim.

A. D.-W.: Como explicar o fato de que esse movimento, de certa maneira nascido do ensino dele, sentiu-se perseguido pelo que Lacan continuava a dizer?

S. L.: Seria uma questão de teoria, um pouquinho difícil de desenvolver aqui, mas, enfim, acho que tudo se choca mesmo assim com o primado do falo, com todos os mal-entendidos que podem proliferar a partir daí.

M. C.: A questão não está resolvida?

S. L.: A questão não está resolvida.

A. D.-W.: Uma questão bem diferente. As pessoas da minha geração foram habituadas a ouvir de Lacan uma crítica muito radical da IPA. Nem sempre soubemos interpretar a razão pela qual Lacan, considerando essa crítica, desejou tanto, durante tantos anos, ser filiado à IPA. O que você pode dizer disso?

S. L.: Da mesma forma que o antigo aluno do Colégio Stanislas teve muito interesse em encontrar em Roma o papa para convencê-lo do interesse crucial de seu ensino para o futuro da Igreja, da mesma forma Lacan, desde o início de sua carreira analítica, teve muito interesse em fazer ouvir aos papas instalados no meio analítico a justeza, a fecundidade de sua contribuição. Logo, ele sempre esteve, no fundo, muito ligado ao movimento analítico, e uma de suas grandes dores foi, mesmo assim, se podemos dizer, o desinteresse, a traição de Löwenstein, seu analista, que deveria, com certeza há muito tempo, tê-lo ouvido. Fui testemunha, em 1963, em Estocolmo, da cena em que Lacan corria atrás de Löwenstein, para tentar desesperadamente lhe dizer: mas é preciso, de qualquer modo, que eu lhe explique, para que você compreenda que é vital para você.

Aliás, para voltar, antes de terminar, à questão que você colocava no início sobre a nossa geração dos anos cinqüenta, sentimos que havia algo vital para nós na via que tínhamos tomado. Algo vital simplesmente, com esse ser excepcional.

M. C.: Genial? Essa palavra não lhe convém?

S. L.: Parece-me um pouco redutor, genial, se pensarmos na extrema singularidade desse homem que era fantasticamente vivo.

A. D.-W.: O que é excepcional não é ter sabido tornar-nos transmissível o sujeito do inconsciente ao deixá-lo perseverar?

S. L.: Pode-se dizer assim.

Entrevista com Wladimir Granoff[1]

Wladimir Granoff, psicanalista, de formação médica, torna-se membro associado da Société française de psychanalyse em 1954. Embora não tivesse tido Jacques Lacan como analista, mas Marc Schlumberger, ele foi, com Serge Leclaire e François Perrier, um dos membros da famosa "troika" lacaniana que desempenhou um papel essencial durante as negociações pelo reconhecimento da SFP pela IPA no fim dos anos cinqüenta e no início dos anos sessenta. Quando o fracasso dessas negociações torna-se inevitável em 1963, ele rompe com Lacan e torna-se membro da Association psychanalytique de France (AFP), oriunda da cisão da SFP. É autor de numerosíssimos artigos e obras, dentre as quais Filiações *(Minuit, 1975) e* O pensamento e o feminino *(Minuit, 1975). Uma coletânea de textos,* Lacan, Ferenczi e Freud *(Gallimard), foi publicada em 2001, pouco após o seu desaparecimento.*

---

[1] O texto desta entrevista já foi publicado na revista *L'infini* em 1997 e foi retomado na obra póstuma de Wladimir Granoff *Lacan, Ferenczi e Freud* (Gallimard, 2001). Sua versão definitiva, compreendendo um acréscimo final após a entrevista realizada em janeiro de 1994, foi estabelecida por Martine Bacherich.

ALAIN DIDIER-WEILL: Wladimir Granoff, assim que entramos no seu consultório, algo nos adverte do fato de que você ilustra uma posição paradoxal em sua relação com Lacan. Embora seja aquele que, na história do movimento analítico, deu – e a expressão é sua – o pior golpe que pudesse ter sido dado em Lacan, você é, ao mesmo tempo, aquele que tem a foto dele no consultório. Embora, em ato, você um dia tenha tomado, de maneira muito firme, o partido dos adversários dele, você nunca tomou, a meu conhecimento em todo caso, o partido, tão freqüente entre eles, de difamá-lo; ao contrário, eu com freqüência o ouvi evocar a dívida que tinha com ele.

Pergunto-me se não há um vínculo entre o fato de que você ocupou uma posição à parte no movimento analítico e o fato de que essa posição também foi determinante. E me interrogo sobre o que o autorizou a dizer – e aí eu o cito – em seu *Filiações*, publicado em 1975[2]: "Devo ser, para a nossa época, o único a poder falar da relação dos atos de um analista com a própria análise e com as sociedades que ela ocasiona". E você acrescenta: "Está fora de dúvida que, se eu não tivesse sido afetado por certos atos, duas sociedades de análise não teriam, na época, vindo à luz". Vamos tentar discernir juntos os parâmetros que concorreram no sentido da sua ação no mundo analítico. Para começar, eu poderia lhe perguntar o que foi o seu encontro com Freud. A sua descoberta da psicanálise.

WLADIMIR GRANOFF: De fato, você pode me perguntar, o que não quer dizer que vou lhe responder isso. Porque, na verdade, entre o momento em que nos vimos para acertarmos esta entrevista e agora, fiquei tentado a voltar atrás em minha aceitação por uma razão muito simples: é possível seguir Lacan quando ele diz: "Enquanto um sujeito fala de si em análise, ele não fala; quando ele fala de você, ele não fala; é quando ele lhe fala que algo se passa". Trata-se de um homem que é, de qualquer

---

[2] Wladimir Granoff, *Filiations*, Paris, Minuit, 1975. Reeditado na coleção "Tel", Gallimard, 2000.

modo, alguém que manteve com a verdade uma relação que eu diria mais crítica que tantos outros contemporâneos dele, e aí não quero dizer que ele tenha sido um ser mais verídico do que outros. Falo aqui da relação crítica com algo do qual ele finalmente foi o único a dizer que era algo que de fato não devia ser tomado de forma leviana. No sentido de que isso só podia ser dito pela metade. Pensei então: como guardar esta noite o respeito mínimo de mim enquanto testemunha dessa aventura? Como eu poderia fazer para lhe falar, embora você não seja aqui meu analista? Falar-lhe no sentido de que se trataria de mentir menos. Mentir não no sentido mais corrente do termo, no sentido banal, mas contar o mínimo de cascatas. Não no sentido da exatidão, já que a exatidão mantém com a verdade a relação que você conhece, uma relação estritamente antagonista. Mas como fazer para que algo da ordem dessa relação, dessa relação crítica com a verdade, não seja traída?

Assim, a questão que se coloca para mim na perspectiva desta entrevista é como fazer para falar de Lacan da maneira menos frívola, e como falar de mim da maneira menos frívola? Por "frívola" entendo aqui, bem entendido, não as frivolidades, mas o que seria uma maneira respeitável – e eu diria universitariamente respeitável – de falar de tudo isso. Vejo um pouco o reflexo disso na questão que você me coloca: meu encontro com Freud. É muito bom, é muito clássico, é muito na ordem das coisas. Mas, afinal, será que isso é tão importante? Meu encontro com Freud é absolutamente fortuito: durante a guerra, numa cidade do interior onde estou provisoriamente refugiado, freqüento a biblioteca municipal, lá encontro a obra de Freud. Sou um rapaz. Na obra de Freud, é claro, muitas coisas que dizem respeito à sexualidade encontram-se pela primeira vez expostas, e de uma maneira que um rapaz de antes da guerra não conhecia. Isso me interessa, eu leio. E isso fica presente em minha mente. Mais tarde, quando me torno psiquiatra, isso me volta à mente. Mas estará separado da segunda questão que você vai provavelmente me colocar: meu encontro com Lacan.

Há pouco, você disse algo que é a um só tempo verdadeiro e não-verdadeiro. Mas que é mais não-verdadeiro do que verdadeiro. Você diz que eu tomei o partido dos adversários dele. Não! Tomei o meu partido. O partido dos inimigos dele eu nunca tomei até hoje, e eles nunca me perdoaram isso. Então, acontece de me perguntarem: por que você seguiu Lacan, você que, em 1953, era um aluno em final de curso, "senior student", como diriam os anglo-saxões, de um instituto de psicanálise muito respeitável, da única sociedade psicanalítica existente naquele momento em Paris³? Acho que é preciso que primeiro eu responda pela negativa. Não sei quando isso aconteceu, mas alguém já me havia feito essa pergunta e havia inscrito a minha resposta. Eu a assumo plenamente. Tinham me perguntado: "Por que você seguiu Lacan?". Minha resposta foi que, para não segui-lo, teria sido preciso ter uma transferência animal para com seu analista, o que não era o meu caso, um pânico homossexual, o que não era o meu caso tampouco, uma obnubilação qualquer ou uma grande falta de discernimento. A questão seguinte era: "Por que ele o seduziu?". Não vou naturalmente dizer que ele era um sedutor, é uma platitude e uma imbecilidade. Ele me seduziu porque era sedutor. Ele era supremamente sedutor, e eu diria que, quando queria, ele podia ser irresistivelmente sedutor. Evidentemente que é algo que é de natureza a provocar um cagaço monstro entre os jovens e entre homens menos jovens. Não deixo você me colocar as questões, mas, enfim, não me queira mal. Por que me vi no caso de seguir Lacan para além das razões que lhe dou, embora eu não fosse nem analisando nem aluno de supervisão ou de seminário* dele? Vou necessariamente fazer um desvio, uma digressão sobre a minha própria pessoa. Nesse meio analítico parisiense, eu era tão estrangeiro quanto continuei sendo em meu país de adoção, embora nele tenha nascido. Eu era, sob todas as relações, absolutamente estranho ao meio que me cercava. Você me vê cercado de fotografias, é claro que há a de Lacan; não há só a de Lacan, há a dos alunos históricos de Freud. Também há a de meu avô e a de um amigo. Do amigo mais fiel que tive na vida. De meu avô, porque isso não é

---

³ Société psychanalytique de Paris*.

inteiramente separável do que me aconteceu com Lacan, nem um pouco porque eu tenha achado em Lacan uma figura paterna, apresso-me em dissipar imediatamente essa ilusão. Mas o retrato de meu avô porque, de certa maneira, ele contribuiu decisivamente para fixar em mim o que não hesitarei em chamar o esnobismo que me era necessário e que era necessário à composição dos comportamentos e das opções que me dirigiram para Lacan. Direi que eu era esnobe demais para não ir na direção dele. Meu avô era um homem notável. Gosto muito do rosto dele, do aspecto, gosto também – e aí vou atrair a antipatia de alguns que talvez leiam essa entrevista – que o poder imperial tenha conferido, em 1911, a esse velho o que se chamava o primeiro grau de nobreza, pois era um homem de obras e preocupações, ou de ações sociais (funcionamento bem semelhante ao sistema britânico).

Por isso é que foi promovido. Aliás, em 1918, quando os bolcheviques tomaram o poder em sua cidade, foi proibido àqueles que operavam o confisco daquilo que chamavam os excedentes burgueses nos apartamentos ir ao apartamento da viúva Granoff. Pois o prestígio espiritual, se posso dizer, desse homem, mesmo junto aos bolcheviques, era tal que eles proibiam que incomodassem a viúva. Então, como é que isso funciona em relação a Lacan? Pois bem, veja você, eu estava cercado, no Institut de psychanalyse*, de personagens bem semelhantes às criaturas que haviam marcado o curso de meus estudos universitários. Professores. Ora, ali atuava um elemento de meu passado. Eu havia encontrado na infância os professores do Instituto Politécnico de São Petersburgo do qual meu pai era "privat dozent". Eles eram professores. Eu havia visto a reverência com que eram cercados. De alguns lembro-me ainda, de Struwe, por exemplo. E eu só havia conhecido professores sem distinção e sem elevação de pensamento. Sem querer ser desagradável em relação aos mais velhos que eu da época do Institut, eu os achava um pouco comuns, eu diria um pouco vulgares, com algumas exceções, naturalmente. E quando Lacan chegou, assim, um dia, na esquina de uma calçada, em meu horizonte, com aquela espécie de distinção, elegância e bom gosto que ele tinha então, pareceu-me bem evidente, natural, segui-lo, e desligar-me daqueles aos quais nada me ligava.

51

Então, você vai me dizer: "Mas de qual Lacan você está nos falando?". Pois bem, aí, veja você, há um escrito – é dele, não é dele? Pouco me importa. É apócrifo ou não? É pelo final de sua trajetória – em que Lacan se dirige àqueles que estão presentes, dizendo: "Àqueles que ainda gostam de mim". Fez um escândalo este "ainda gostam de mim". Apócrifo ou não, só encontro aí o que há de mais legítimo. Pois seguir Freud, para começar, depois toda a história da análise, é uma história de amor. Só se trata disso. Então, o Lacan do qual uns e outros falam... eu vou lhe falar do meu. O que isso quer dizer? É o Lacan do qual eu gosto, ou do qual gostei, e virei-me contra ele quando deixei de gostar. Aquele de quem gostei, pois bem, eu lhe fiz uma pequena surpresa, é uma foto, e era um Lacan jovem, é claro, enfim, mais jovem do que aquele que você conheceu, um Lacan alegre. E eis em que condições vivemos um pouquinho juntos: eu tinha na época um pequeno barco – não era um iate de grande luxo, como você pode ver nesta fotografia –, mas o Lacan da época tampouco era aquele que tinha charutos tortos e aqueles casacos de pele incríveis e, na minha opinião, de um gosto um pouco duvidoso. E, a bordo desse pequeno barco, nós navegávamos: havia Judith, sua filha, agora Sra. Miller, que está, ali, futucando no patê com um canivete pequeno. Um canivete do exército americano, que devo ter, não me desfiz dele, aqui está, era o que o exército americano nos trouxera em 44. Ali, é a mesma Judith. Tinha então dezesseis anos. Quanto a Lacan, pois então, era este homem jovem, simpático, com a pele lisa, que remexe num balde porque há peixinhos dentro. Esse Lacan, no que a gente chamava antigamente um "tonto", por volta das três horas da manhã, um pouco alegre como se diz, quando um de nós dizia – eu, acredito –, dizia "Que tal irmos ao bosque de Boulogne, soltamos os botes, quem vem junto?", era esse Lacan quem dizia: "Eu primeiro". Eis Lacan, o Lacan irresistível é o Lacan, segundo eu, não palhaço, mas juvenilmente aristocrático. Foi esse Lacan que segui.

Agora, vou disciplinar-me um pouquinho e vou tentar responder às perguntas que você quiser me fazer. Mas eu não queria que embarcássemos numa espécie, assim, enfim, de sei lá o quê, de mumificação, de fossilização, a meu gosto prematuras, de uma aventura, de uma relação de pessoas. Para mim, é cedo demais e, para ele, acho que podemos... podemos fazer com que escape a esse destino. É isso, agora vamos!

A. D.-W.: Acho soberbo o tom que você dá à entrevista. Para ir um pouco no seu sentido, conto a lembrança de uma anedota que um amigo próximo me contou. Lacan estava no exterior, convidado numa cidade, os notáveis lá estavam e, após uma conferência, todos esses notáveis encontravam-se à volta de Lacan e o pressionavam com perguntas, pediam ao mestre para revelar seu segredo, e como Lacan podia ser arrogante e desagradável, ele fechava a cara, não respondia a ninguém. Ele então se voltou para a jovem mulher encantadora que estava à sua esquerda e lhe perguntou ao ouvido: "A senhora permite que eu lhe diga meu segredo?". Essa jovem mulher, bem afastada da psicanálise, mas que era esposa de um pequeno analista, respondeu-lhe: "De fato, eu ficaria feliz em ouvi-lo". E Lacan lhe disse: "Meu segredo é que tenho cinco anos". Logo, o que você diz, essa juvenilidade aristocrática...

W. G.: É isso.

A. D.-W.: Para as pessoas que conviveram com Lacan, é extraordinariamente falante.

W. G.: De fato, é isso.

A. D.-W.: O que, aliás, não deixa de evocar as coisas que você escreveu sobre o amor e sobre Ferenczi e, paradoxalmente, portanto, sobre uma situação que se introduziu entre Lacan e você sobre a interpretação da criança e da infância.

W. G.: Pois é, é a intrusão da aventura ferencziana, eu diria, no meu destino. Em 1957, eu provavelmente não teria encontrado o nome de Ferenczi se Lacan para ele não me tivesse direcionado. O que se fez por intermédio de Michael Balint[4]. Na verdade, aí, isso se torna respeitável e universitário, e dane-se, porque isso se torna, assim, um pouquinho histórico. Pois, visto no sentido de uma certa verdade histórica, Balint tinha aos olhos de Lacan um mérito que aliás foi um mérito bem efêmero. Como teórico – penso que Balint não foi dos maiores –, Lacan bem rápido nos mostrou em que ele não era uma águia, ainda que fosse um ser muito notável por sua honestidade, sua generosidade. Mas Balint, acho que por razões ligadas à sua origem húngara, ficara violentamente chocado com os modos dominantes do meio psicanalítico ortodoxo. E fizera a esse respeito um protesto político ao escrever que, finalmente, de nossas vidas de analistas e de nossas vidas em instituição, da prática e da teoria, faltava-nos não só o vocabulário, mas a gramática. Se a memória não me falha, de certa maneira ele jogou isso na cara dos dirigentes da Sociedade Psicanalítica Inglesa. O que causou uma certa comoção. E, portanto, isso ajudava muito Lacan na luta que ele estava iniciando quanto às instâncias dirigentes do meio psicanalítico francês. Ele então difundiu esse escrito. Quero dizer que fez dele uma difusão sem imprimátur das autoridades. Lembro-me de alunos do Institut psychanalytique de Paris – não vou nomeá-los, por caridade – que diziam, de certos escritos políticos de Balint e da difusão deles: "Mas ele cometeu uma agressão espantosa contra nós! Como ele pode deixar circular escritos como estes, fazer com que leiamos coisas desse tipo, conosco que estamos em formação!", etc. Falava-se dos escritos de Balint! E de futuros analistas! Não é? Bom! Ora, Balint remetia a Ferenczi.

Foi assim que acabei entrando em contato com Ferenczi. Na obra que acabo de prefaciar e que Jean Allouch publicou[5], não sei se você

---

[4] Michael Balint (1896-1970), médico e psicanalista inglês de origem húngara, criador dos grupos Balint (grupos de médicos que se preocupavam com a relação médico-doente), discípulo de Ferenczi, cuja obra ficou muito conhecida graças à sua contribuição.

[5] Sándor Ferenczi, *Les Écrits de Budapest*, prefácio de Wladimir Granoff, introdução de Claude Lorin, Paris, EPEL, 1994.

ouviu falar da coisa, na introdução feita por Claude Lorin, ele apresenta Ferenczi como alguém muito indisciplinado, muito independente, muito intolerante em relação a qualquer imagem do mestre. Ele se engana, na minha opinião, radicalmente. Ferenczi era muito ligado à figura, à pessoa de seu mestre Freud. Mas não era alguém que pudéssemos enrolar facilmente. Então, quando li os escritos de Ferenczi, algo aconteceu comigo.

Apesar do sopro de frescor trazido por Lacan a um programa escolar um pouco cansativo, um pouco imbecilizante para aqueles dentre nós que podiam ter, eu diria, uma certa ambição intelectual, Ferenczi trazia, assim, outro sopro de liberdade e também algo em que acabei preso. Por um lado erradamente, e por outro com razão: Ferenczi era muito sensível àquilo em relação ao que ele achava que Freud talvez fosse insuficientemente sensível. Isto é, o sofrimento; bem entendido, o dele. Ferenczi era um grande sofredor. Então, para Ferenczi sempre se colocou a questão: quem é que sofre? É o adulto? É a criança? Essa questão, se a tomarmos assim, no modo grosseiro do catecismo psicanalítico, é uma questão para a qual, evidentemente, todos têm a resposta. Resta, com toda certeza, que, se, naquele que se queixa no divã, fizermos questão de ver apenas o adulto, e é claro que é uma simplificação, somos facilmente levados a algo de que até alunos de Ferenczi, como Melanie Klein, podiam não se livrar. Como quando, em supervisão, um aluno de Melanie Klein relatava sua contratransferência e Melanie Klein respondia "Se você tem contratransferências, tome uma aspirina", Lacan, este, não dizia "tome uma aspirina" em relação aos sofrimentos do adulto, mas, mesmo assim, fazia questão de precisar que não é uma criança que chora no divã. De qualquer modo, não é tão simples e não penso que Lacan tenha simplificado. Mas as razões que ele tinha de insistir no fato de que não era uma criança que chorava se referem talvez a que, na minha opinião, diferentemente da queixa do adulto, a queixa da criança é, segundo penso, insustentável.

Então, quanto à situação analítica, cujo horror Lacan terá suficientemente retratado, cada um se defende à sua maneira. E aí, quanto à relação com esse horror e com a defesa que ele mobiliza, darei um passo ao lado que parecerá muito desrespeitoso aos lacanianos puros e duros. Pôde me parecer – será preciso chamar intuição a imaginação de uma ficção incorreta? – que Lacan caminhava na direção de algo que mais tarde me pareceu concretizar-se ainda mais. Com efeito, mais tarde, pareceu-me que, com essa direção que ele tomou, isto é, o matema, Lacan buscava inventar uma máquina – perdoe a brutalidade –, uma máquina psíquica que permitisse não pensar mais. De certa maneira, é o parentesco que vejo entre ele e Wilfred Bion, que, aliás, também inventou, acho, esse gênero de máquina. Naturalmente, isso também implicava, provavelmente de antemão, a recusa de segui-lo para além de um certo ponto. Em todas as premonições, há essa ponta de paranóia, de saber paralelo, que faz com que cada um dos sujeitos saiba sobre o outro algo que talvez vá, para ele em todo caso, verificar-se mais tarde. Não excluo que, quando fiz essa conferência sobre Ferenczi, fiz algo que é bem aparentado com o que Ferenczi fez ao mundo da psicanálise, a Freud, e contra o que Freud se revoltou de uma maneira que eu diria policial. Pois bem, não é impossível que Lacan tenha visto ali, de modo premonitório, algo que ia acontecer muito mais tarde, e talvez eu também, à minha maneira. Quem sabe se Freud não se viu em relação a Ferenczi numa situação análoga? Pois, afinal, se Ferenczi não tivesse morrido muito rápido após ter produzido seu escrito sobre a confusão das línguas entre o adulto e a criança, quem sabe aonde isso o teria levado, e quem sabe aonde isso teria levado Freud em relação a ele?

Não sei se respondi à sua pergunta quanto à aventura ferencziana em nossos destinos.

A. D.-W.: Para seguir essa hipótese, que o que estava no princípio da ruptura entre Freud e Ferenczi talvez fosse a ruptura que Lacan teria antecipado entre você e ele, seria preciso previamente tentar dar conta disto: se, para Lacan, o ser sofredor não é a criança que o adulto traz simbolicamente em si, mas a criança real, em que é que isso poderia ter tido o poder de negar categoricamente o ensino dele?

W. G.: É evidente, acho, que seria totalmente mentiroso reunir e centrar nesse eixo os fatores de minha ruptura com Lacan. Isso tornaria as coisas prodigiosamente respeitáveis, cultas e, no sentido que me desagrada, universitárias.

É evidente que a minha ruptura com Lacan organizou-se numa arborescência de fatores. Aquilo de que acabamos de falar é, afinal, bem cômodo para mim, pois, enfim, isso de fato só se desenvolveu *a posteriori*. Eu poderia levar as coisas muito longe, uma vez mais na ordem da paranóia. Se, com outros, aliás aí incluindo finalmente Serge Leclaire, forcei essa ruptura, que fazia com que Lacan, de certa maneira, se achasse emancipado (lembro-me de Lacan dizendo em 1964 "Olhem com quem vocês me deixam", pois ele se sentia abandonado também por nós), tomando as coisas no interior das coordenadas da neurose, a de Lacan, a minha, eu diria que, se a trajetória de Lacan o levou até ali onde ele chegou, tudo isso não pode ser historiado fazendo abstração de um fato essencial: as espécies de sociedade de companheiros ou de controle de que se viu desmunido, livre, ou desprovido, num certo momento.

Não sei se ele teria chegado onde chegou se tivéssemos ficado com ele. Não sei se o teríamos deixado ir até lá. Não sei se o teríamos acompanhado. E não sei se, não podendo nos puxar para lá, teria ido para lá, ou ido daquele jeito. A ruptura, no sentido que François Perrier, que está nesta outra fotografia, Perrier, que infelizmente não pode mais estar conosco, teria chamado tripal, evidentemente se organizou para mim de maneira muito menos respeitável, eu diria. É que nessa relação, num momento, aconteceu algo que fez com que eu não pudesse mais continuar a gostar de Lacan, e com que eu não pudesse mais continuar a gostar dele porque Lacan me traía. Porque ele me traía em todas as coordenadas possíveis da traição. Ele me traía, primeiramente, no plano dos efeitos dessa estima fundamental que temos pelo semelhante. E que consiste em não desconhecê-lo. Em não desconhecer aquilo que nele é fundamental. Durante um almoço com Perrier e Leclaire, estávamos comendo ostras, lembro, Leclaire comia ouriços. A situação já estava muito tensa. Lacan, num determinado momento, explodiu e me disse

"Ah! escute Granoff, você de fato começa a ser demais para os meus ouvidos!", embora eu não falasse com ele, por assim dizer, há um certo tempo. "E devo dizer que a sua sede de respeitabilidade burguesa vai aniquilá-lo!". Aí, Leclaire e Perrier o olharam com surpresa e Leclaire lhe disse: "Jacques, enfim, não exagere, não, isso não, Granoff, respeitabilidade burguesa! Controle-se! – Sim, enfim, sei o que quero dizer", etc. Era uma loucura, para o gênero de personagem que eu era, que Lacan falasse nesses termos! Sede de respeitabilidade burguesa! Quando todos à minha volta me suplicavam que me tornasse burguesamente respeitável! Até François Perrier me dizia: "Puxa, você precisa comprar um carro apresentável!". Assim, Lacan estava me confundindo com outra pessoa, e eu diria que Lacan começou a delirar naquele momento em relação a mim. Digo isso a você de modo muito tranqüilo e sem ter absolutamente o sentimento de atentar contra a memória dele: nós todos somos passíveis de conhecer momentos delirantes.

Quando, em julho de 1963, eu chegava a Estocolmo para o Congresso Internacional, fui acolhido, com Robert Pujol, por Serge Leclaire na entrada do Grande Hotel. Leclaire nos cumprimenta e me diz imediatamente: "Devo preveni-lo de que Lacan está convencido de que você está em Estocolmo já há dois ou três dias e de que você pôs escuta no quarto dele". O clima era tão patogênico que eu realmente tenho o sentimento de não atentar de modo algum contra a memória de Lacan ao dizer que ali ele realmente teve um momento de delírio. Todos nós somos capazes disso, e não tenho razão alguma de pensar que comigo isso nunca aconteceu, ou nunca acontecerá, em outras coordenadas, mas também de modo grave talvez. Então, havia isso.

E havia também – aí retornamos às origens russas –, no mesmo momento, o contato que estabeleci com aquele que era na época o presidente da IPA*. Sociologicamente falando, eu diria, não éramos nem um pouco do mesmo mundo. Sequer geograficamente. Aquele homem era originário de Vitebsk, como Chagall, cuja família era então efetivamente amiga da minha. E, em Chicago, fui vê-lo precisamente para trabalhar na filiação de nossa sociedade à IPA. Estabeleci uma relação de certo modo familiar com alguém que, naquele momento, me dava a confiança, fraterna entendo, que Lacan me retirava. Digo "fraterna" por quê? Porque prefiro deixar fora do campo a questão da metáfora paterna. Porque não é isso que me parece, propriamente falando, pertinente em relação ao que temos a dizer. Lembro que eu não era, em relação a Lacan, nem seu analisando nem fazia supervisão com ele. Mas um grupo de trabalho não impede as transferências de trabalho. Lacan, para mim, era um irmão mais velho. E, em relação a um irmão mais velho, é comum, a tragédia nos mostra isso, que surja um momento em que somos levados a sacar a arma. Em Chicago, encontrei alguém que era um irmão, mas não irmão mais velho.

Na minha neurose, certamente, um componente faz com que seja para mim muito fácil obedecer, com que não seja difícil para mim comandar, e a disciplina coletiva é algo em que posso consentir sem ter de me forçar nem um pouco. É aí que digo que pânicos homossexuais não produzem em mim comportamentos folclóricos. Ora, nós tínhamos embarcado num empreendimento em que uma solidariedade, eu diria regimental, devia reinar entre nós: Leclaire, eu, Lacan, outros ainda. Lacan rompeu esse pacto fraterno e o equivalente disso me era proposto no mesmo momento por um homem que era uma espécie de primo afastado. Eu certamente precisava disso. Aquele homem me disse: "Nós falamos a mesma língua, pertencemos ao mesmo meio, profissionalmente falando, estamos do mesmo lado, fazemos a mesma coisa, deveríamos poder conviver sem dificuldade. Não conheço Lacan, você eu conheço. Tenho confiança em você e, se você me diz que Lacan é bom, confio em você e vou apoiar a sua iniciativa". Isso entre homens é uma relação muito importante. A responsabilidade passava da relação com Lacan à relação com aquele que era, naquele momento, o presidente da Associação Internacional, Maxwell Gitelson. Ele morreu pouco depois desse encontro. Não era um astro, mas era um irmão de substituição. Acho que a questão das rivalidades entre irmãos é, na psicanálise e em sua prática, o objeto, eu diria até que de uma ignorância quase sistemática. Fico impressionado, seja na prática das supervisões ou na conversa, com o pouco de presença e o pouco de elaboração, na mente de nossos colegas, de tudo o que tem a ver com a rivalidade. E não é por nada que as instituições analíticas são absolutamente diceradas precisamente por conflitos desse tipo, que são conflitos de rivalidade fratricida.

Naturalmente, um dos aspectos dessa problemática atuou na minha recusa de alinhar-me no campo dos inimigos de Lacan e daqueles que nunca se desmentiram como sendo os inimigos de Lacan. O que, aliás, se concretizou pelo fato de que, após a vitória – voltaremos a essa vitória –, a minha, essa estranha vitória, essa amarga vitória, depois, portanto, que ela foi inscrita no congresso da IPA em Amsterdã em 1965, com aquele que naquele momento era meu *alter ego* nessa iniciativa do lado inglês, Pierre Turquet, peguei o avião e fui embora. Pierre morreu num acidente de carro algum tempo depois. Quanto a mim, só voltei a um congresso da IPA uma única vez, em 1967, em Copenhague, por educação. Ontem ainda, perguntavam isso e aquilo: mas Granoff, que fim levou? Onde anda? Por que não o vemos mais? Não, nunca tomei o partido dos inimigos de Lacan, apenas sou pouco ocidental demais para que, se tentei, forçado por uma necessidade, apunhalar alguém e a lâmina acertou uma costela, eu a retire, dizendo: "Ah! desculpe, escorreguei e pegou ali...". Recomeço, visando melhor, tentando passar, desta vez, entre as costelas, ou volto-a contra mim.

Naquele momento, entre Lacan e eu, era isso. Para mim, ele tinha agido de maneira imperdoável, que eu não ia lhe perdoar. E não se tratava de meu pai, nem do pai no sentido de que se tratou do pai para aqueles que arrastei comigo e dos quais ele era o pai analítico. Se eles têm, na maioria, a meu respeito, ainda hoje, essa atitude, rastro de uma cicatriz deixada por um momento em que se misturavam o ódio e o pânico, foi porque os arrastei, porque tornei possível para eles algo que é uma tentação de outra ordem, e porque eles naturalmente sabem o que isso lhes teria custado se tivessem tido, eles, de cumpri-lo. Para mim só custava o que custou para eles, a vida inteira, em todos os conflitos em que eles se defrontaram com os irmãos, nas universidades, nas instituições, nas sociedades de psicanálise, em todas as candidaturas, etc.

Então, não é indiferente saber precisamente que o complexo de Édipo e seu futuro, título que acabou sendo dado a um de meus seminários, é o que, em definitivo, à exclusão de qualquer outro fator, continua, na minha opinião e sem nenhuma dúvida, a reger a vida das instituições, a vida dos analistas em instituição, a vida deles entre si.

A. D.-W.: Essa questão do Édipo é tão pregnante nas instituições: é o que nos ajuda a compreender que aqueles companheiros de estrada que foram os seus, que esperavam há anos para se filiarem à IPA, e que, em suma, foram filiados por iniciativa sua...

W. G.: Sim.

A. D.-W.: ... o fato de que tivessem obtido essa filiação...

W. G.: Sim.

A. D.-W.: ... o que eu lhe digo nos ajuda a compreender que não só eles não foram gratos a você, mas que, depois, você passou a ser aquele que cheirava a enxofre?

W. G.: Absolutamente certo, é claro. É bem isso que você diz. Mas ali, naquele momento, é preciso de novo colocar nesse caldeirão todos os outros elementos da constituição da conjuntura. É preciso colocar, naquele momento, a maneira como éramos estranhos uns para os outros. Eles para mim, e eu para eles. É evidente que isso assumiu toda a sua acuidade. E estranhos em todos os sentidos do termo, em nossas opções privadas, em nossos estilos de vida, em nossas iniciativas, em nossos gostos. E eu diria, perdoem a imodéstia, até um certo ponto, em nossas aparências. Uma pessoa que nem todos trazem no coração, notadamente certos psicanalistas franceses, mas essa é uma outra questão, é, no entanto, uma autora que tem grandes méritos: é de Élisabeth Roudinesco que falo agora, ela fez de mim um retrato que não é certamente um retrato que me incomoda. Ela viu certo sobre um ponto capital. Precisamente sobre a relação entre minha vizinhança institucional e eu. No congresso da IPA de Amsterdã, um importante psicanalista do meio vienense, que aliás foi também o último médico do Homem dos Lobos[6], disse-me com um acento que eu não poderia imitar para você, mas me dispenso dessa exibição: "Granoff, escute, pense em Churchill. Os chefes de guerra não são forçosamente os melhores chefes em tempos de paz. Você foi para os seus um maravilhoso chefe de guerra. Agora, é tempo de paz, talvez seja preciso que você se afaste". Obrigado pela aviso! Eu não precisava dele. Eu havia anunciado isso em cartas ao falecido Daniel Lagache. Mas, apesar do fato de que eu mesmo tivesse proposto afastar-me, fui afastado com enorme energia, o que Élisabeth Roudinesco viu bem. E foi por isso que ela me chamou "o samurai[7]". Estava naturalmente falando do filme *Os sete samurais*. Havia duas rubricas que lhe dão razão. A primeira é a questão do fracasso. Há, na tradição japonesa, eu diria, uma certa nobreza do fracasso à qual sou muito sensível. Tenho, pois, uma espécie de apego às causas perdidas. E, nessa filiação à IPA, a parte de fracasso profundo foi mais importante que sua parte superficialmente visível de sucesso. Acho que a minha existência foi antes marcada de fracassos. Desses fracassos, no conjunto, tenho mais orgulho do que de meus sucessos. A segunda razão pela qual Élisabeth Roudinesco não se enganou foi que, ao falar do samurai, ela diz que, este, finalmente se afasta. Não foi ele quem ganhou, foram os aldeãos. E, com efeito, naturalmente, se essa entrevista passasse na televisão, eu receberia uma avalanche de insultos e frases hostis. Mas é verdade: por mais distintos, intelectuais que sejam, infinitamente mais que o sou e que jamais serei, fiz com que os aldeãos ganhassem, é absolutamente irrecusável.

---

[6] S. Freud, *Cinq psychanalyses*, Paris, PUF, 1954.
[7] Élisabeth Roudinesco, *Histoire de la psychanalyse en France*, t. II (1986), Paris, Fayard, 1994.

EMIL WEISS: Nesse conflito, a questão das origens tinha um alcance qualquer, o fato de que você fosse antes um oriental?

W. G.: Tinha, entre meus colegas, sim, com certeza. Mas estamos falando de Lacan. E, em relação a Lacan, não dou a isso nenhuma importância. Em relação a meus colegas, isso não tinha uma grande importância para mim. Porque eu fui ao colégio em Estrasburgo, cidade de língua alemã, embora seja uma cidade francesa, é claro. E havia aquele professor de francês-latim-grego que, na 7ª ou 8ª série, não sei mais, com seu sotaque pesado, me dizia: "Você, o bolcheviquezinho lá no fundo, responda-me por favor…". Bom, então, assim, eu estava habituado a isso. Mas a relação de Lacan com aquele mundo certamente teve um papel. Ele atuou no sentido de que penso que um aspecto secreto de nossa relação talvez fosse subterraneamente apoiado por isso. Não falo unicamente daquilo que afinal foi o amor da vida dele e o segundo casamento, com Sylvia Bataille. Mas a vida de Lacan foi marcada pela intervenção daqueles que vocês conhecem, Alexandre Kojève, que vinha de lá, depois dois amigos de nossa família: um, inteiramente do meio de meus pais, mas um pouquinho mais jovem, foi Roman Jakobson, que, quando vinha a Paris, sempre vinha para a Porte de Saint-Cloud onde residia a emigração russa com a qual meus pais eram muito ligados; e o outro era Alexandre Koyré. Tudo isso funcionou até um certo momento, eu diria provavelmente até o momento em que começou para ele a fase que evidentemente não era a última, isto é, a continuação de seu encontro após a guerra com Heidegger. Penso que o que precedeu Heidegger foi determinante na formação de Lacan psicanalista. Se não tivesse havido tudo isso, Lacan teria permanecido um psiquiatra notável, só isso. Não há sombra de dúvida de que foram eles que na verdade o formaram. Formaram em que sentido? Formaram no sentido de que isso foi determinante em minha ligação com Lacan e no fato de que o segui. Quero dizer que eles não foram para ele professores, nem monitores, mas ensinadores.

Por ensinadores entendo o quê? Se nunca tive o menor respeito por meus professores ou pelo mundo dos professores, é em razão da forma de sua existência, que consiste em dar aulas que seguem um programa, isto é, que, de certa maneira, os faz saber de antemão o que vão dizer, visto que não podem evitar repeti-lo, a rigor, eu diria, ano após ano. Isso implica um certo modo de investimento de algo, em sua vida, e um certo modo de investimento desse objeto. Se, a respeito de Lacan, utilizou-se um termo odioso – não especialmente quando isso visa Lacan, mas quando visa qualquer um, inclusive eu, aliás –, se a um certo momento se falou de carisma, essa ignomínia, na verdade, o que ela designa? Ela designa a ignorância, que algumas pessoas querem conscientemente manter, que alguns têm do modo de investimento do objeto pelo ensinador. Quando o objeto é investido de certa maneira que não é aquela do professor, pois bem, aquele que fala torna-se um ensinador. Lacan, nesse sentido, o foi em minha vida, marcada por uma sucessão ridícula de professores. Então, inclusive naturalmente no Institut da rua Saint-Jacques, onde havia pessoas muito gentis, muito honestas, a questão não está aí. Lacan surgindo, surgia, nesse sentido, um ensinador. E as pessoas de Kojève, não Lévi-Strauss, Kojève, Jakobson e Koyré foram, nesse sentido, para ele ensinadores. Eles fizeram isso. Fizeram dele o analista que ele se tornou, exatamente como Lacan fez de mim o analista que eu me tornei, ainda que eu não o tenha seguido até o fim de seu trajeto.

A. D.-W.: Esse laço muito forte com a *intelligentsia* russa, a diáspora russa, também é um dos elementos que permite compreender que, em seu interesse pela IPA, havia o interesse de um poliglota e também de um imigrado que talvez tivesse uma certa relação idealizada com um tipo de diáspora internacional...

W. G.: Vou lhe responder...

A. D.-W.: ... e que teria tido uma certa distância em relação ao que talvez parecesse com um gueto francês em torno de Lacan?

W. G.: Vou lhe responder. Com toda certeza. Então, tenho que precisar: ser estrangeiro não basta para isso, porque estrangeiros na França houve de todas as espécies, houve igualmente os muito respeitáveis choferes de táxi russos. É preciso fazer intervir o meio: você sabe que, na Rússia imperial, os meios da corte falavam inglês, o casal imperial trocava sua correspondência em inglês; abaixo, havia um meio francófono – era o meio ao qual pertencia meu pai –, e depois um meio que era germanófono, era o meio de minha mãe. Tínhamos governantas alemães, ao passo que no meio de meu pai tínhamos governantas francesas. É um meio ao qual pertencia igualmente Nabokov. Quando meu pai chegou à Europa Ocidental – onde nunca estivera, já que seu desejo de vir fora entravado pela guerra em 1914 –, ele falava francês de uma maneira que quem o ouvia dizia: "Ah! mas o senhor não seria de perto do Maciço Central, porque, em certos momentos, o senhor exagera um pouco os *rr*?". Bom, minha tia, irmã dele, veio à França em 1960 pela primeira vez na vida, saindo do *gulag* do Casaquistão, onde estava com Milena, a mulher da vida de Kafka, e Margarete Buber-Neumann, a comunista alemã entregue aos nazistas pelos soviéticos[8]. Elas estavam no mesmo campo, eram obrigadas a fabricar tijolos, conheci tudo. Ela falava francês. Chegou na *gare du Nord*. Cometia um erro em francês: chamava *frigidaire* [geladeira] de "*refrigidaire*". Só isso. E Nabokov foi um homem que, como vocês sabem, era um autor genial em russo, genial em inglês, soberbo em francês.

Minha primeira língua era o russo, é minha língua materna. Minhas segundas línguas foram o francês e, ao mesmo tempo, o alemão. Logo depois o inglês. O que faz com que, quando me perguntam "Em que língua o senhor pensa? Em que língua o senhor sonha?", depende. Quando tenho na cabeça frases injuriosas, ou quando conto, fica tudo em inglês; quando me queixo e sinto pena de mim, digo isso em russo e, quando falo a um auditório, faço-o em francês. Mas, quando canto

---

[8] Cf. Margarete Buber-Neumann, *Milena*, Paris, Le Seuil, 1986.

para mim canções da infância, elas são alemãs, etc. Vale dizer que se tratava aí de um cosmopolitismo, no sentido, se quiser, de um internacionalismo, alternando com a formação política que eu havia recebido de meu pai. Pois meu pai era daqueles que, inevitavelmente, se enganavam nas opções políticas. Sempre. Enganou-se ao fazer parte da composição do governo provisório em fevereiro de 1917. Enganara-se, evidentemente. Foram postos para fora em novembro, em outubro mais exatamente, para retomar o calendário oficial. E enganavase, igualmente, ao considerar que o século da eclosão dos nacionalismos era o século XIX, o *Risorgimento, Italia fara da se*, a Alemanha, que o século XX ia esmagar isso tudo. Porque o socialismo que ineluctavelmente acabaria triunfando, com o internacionalismo que o traria, faria com que toda essa mesquinharia, nacionalista, de chauvinismo, etc, se desfizesse e desaparecesse.

Então, para mim, o internacionalismo psicanalítico era uma espécie de passaporte. Um passaporte que eu estava encontrando. Pois, quando, vindo da Rússia, após uma breve passagem pela nacionalidade romena, enfim recebi a nacionalidade que me cabia por direito, foi o passaporte Nansen, passaporte cujo nome e significação vocês são jovens demais para conhecer. Era o passaporte que a organização Nansen fornecia aos emigrados, aos refugiados. Era um passaporte internacional, e, na minha infância, um dia cantei algo que eu ouvia o tempo todo. Eu estava cantando o primeiro verso de *A marselhesa* com uma palavra que eu ouvia o tempo todo: "Vamos crianças da apátrida". Apátrida era o que nós todos éramos. Então, com a análise, voltava-me a possibilidade de ter de volta um passaporte Nansen. Pois, francês, eu só o era por naturalização. Os franceses tiveram a generosidade de me conceder a nacionalidade, agradeço a eles por isso, digo-o sem ironia, mas é mesmo assim uma adoção. Se ainda existisse, o passaporte Nansen ficaria melhor em mim. Então, isso voltava e, quando um ou outro à minha volta, meu velho amigo Smirnoff, nascido em Petrogrado, ele mesmo falando um alemão impecável, ou um outro, Serge Leclaire no caso, dizia-me "Mas eu não quero ficar fechado nesse gueto da sociedade francesa (a exceção francesa que agora encontramos sob todas as rubricas), tenho vontade de conhecer meus confrades, meus colegas, sem problemas", pois bem, era para mim, com efeito, um meio de encontrar aquele espaço internacional para as minhas viagens, para as viagens da minha mente. Eu me enganava, naturalmente. Enganava-me em que sentido? Eu não sabia que aquele internacionalismo não existia, que era só a colocação, lado a lado, de pequenos nacionalismos, de pequenos chauvinismos, anglo-saxões, sul-americanos, italianos, espanhóis, pouco importa, mas eu imaginava que, de fato, havia ali um novo passaporte Nansen. Isso teve um papel enorme!

E acho que Lacan nisso não se enganou quando, naquela "*troika*" histórica de seus primeiros companheiros, Perrier, Leclaire e eu, ele me enviava na frente nas reuniões internacionais. É claro que era porque nenhuma língua podia me parar, mas sobretudo porque ele conhecia a minha motivação sob essa relação. Porque a isso ele podia se associar, infinitamente mais que qualquer outro colega. Por essa razão bem simples, que, ao contrário dos outros, ele, que não era germanófono, lia o alemão com ardor, ele, que não era anglófono, praticava o inglês escrito com ardor. Pois Lacan não falava nenhuma língua estrangeira, ou então falava de maneira ridícula. Ele não podia, na época, pelo menos, tomar a menor distância em seu coração, diria eu, em relação a seus colegas anglo-saxões: eram eles que ele perseguia nos congressos, nas reuniões, nas quais ele tentava entrar pelas janelas quando as portas estavam fechadas. Esse internacionalismo em sua vida, Lacan, de certa maneira, acho, o sonhou, o viveu. Ele teve a nostalgia de algo que ele nunca havia conhecido e que, penso, estendia entre nós fios secretos.

ÉRIC ATLAN: Você conheceu Vladimir Nabokov?

W. G.: Encontrei Nabokov quando eu era criança. A família, sim, é claro, em razão do papel político do pai dele. Mas eu era jovem demais, evidentemente, para ter pessoalmente conhecido aquele que, naquele meio, desempenhou um papel importantíssimo, o pai dele, assassinado[9].

É. A.: E no meio analítico, a teoria antipsicanalítica dele...

W. G.: No meio psicanalítico, a teoria dele – que não era uma teoria – não me incomodou de modo algum. Vou lhes dizer por quê. Primeiro, porque, como para Lacan, é preciso de fato ter a mente estreita para não reconhecer em Nabokov a distinção, a maestria, a elevação da mente. Ele tinha um preconceito formidável contra a psicanálise, e esse preconceito não era tão estranho ao meio dele, pois a *intelligentsia* russa era um meio de um puritanismo bem particular. É muito alheio a nosso encontro; me permitem dizer uma palavra a esse respeito? Era um meio onde, no que se refere à maneira de viver, éramos infinitamente mais livres que nos meios do mesmo gênero no Ocidente, na alta burguesia ou na nobreza intelectual. No meio que cercou a minha infância, o casamento não era uma exceção, mas não era a regra. Quando os homens beijavam a mão das senhoras, eles batiam igualmente os calcanhares, rastro na vida russa do fato de que estudantes usavam uniformes, rastro da influência do estilo militar. Então, o casamento se fosse o caso, mas a paixão amorosa em geral, tinha uma dignidade soberana. Que um tal e uma tal se apaixonassem por um tal ou uma tal e que um casamento se rompesse, isso de modo algum podia ser objeto, eu diria, daquela espécie de condenação burguesa ou de cara entristecida que isso suscitava no meio francês da minha adoção. Mas era um meio muito puritano nesse sentido de que não estava em questão, o que quer que fizessem, falar de uma maneira crua, isto é, por exemplo, antes da guerra de 14, num meio muito livre, pronunciar a palavra "parteira" à mesa podia ser considerado um pouquinho arriscado. Com Freud, naturalmente, acontece algo que pega essa camada de puritanismo absolutamente a contrapelo. Freud diz: é preciso, do sexo, falar como do dinheiro, ou do dinheiro como do sexo, isto é, assim: cru, nu. Ah, isso, para os russos, de jeito algum!

---

[9] Eminente figura da *intelligentsia* russa emigrada em Berlim depois da revolução bolchevique. Editor, diretor de revista, foi assassinado em 1922 por russos de extrema-direita.

O freudismo é absolutamente estranho à estética nabokoviana. Essa questão, de resto, extrapola o quadro de nossa discussão. E, aliás, quando se quer tornar a psicanálise visível ou espetacular, faz-se, à exceção do filme alemão de que falou Patrick Lacoste numa de suas obras, *O estranho caso do professor M. A psicanálise na tela*[10], sempre um fracasso, é sempre algo ridículo. Nabokov não tinha razão alguma para ter o mínimo respeito pela psicanálise.

É. A.: Não vamos entrar no sistema estético.

W. G.: Isso não podia entrar lá, de maneira alguma. Podemos ter uma idéia do perfil do herói freudiano. Personagens cujo leque vai de Cromwell até Moisés. O herói nabokoviano é Pnine. Decerto não um "guerreiro", como se diz hoje em dia. Um analista diria: belo retrato de uma neurose de fracasso. Talvez. Fracasso seguramente, ainda que seja de um gênero radicalmente diferente do de Oblomov.

E. W.: Há pouco, quando falei de origem, também estava pensando nas origens judias. Você mencionou a mulher de Lacan que era de origem romena. Aí, falo, não falo mais de Nabokov, viro a página, você falou de Kojève.

W. G.: Kojevnikov.

E. W.: Kojevnikov, que não era judeu; a mulher de Lacan era.

W. G.: Sim, é claro. Eu lhes diria que, no meio analítico, não era só a dele que era. A primeira mulher de Lagache também era. Nesse caso, vocês sabem, há vários casamentos mistos, se posso dizer, nesse meio.

---

[10] Publicado em Connaissance de l'Inconscient, "Curiosités freudiennes", Gallimard, 1990.

E. W.: Minha questão era: será que, eventualmente, a identidade cultural de alguém podia constituir uma questão no procedimento analítico junto a Lacan? Será que isso podia ser reconhecido como um fator determinante?

W. G.: Pelo próprio Lacan, não penso, não estou inclinado a pensar isso, não creio. É evidente que Lacan, como qualquer um, em tal ou tal momento, consternou-se pelo fato de que os franceses eram franceses, de que com eles era difícil fazer o que quer que fosse, de que os judeus não o seguiam na fase primeira e ascendente de sua trajetória. O que, é verdade, fascinava Lacan era a posição do judeu infiel. Infiel religiosamente falando. Ele ficou fascinado pela distância entre a posição do cristão infiel e a posição do judeu infiel. Deve-se dizer fascinado, acho que sim, pela figura de Spinoza. Mas isso não é a fascinação, propriamente falando, por aquilo que seria o judeu no sentido de que a mulher dele o era também, etc. Não, é por algo que pediria um outro desenvolvimento relativo aos aspectos particulares da infidelidade, quando é a posição de um judeu. Foi por isso que Lacan ficou fascinado. E quando, para acabar, Lacan se diz excomungado, numa excomunhão no sentido do *herem* hebraico e não no sentido da excomunhão cristã, a impossibilidade de voltar, é Spinoza que é seu farol.

E. W.: Mas eu visava igualmente algo para além da contribuição pessoal e daquele grupo cosmopolita, para além daquilo coloco-me a questão de saber em que medida, eu diria, o alcance, o alcance universal de uma técnica analítica, em que medida ela é suposta levar em conta fatores que são fatores de ordem cultural, logo, da identidade de alguém, ou isso não tem sentido?

W. G.: É um problema, é um debate, uma controvérsia doutrinal que, num certo momento, foi fundamental. De minha parte, sou daqueles que são absolutamente opositores a esse tipo de abordagem, a abordagem culturalista. Sou daqueles que são radicalmente opositores a fazer da psicanálise um assunto judeu. Mas acho que não respondi inteiramente à sua questão.

E. W.: Porque a questão pode colocar-se numa sociedade que não é patriarcal, mas matriarcal, em que a criança cresce numa comunidade na qual a questão do Édipo pode colocar-se diferentemente. Aqui evoco o contexto cultural num sentido amplo, com todos os tipos de especificidades, não necessariamente a da condição judia.

W. G.: A essa questão eu lhe responderei de maneira muito brutal: não sei, e considero que ninguém sabe, porque, aí, as tomadas de posição são de um peso estritamente equivalente, e são estritamente contrárias, nesse sentido de que há autores que dirão: sim, mas cuidado, o Édipo em tal tipo de sociedade regra-se de outro modo; e haverá outros autores que se debruçarão exatamente sobre as mesmas sociedades para mostrar que não há nenhuma diferença. Logo, é um debate no qual para mim é muito importante não entrar.
Primeiro, porque não saberei me comportar aí com a seriedade mínima que um debate como esse exigiria. E, enquanto os japoneses – por que os japoneses, é outra história – não tomarem posição quanto a esse ponto e enquanto não tiverem demonstrado que, entre eles, o Édipo se regra de outra maneira que entre nós, permanecerei numa grande reserva. Pessoalmente, acho que os japoneses, quando chegar o momento, depositarão na conta da universalidade das estruturas evidenciadas por Freud um caminhão de evidências.

E. W.: E, para liquidar um pouco o tema evocado, antes de entrar, talvez, em certos aspectos teóricos da herança lacaniana, você mencionou a importância, na formação de Lacan, de Kojève, de Koyré, etc.

W. G.: Sim...

E. W.: Isso me leva a uma questão: parece-me evidente que a proposta de Lacan, o inconsciente é estruturado como uma linguagem, tem um prolongamento filosófico evidente...

W. G.: Tem.

E. W.: ... que pode ser visto como uma modalidade existencial.

W. G.: Pode.

E. W.: É um dado que a maioria das pessoas que encontramos, o círculo de Lacan, denigre essa dimensão no sentido estrito do termo. Como você vê a coisa?

W. G.: Primeiro, para mim é absolutamente impossível cortar um homem em fatias ou dividi-lo pelo pensamento. Que aqueles que vocês viram até agora vejam em Lacan um terapeuta, só posso necessariamente subscrever a essa maneira de ver, no sentido de que – e aí, bem evidentemente, separo-me deles – direi, para a comodidade da formulação, que durante muito tempo Lacan se interessou pela psicanálise ou pelo que eu considero e designo como sendo a psicanálise. Ele fez psicanálise e, depois, um belo dia, parou de fazer. Enquanto fazia, e quando grudava naquilo, como se diz em francês, era um terapeuta absolutamente notável, e estou bem colocado para saber, sem nunca ter sentado no divã dele, mas estive muito envolvido, familiarmente, eu diria, com os méritos clínicos desse homem como médico. Que, ao mesmo tempo, ele tenha sido embarcado numa aventura, que vocês me perdoarão na oportunidade chamar espiritual, não é de modo algum contraditório. Vocês notarão que uso outros termos no lugar do de vocês. Vocês falaram de aventura existencial, eu utilizei há pouco outra palavra, tenho minhas razões para isso. Também porque penso em Freud, como vocês sabem, irreligioso, ateu, tudo o que vocês quiserem, falando de sua variante, de sua versão, de seu misticismo. Por isso é que falo de aventura espiritual.

Então, Lacan foi embarcado numa aventura espiritual por razões que é impossível para mim descobrir porque não o tive em meu divã.

Mas, em contraponto ao que você acaba de evocar, repetirei o que já lhes disse: quando cheguei à psicanálise, por razões que tinham igualmente a ver com a proximidade de uns e outros, na emigração russa, eu não deixava de ter alguma familiaridade com o ensino de um certo Georgi Gurdjieff, cujo nome vocês talvez conheçam. Ele fora trazido para a França pelo livro de um de seus alunos, Peter Ouspenski. Era um ensino desconhecido e me interessava. E, um dia, bem cedo, bem perto do início de nossa aventura, de nossa amizade com Lacan, de nossa camaradagem, de nosso amor, se quiserem, eu lhe disse: "Mas você não está querendo nos embarcar numa aventura do gênero da de Gurdjieff?". Ele me olhou, assim, e me disse: "Ah, você, hem!...". E, quando a ruptura chegou entre nós, a única censura que ele me fez – pois deve-se notar que, da mesma forma que não se pode encontrar, na minha boca e sob a minha pena, nenhuma palavra ofensiva ou injuriosa a respeito dele, da mesma forma é preciso dizer que, a meu conhecimento pelo menos, ao contrário de muitos outros, de mais de um de seus seguidores, não conheço nele nenhuma formulação hostil a meu respeito –, a única censura que me fez, a verdadeira, foi no momento em que nos separávamos. Ele me disse: "E quando penso que foi você que, outrora, me colocou esta questão de que me lembro ainda: você não está querendo nos arrastar numa aventura como Gurdjieff? Que você que pôde me colocar essa questão agora me faça isso!". Então, como vêem, é muito difícil para mim segui-los quando me dizem: uns vêem em Lacan um terapeuta e outros um filósofo. Um ser humano é tudo isso.

FLORENCE GRAVAS: Retomo a questão à luz do que dizíamos há pouco: o que pode parecer inadequado para designar Lacan como um filósofo é que, talvez, a filosofia, como a literatura, aliás, são práticas acumulativas e a psicanálise é uma prática da despesa.

W. G.: É um ponto de vista que acho interessante, ele não me teria vindo à mente.

F. G.: Eu estava pensando em Georges Bataille, que precisamente era a um só tempo o mais próximo partidário e adversário da psicanálise e que é, realmente, um teórico da despesa.

W. G.: Escute, as palavras que você utiliza têm de fato com o que me impressionar por razões que você conhece, evidentemente, em parte, visto que há pouco se esboçaram entre nós. Então, para voltar à questão da acumulação e da despesa, deslocarei a inserção dessas noções, se quiserem, dizendo que a acumulação é algo que, exceto a acumulação fetichista, exceto um certo "colecionismo" irrisório, a acumulação como tal, a acumulação dos bens em particular, é uma coisa pela qual tenho uma vivíssima aversão. A despesa, é claro, podemos encontrar isso para mim na psicanálise, mas por outro viés. Vou responder à minha maneira à sua questão: a despesa é algo que considero um dever, na medida em que penso que a análise também leva a isto, que um ser humano só se vê como o locatário de seus bens e não como proprietário deles. A despesa é, nesse sentido, um dever, e eu diria que pode ser considerada um dever para com a sua comunidade. Vejo um efeito disso na trajetória de Freud. Freud era, como sabem, ávido de certos gozos, em particular gozos orais. Gostava de carne, carne gorda especialmente, e sofria com a sua ausência. Ele precisava de dinheiro para enfrentar as despesas. Mas o dinheiro que ele efetivamente ganhou, ele o gastou de uma maneira que nenhuma Frau Professor burguesa admitiria, de modo que, em vez de partir rico para Londres, finalmente partiu com as roupas, os livros e algumas estatuetas. Nas instituições analíticas, desde então, percebemos a dificuldade que existe em fazer funcionar os analistas dessa maneira. A questão da gestão dos bens, da acumulação e da despesa, no conjunto das sociedades de análise, esteve nitidamente defasada quanto ao nível a que, com efeito, por que não, algo da estatura teórica e prática da análise poderia tê-los levado.

F. G.: Há algo que me impressionou muito, bem no início do que você nos disse sobre Lacan: manifestamente, o que o seduziu em

Lacan foi um estilo, e isso me interessou muito. A psicanálise costuma ser apresentada como uma prática em que se trata de desvelar, de encontrar um segredo. Parece-me que não é tanto isso que é verdadeiramente importante naquilo que Lacan pôde trazer à psicanálise, mas mais a idéia de um certo estilo, como indício do ser, que só pode se revelar no estilo.

W. G.: Não creio poder pensar na cura analítica nessa perspectiva. Ela me pareceria arbitrariamente teórica demais. Ela não me fala de modo suficiente. Quanto à questão do estilo, eu poderia a esse respeito lhes dizer onde e em que parei. Parei, provavelmente, por aquilo que é da ordem de minhas resistências e de meu puritanismo, pois, como todos, tenho resistências. Sempre somos mais puritanos do que imaginamos, vocês também. Então, Lacan, penso, lembrou a alguns de nós as palavras de Buffon: "O estilo é o próprio homem". Ele nos ensinou que o estilo não é uma superestrutura e, nesse sentido, com efeito ele fez com que a psicanálise encontrasse uma parte do estilo que Freud lhe havia imprimido, em suas formulações, em seus escritos, em seu ar ridículo, e eu diria até em sua toalete. Peguem fotografias dos congressos de psicanálise e olhem! Mas eles não são, exceto Freud, Ferenczi e, naturalmente, Lou Andreas-Salomé, de fato atraentes! Enfim, são impossíveis! Bom, então Lacan traz para a análise um estilo que se perdera.

Vou situar o contraste num outro plano. Pouco importa o que isso vai se tornar e, até, se isso deve um dia projetar-se ou imprimir-se, não vejo nisso inconveniente. Quando, em 1953, no momento da crise aberta pela criação do Institut da Société psychanalytique de Paris, levantamos, ou melhor, eu levantei, no nível dos analistas em formação, o estandarte da revolta, fui imediatamente seguido por outros, mas acontece que o primeiro estandarte da revolta – e a verdade histórica, ou melhor, a exatidão, a exatidão histórica manda dizê-lo – foi um escrito que pedi aos colegas para assinar, eu o havia elaborado na supervisão coletiva de um analista morto cedo demais para que pudéssemos saber o que teria valido. Penso que não teria sido um astro, ele se chamava

Maurice Bouvet. Mas, enfim, para o Institut da rua Saint-Jacques, era certamente o melhor.

O escrito que encabecei na primavera de 1953 foi o início do protesto estudantil, depois da revolta. Fomos recebidos por aquele que não pode ser chamado de outro modo senão o *caïd* ou o "padrinho", se preferirem, do lugar, Sacha Nacht. Não era um mau analista, diziam, nem mau terapeuta. Sylvia Lacan me dizia então: "Ah, Sacha Nacht, ele de qualquer modo conhece o ofício, é melhor não dizer a Jacques, ele faria um drama". Sim, ele conhecia seu ofício, mas no que tinha a ver com o estilo era outro negócio. Assim, fomos acolhidos por esse personagem que disse com uma ponta de sotaque romeno: "No Institut circula neste momento uma reivindicação de estilo quase sindical. Aqueles que a fazem circular parecem se preocupar muito pouco com a continuação do currículo profissional. Vocês estão esquecendo (pois era centrado no dinheiro em particular) que nós os estamos preparando para um ofício muito lucrativo?". Hoje, em 1994, vejam HEC, Sup de Co, a ESSEC, vejam a Polytechnique*, vejam, na França ou no exterior, qualquer instituto formador, em nossa época, em que, com efeito, vimos os "golden boys", dos quais alguns tinham justamente saído dessas escolas, esses garotos que ganhavam fortunas equivalentes a orçamentos de Estado, em que, nos dias de hoje, ousaríamos dizer: "Estamos preparando vocês para um ofício muito lucrativo"? Mas não é porque hoje ninguém diria isso que, mesmo assim, tê-lo dito na época, ainda que seguisse o conselho de Freud, falar do dinheiro como do sexo e do sexo como do dinheiro, dava estilisticamente um ar muito elegante.

Logo, no que se refere ao estilo, era nisso que Lacan voltava ao estilo de Freud. De dinheiro Freud falava com bastante liberdade. Em

---

* HEC [Hautes études commerciales], Sup de Co [École supérieure de commerce], ESSEC [École Supérieure des Sciences Economiques et Commerciales] e a Polytechnique fazem parte das chamadas *grandes écoles*, faculdades que formam os grandes quadros na França. (NT)

particular, num caso que realmente não andava bem, ele dizia: "... etwas lernen und etwas geld verdienen". Um consolo. Para aqueles que não são germanófonos: "... aprender um pouco e ganhar um pouco de dinheiro". Era provavelmente deslocado de outro contexto, mas que importa, a idéia estava ali, é outra coisa que dizer: "Estamos preparando vocês para algo em que vocês vão encher os bolsos". Lacan, de certa maneira, não era menos ávido – vimos isso depois – que outros, que Freud, embora por outras causas, mas acontece que – é aí que vou chegar no puritanismo – o estilo de Lacan se tornou um estilo em que, para o meu puritanismo, se tornou difícil segui-lo. Isto é, no momento em que ele se pôs a ofender as minhas resistências.

Quando a elegância dele, na minha opinião, por falta de experiência, falta de formação, falta de horizonte, tornou-se disfarce de palhaço: aquilo me ofendia. Diabo! Por que, se alguém se mostra como palhaço, é preciso que eu tenha um circo e que ele tenha um nariz vermelho? Por que era para mim impensável que Lacan se apresentasse para mim como um palhaço? Falo também de alguns de seus trajes grotescos. Aí, algo estava ficando para mim insuportável. Com efeito, nesse sentido, podemos nos perguntar por que a minha respeitabilidade burguesa exigia que um palhaço fosse um palhaço declarado e, de preferência, num circo.

Na minha opinião, o mesmo acontece com o que adveio de sua prática. Podemos, naturalmente, se quisermos, eu não diria cultivar o gosto do paradoxo, mas fazer de Lacan alguém que foi exemplar até o fim. E dizer que o desafio que ele lançou a todos o terá levado até ali: apresentar-se de uma maneira e fazer aquilo que, para todos, só podia ser absolutamente inaceitável. O que não quer dizer, naturalmente, que os seres humanos não estejam dispostos a cooperar e a aceitar o inaceitável. A experiência da última guerra mostra isso, e a da Shoah em particular. Lacan talvez seja o único a tê-lo realmente levado em conta. Isso absolutamente não deve ser visto na perspectiva dessas simplificações com seu apelo estúpido ao masoquismo. Pode-se até ver nisso justo o contrário, isto é, algo que está do lado da esperança, quando pessoas, sabendo que iam ser aniquiladas, estendiam a mão àqueles que ainda não estavam do lado da esperança para que viessem se juntar a elas. O que mostra a extensão daquilo que os seres humanos são capazes de chamar para si. E, portanto, para aqueles que seguiram Lacan até o fim, o que eles ficaram na situação de aceitar à sua revelia e, portanto, na situação de reproduzir. Não estou seguro de que isso tenha sido um bem – no sentido, eu diria, da minha mística ou de meu misticismo. Mas não excluo de modo algum que seja meu puritanismo que me impeça de seguir a aventura humana quando ela chega a esse nível de algo em que vai se confundir com a queda e o dejeto. Termos, naturalmente, de que Lacan fez grande uso.

A. D.-W.: Tenho uma questão a colocar sobre um ponto que eu talvez não tenha entendido.

W. G.: Por favor.

A. D.-W.: Que diz respeito a um momento forte de nossa entrevista, quando você evocou o que, na sua opinião, teria sido, na relação com a causa analítica, o fracasso, o seu fracasso: talvez eu não tenha compreendido o que você entende pelo seu fracasso.

W. G.: Ah bom! Vejo que fracassei em fazer entender a minha glosa sobre o fracasso. Vou então dizer de novo algumas palavras sobre isso, mas num nível diretamente acessível ao entendimento. O que entendo por meu fracasso, pois bem, é o que todo despertar traz, de certa maneira, como fracasso do sonho. Esse fracasso foi, em primeiríssimo lugar, o de não conseguir levar Lacan a tomar uma posição coerente e fraterna comigo para fazer chegar ao fim o procedimento cujo sucesso ele realmente me pedia. O segundo fracasso foi o de não ter podido fazer passar, em contrabando, se quiserem, Lacan na Associação Internacional de Psicanálise. Digo em contrabando, pois é uma atividade de fronteiriço pela qual tenho grande simpatia. Meu fracasso foi num outro nível, é o fracasso da introdução, num meio do qual, já naquele momento, eu conhecia a deriva e a esclerose, do espírito que me havia, com outros, animado durante dez anos. Atualmente vêm sendo feitas tentativas para desprender a Associação Internacional desse meio. Não acredito muito que tenham sucesso. Mas, enfim, naquele momento, esse meio internacional estava numa deriva sinistra, provinciana, pequenamente burguesa, e um dos meios de parar isso era ali injetar, ou ali reinjetar, o que ali estivera, pelo menos virtualmente até 1953, isto é, aquilo que Lacan podia lhe trazer. Lacan, mas também nós, eu diria, pois eu tinha, com outros, cuidado de organizar a tradução de todas as obras, a dele e as nossas – na época, a dele era extremamente restrita –, em língua inglesa. Introduzir isso na Internacional porque, depois de tudo o que Lacan havia feito por mim, não me parecia absolutamente impossível que ele não o pudesse fazer por outros! Sabem, um dia, eu tinha ido assistir a uma conferência de Benveniste com um membro ilustre da imigração russa. De um lado, portanto, havia esse eminente acadêmico, André Grabar, russo de grande linhagem, fundador da bizantinologia francesa, professor no Collège de France. E, do outro lado, havia Daniel Lagache. Era complicado o que dizia Benveniste e Daniel Lagache diz: "Ah! é complicado! mas eu, quando não entendo, passei da idade de me inquietar. Penso que se não entendo é que está mal explicado, é que está confuso". E Grabar chega a meu ouvido e diz: "Comigo é justo o contrário! Quando não entendo, isso me inquieta e tento compreender". Então, eu não via absolutamente por que Lacan não poderia fazer isso por outros, levá-los a compreender, se quiserem, e com todas as aspas que vocês quiserem, o que até ali eles não tinham entendido. Logo, nesse sentido, o fracasso da introdução de Lacan no meio internacional era o verdadeiro nível doloroso do fracasso. Se, há pouco, falou-se de samurai, eu não alinharia Lacan entre os samurais, porque ele tinha muito pouco o sentido da colegialidade de armas e sucesso demais. Mas, mesmo assim, entre ele, eu e outros, nós poderíamos ter, em todo caso, levado nosso meio para algo onde o espírito samurai, a ética samurai e seu estilo teriam estado mais presentes que, para encontrar o paralelo cinematográfico, nessa vitória dos camponeses. Foi esse o meu fracasso.

Entrevista com Moustapha Safouan

Moustapha Safouan, filósofo de formação, tradutor de A interpretação dos sonhos *de Freud em árabe, em análise a partir da segunda parte dos anos quarenta com Marc Schlumberger, didata da SPP, escolheu Jacques Lacan como supervisor no início dos anos cinqüenta e permanecerá, dali por diante, um de seus fiéis. Após a dissolução da École freudienne, ele será notadamente um dos fundadores da Convention psychanalytique, em 1983, e, depois, da Fondation européenne pour la psychanalyse. É autor de numerosas obras, desde* O estruturalismo em psicanálise *e* Estudos sobre o Édipo, *publicadas, respectivamente, em 1968 e 1974 nas Éditions du Seuil, até* Lacaniana, *publicada pela editora Fayard, Paris, em 2001 e pela Companhia de Freud, Rio de Janeiro, 2006.*

ALAIN DIDIER-WEILL: Você é um dos raros analistas a ter seguido e reconhecido o alcance do ensino de Lacan desde os anos 50, antes mesmo do início de seu seminário* público. O que aconteceu durante o seu encontro com Lacan que suscitou uma transferência de trabalho jamais desmentida há quarenta anos?

Moustapha Safouan: Na época em que comecei a trabalhar com Lacan, como analista em supervisão, eu não entendia estritamente nada do que acontecia numa análise. Tanto que pensava seriamente em abandonar a psicanálise. Eu pensava que podia encontrar outras coisas para fazer...

A psicanálise, então, era entendida ou através da psicologia das profundezas, exceto que essa profundidade se tornara toda superfície, considerando que as fantasias – de sedução, mortíferas, canibais – apareciam nas páginas de qualquer livro, ou por uma psicologia do comportamento que se deixava guiar por conceitos experimentados em laboratório, por exemplo a seqüência "frustração, agressão, regressão" observada nos ratos.

Em relação a tudo isso, que era muito pouco convincente, encontro Lacan, que diz: "A psicanálise é uma experiência do discurso". Então, comecei a fazer algo que se chama escutar. Posteriormente, a partir de 1954, empreendi a tradução de *A interpretação dos sonhos* em árabe, em cima da qual passei cinco bons anos. Foi nesse período que nasceu o que vocês chamam uma transferência de trabalho. No momento em que acabava de começar o seminário de Lacan, na casa dele, no nº 5 da rua de Lille.

A. D.-W.: Você foi testemunha de que aqueles que tinham trabalhado com Lacan, ou como analisando ou como analista em supervisão, faziam a experiência de uma surpresa: Lacan lhes transmitia não o "já sabido", mas, antes, a dimensão do imprevisto, do jamais ouvido...

M. S.: É isso. E vou lhes dar um exemplo que me vem à memória. Uma paciente, vinda para curar um complexo de inferioridade, indignava-se porque eu a fazia deitar no divã – posição que a punha em inferioridade, dizia ela. Eu ia lhe dizer que era um protesto feminino, depois pensei que essa interpretação era inútil e fui falar com Lacan sobre meu embaraço. Ele logo me disse: "Mas por que você não lhe disse que ela estava justamente ali para falar dessa posição?". Foi uma surpresa para mim: eu me perguntava por que eu não o havia feito. Encontrei a resposta mais tarde: eu estava imbuído demais de minha posição – posição de superioridade –, por isso eu não pudera dizer isso a ela. Eis um exemplo que nos surpreende, nos toca e nos deixa diferentes daquilo que éramos antes de falar com Lacan.

A. D.-W: Você não acha que, se Lacan sabia ser surpreendente, é porque estava apto em sua prática a ser sempre surpreendido? Quando ele deixava entender sua surpresa, não mostrava ele isto: o sujeito do inconsciente nunca está numa relação de superioridade ou de inferioridade, mas unicamente de pura diferença? Como se, naquele nível, houvesse uma espécie de igualdade absoluta entre o analista e o analisando, já que não há nenhum saber preestabelecido?

M. S.: Lacan não tinha dogma, doutrina que lhe permitisse nos conhecer de antemão como se fôssemos transparentes para ele. Por isso podia deixar-se surpreender. A distinção entre o outro que pode ser transparente e o Outro na medida em que pode mentir, fingir, ter uma fala autêntica ou não, é uma dimensão fundamental de sua teoria: ele estava a serviço desse Outro subtraído ao conhecimento, que não é o semelhante, que não rotula de antemão. Decerto.

A. D.-W.: Você acha que essa colocação entre parênteses do saber teórico do analista pôde contribuir para alimentar a animosidade de certos analistas contra ele?

M. S.: Não sei o que se passava na cabeça dos adversários dele, mas, segundo o modo de prática que acabo de descrever, é fato que ele abalava a pretensão a todo saber prévio com o qual vamos tratar o homem ou a mulher que está diante de nós. Ainda que, naquele momento, ele estivesse ainda longe daquilo que teorizou no fim, mostrando que a psicanálise não se define por um saber, mas por um desejo.

O ataque contra a definição da análise como saber já estava claro no discurso de Roma*, em que você o vê zombar de um ingênuo – sei a quem ele aludia, mas não vale a pena citá-lo – que acreditava que bastava dizer ao paciente o que se passava com ele para tirá-lo daquilo. Como se o saber fosse trazer a salvação. A experiência não mostra que, se você comunica o seu saber a alguém, ele lhe dirá: "Sei, e daí?". A espécie de má acolhida que reservaram à doutrina de Lacan vinha sobretudo do fato de que a análise se institucionalizara em torno da idéia de que o saber fazia do analista um notável que tinha seu lugar ao lado dos juízes, advogados, professores, etc.

FLORENCE GRAVAS: Você acaba de dizer que, para Lacan, a cura [*guérison*] e a cura psicanalítica [*cure*] não passavam por um pseudo-saber do analista. Então, ela passa pelo quê?

M. S.: Passa pelo fato de escutar: se você escuta bem, você percebe que o sujeito com o qual você está lidando tem um saber, só que é um saber que ele não pode dizer, que ele não tem condição de articular. É o estatuto da verdade não poder ser dita assim; ela sempre se encontra num outro plano, que é o plano daquilo que não se diz preto no branco, mas que se deixa ouvir.

A. D.-W.: O que você diz me lembra o tipo de inquietude extraordinária que se apossou da IPA* na época em que a Société française de psychanalyse* pedia a ela e sua afiliação. A IPA havia criado uma espécie de comissão, dirigida por Pierre Turquet, visando interrogar os alunos de Lacan para compreender o que era a prática dele. Trinta anos depois, essa história parece, para as pessoas da minha geração, incrível. Primeira questão: por que os analisandos de Lacan tinham aceito esses interrogatórios? Segunda questão: o que Pierre Turquet e seus assessores, ao interrogar os analisandos de Lacan, como você mesmo, buscavam saber?

M. S.: Para eles, sequer estava em questão buscar compreender o que quer que fosse, o que eles queriam era saber quanto tempo durava cada sessão – era um artigo de fé. É possível imaginar a psicanálise como um jogo que tem um certo número de regras, a regra da abstinência, a regra da livre associação, a regra que quer que quando um ou outro, o analisando ou o analista, diz uma coisa, ele não nega tê-lo dito, pois caso contrário tudo se desfaz. Logo, há um certo número de regras e, para eles, os 45 minutos de sessão eram uma dessas regras. Eles queriam saber se as regras eram aplicadas ou não.

Lacan estava preso numa situação extremamente difícil, porque tinha outra maneira de proceder com o discurso de seus analisandos: como era neles que ele colocava o saber, e porque esse saber, ao se significar, produzia uma temporalidade própria ao discurso do analisando, o tempo, regrado pela significância, não podia mais sê-lo por um relógio. Entretanto, ele mesmo assim não queria deixar-se expulsar da IPA e perder o contato com as pessoas que, em princípio, eram seus colegas, com os quais ele desejava sempre dialogar. Ele então apelou para métodos tortos: pediu a alguns desses analisandos para que mentissem e dissessem que a sessão durava 30 minutos; isso teve efeitos destruidores. Efeitos da situação impossível na qual ele fora colocado.

A. D.-W.: Por que ele dava tanta importância a permanecer na IPA?

M. S.: Era, de qualquer modo, o meio onde ele podia encontrar colegas. Quando somos analistas, queremos ser ouvidos por analistas! Ele fazia questão de ser entendido, de ser ouvido. Seu ensino era, em sua mente, destinado a analistas. Excluí-lo era, portanto, calá-lo.

A. D.-W.: Existe uma relação entre o mal-estar ligado à existência analítica e a necessidade apaixonada de tantos analistas de serem identificados pelo pertencimento a uma instituição?

M. S.: Você está falando dos alunos de Lacan que votaram pela filiação à IPA e, portanto, contra ele, no momento da segunda cisão?

A. D.-W.: De fato.

M. S.: Escute, não se deve ser cruel ou simplista com as pessoas. A primeira geração, como se diz, dos alunos de Lacan era constituída de pessoas que o tinham apoiado durante seu primeiro conflito com a Société psychanalytique de Paris*. Acrescentaram-se a eles os alunos da nova sociedade – a Société française de psychanalyse – que haviam escolhido Lacan como analista ou para a supervisão. Devo lhe dizer que Lacan, em relação aos alunos, mostrava uma confiança sem limites. Ele os via como colegas, colaboradores, mas também como porta-vozes, para não dizer profetas. O que supunha um certo desconhecimento daquilo que ele estava bem colocado, melhor que qualquer um, para saber: esse fato de que uma tal expectativa só podia ser sentida, do lado do aluno, como uma demanda que pesava muito.

Era uma demanda irrealizável, porque, afinal, quando você está num seminário de Lacan, você toma notas. Mas, depois, você volta para casa, e não vai começar a estudar essas notas, porque você é analista e tem de atender pessoas por cuja cura você assumiu a responsabilidade. É quando você vai refletir sobre o que você faz que as idéias que você ouviu no seminário poderão voltar ao seu espírito e esclarecê-lo sobre o seu próprio caminho. Se você se esforçar em escrever, produzirá um texto em que há idéias de Lacan, mas que, em seu conjunto, será da sua safra. Mediante o que, Lacan estava na posição de dizer que lhe tomavam as idéias, que as deformavam, ou então que o tinham entendido mal.

Para lhes dar um exemplo, havia, na Société française de psychanalyse, era uma tradição, Jornadas Provinciais. Lembro-me que Pontalis e Piera Aulagnier tinham feito, nessa oportunidade, um relatório sobre a transferência, utilizando certos termos de uma maneira não-conforme, ou, talvez, até inteiramente contrária ao uso que Lacan fazia deles. Lacan os assediou, lhes fez uma cena, o que, evidentemente, só fez agravar as tensões.

Dizer que os alunos de Lacan eram ignorantes, como ele mesmo havia sugerido ao falar da atmosfera de ignorância na qual ele começara seu ensino, é dizer algo falso: pessoas como Octave Mannoni, como o padre Beirnaert, como Pontalis, como Laplanche, para não citar outros, não eram nem um pouco ignorantes, eram muito cultas. Se muitas dessas pessoas, e muitas outras como Smirnov e Lang, votaram contra Lacan, não foi apenas para serem integrados numa sociedade de psicanalistas por gosto da filiação. Era por causa das tensões que caracterizavam a relação entre eles e Lacan.

O que não quer dizer que dou razão a eles. Lembro-me que, no momento da segunda cisão*, alguns, notadamente, acho, Laplanche, Pontalis, Anzieu, Granoff – apresentaram um texto que se intitulava: "O texto dos cinco" ou "A memória dos cinco" (tenho uma dúvida). Uma das frases desse texto descrevia a paixão irreprimível de Lacan pela dominação. Aí, acho que se enganavam. Porque Lacan certamente não tinha a paixão da dominação: sua paixão era a paixão da causa freudiana, do retorno a Freud.

Era essa a sua paixão: o devotamento à causa freudiana, não a dominação. Aliás, todos os que conseguiram fazer algo de durável, fosse no âmbito da arte ou da ciência, e até na arte militar ou política, eram sempre pessoas para quem a existência identificava-se com um projeto. Para Lacan, era esse seu projeto.

A. D.-W.: Entre 1950 e 1953, Lacan constituiu um pequeno auditório de alunos escolhidos do qual você fazia parte, para um seminário privado, que se passava na rua de Lille, onde ele lhes transmitiu os elementos a partir dos quais se podia pensar esse retorno a Freud. E, em particular, essas categorias que ele extraiu de Freud, ainda que não fossem nomeadas como tais nele: o Real, o Simbólico e o Imaginário. Em geral se ignora que, antes de serem substantivos, "o" Real, "o" Simbólico e "o" Imaginário eram adjetivos. Pois Lacan, neste seminário privado, lhes falava do "Pai Simbólico", do "Pai Real" e do "Pai Imaginário"...

M. S.: Essa distinção entre os diferentes planos da paternidade, em torno da qual ele introduziu as diferentes categorias que você acaba de citar, era muito esclarecedora. Lembro-me que eu tinha em análise alguém que, em seus sintomas, em suas relações conjugais, profissionais, atestava tendências autopunitivas: ele estava curvado sob o peso de seu supereu. Ora, aquele homem nunca conhecera o pai. Na idade de três anos, a mãe morrera, a avó o tomara para cuidar e o pai havia desaparecido. Ele não deveria ter tido supereu, já que o fundamento do supereu, na verdade, havia desaparecido. Com as diferentes categorias de Lacan, isso cessava de ser incompreensível. Levar em conta essa função da fala era como que um raio de luz. Também permitia esclarecer a noção de frustração, que pode vir de uma mãe terna demais, que crê que, porque dá seus cuidados, vai trazer a satisfação.

A. D.-W.: Pois o acento era posto no fato de que a verdadeira satisfação não vinha do próprio objeto, mas da maneira de dar?

M. S.: É verdade. Posteriormente, houve o aprofundamento que deu lugar à teoria da fantasia: até que Lacan tivesse introduzido a teoria do significante, não se via como, biologicamente falando, era possível ser tomado por aquilo que se chama uma pulsão canibal. O que fazia com que a boca pudesse se tornar canibal, ou até necrófila? Como se explicava que a merda pudesse funcionar como arma? A esse respeito, a fantasia era um mistério, só se falava de "fases": sádica, anal, oral, canibal. Com Lacan, começamos a deduzir esses efeitos do fato de que esse sujeito da pulsão era moldado pelo significante.

Em seu seminário sobre "O desejo e sua interpretação[1]", assim Lacan articulou o desejo ao significante ao mostrar que a satisfação do desejo era ser reconhecido na interpretação. Ele chegava até a dizer: o desejo é sua interpretação. Eu não ficava muito siderado de ouvir isso, porque já estava em germe bem no início do ensino dele.

---

[1] Jacques Lacan, "Le désir et son interprétation", Séminaire de 1958-59, inédito.

A. D.-W.: Você guarda uma lembrança do ambiente que havia nesse pequeno seminário privado, na casa dele, onde havia notadamente, creio, Clavreul, Leclaire, Granoff, o padre Beirnaert, Anzieu?

M. S.: Havia também Mannoni, a Sra. Aubry, a Sra. Amado-Valensi, Boulanger, que depois se tornou presidente da sociedade canadense, e a mulher dele, éramos mais ou menos uns vinte. A atmosfera era, se posso dizer, convivial, ele nos pedia para ler isto ou aquilo, um ou outro era encarregado de comentar tal página de tal leitura. Era mais um seminário que aquilo que, posteriormente, ainda foi chamado assim e pôde evocar, para alguns, um grande espetáculo.

E. W.: Era em que ano?

M. S.: Os anos escolares de 51-52, 52-53.

F. G.: Eu gostaria de voltar ao pai real, simbólico, imaginário. Você poderia falar mais sobre esse assunto?

M. S.: Digamos que o pai simbólico não é, a rigor, pai algum, é o próprio Nome que produz efeitos de interdição. Uma das funções da interdição é criar uma privação originária a partir da qual o desejo pode funcionar como reencontro. O pai imaginário é introduzido a partir do momento em que há necessidade de reforçar as barreiras do interdito: tem-se acesso a esse pai imaginário castrador pelo meio draconiano da ameaça. Quanto ao pai real, ele é apenas um agente, no sentido de alguém que deve sustentar o nome; ele deve estar presente num dado momento para colocar o menino em seu lugar de filho, para colocá-lo numa filiação com tudo o que isso comporta de promessa, ainda que, no momento, isso seja vivido pelo menino, ou pela menina, como uma derrota. O que não impede que os germes de promessa ali estejam. Se o pai real não se manifestar, faltar à sua função de agente, ele deixa o menino vítima dos estragos do pai imaginário.

A. D.-W.: O raio de luz de que você falava há pouco não é, entre outros, o efeito dessas distinções que Freud não havia operado, de tal modo que essas categorias que evocamos permaneciam confundidas?

M. S.: É possível, sem dúvida alguma. Freud, por essa razão, deixou muitas aporias. Por exemplo, o Eu [*Moi*] nele é a um só tempo uma função do real e, ao mesmo tempo, definido como uma superfície, logo, como uma imagem. Ora, é preciso decidir: ou bem é uma imagem que posso amar, isto é, um objeto que arrisca totalizar a minha libido, ou então é uma função do real. Essa era uma aporia, que Lacan resolveu.

Havia também uma aporia em torno da transferência: a transferência é o motor da análise, e, ao mesmo tempo, a resistência mais formidável à análise; então, como conciliar esses aspectos?

Quanto à paternidade, Freud só a vê sob o ângulo do rival, o que não basta para dar conta da ameaça de castração. Evidentemente, alguém que vivesse conscientemente uma ameaça de ser castrado ficaria louco. Para explicar uma ameaça que se constata no inconsciente, Freud teve de fabricar o mito de *Totem e tabu*. Esse mito dos filhos que mataram o pai coloca um problema que Lacan resolveu. Pode-se dizer que foi o que ele fez de mais precioso, resolver essas aporias que Freud nos deixou, mesmo, evidentemente, correndo o risco de colocar novos problemas.

F. G.: Você poderia precisar o que entende pela aporia da transferência?

M. S.: Há duas faces na transferência. O analisando, esta é sua primeira face, pode perfeitamente instalar-se numa resistência pela transferência, uma vez que a saída que ele dá à sua neurose está no fato mesmo de estar em análise. O que conduz a análises que podem nunca terminar por falta mesmo de terem começado.

Segunda face: a transferência põe em cena um desejo que não obtém sua satisfação, pois se trata de um desejo estruturado por uma falta que, fundamentalmente, não é a falta desse objeto que pode ser encontrado em qualquer esquina (no bordel, por exemplo), mas a falta de ser. É essa falta que dá lugar à fala.

Quanto ao objeto, ele tem, em relação a essa falta, duas significações contraditórias: de um lado, pode ser conservado como objeto da necessidade – um pouco como quando você põe frutas em conserva para fazer geléia; mas, do outro, ele é, por aí mesmo, suprimido, pois a geléia em questão lhe transmite ao mesmo tempo um objeto que não está mais ali. A esse respeito, ele não é mais o objeto da satisfação, mas o objeto suporte da falta: causa do desejo. A língua alemã tem uma palavra, *Aufhebung*, que condensa essas duas significações – "conservar" e "suprimir".

A. D.-W.: Lacan também foi levado a esclarecer desenvolvimentos de Freud no campo da psicose. Por exemplo, no caso do Presidente Schreber, Freud não identificava a função do pai no desencadeamento da psicose. O que o conduziu a inocentar o pai de Schreber de sua responsabilidade em relação à loucura do filho, ao afirmar que a paranóia deste só era imputável a uma homossexualidade inconsciente. Como você evocaria, de sua parte, essa contribuição de Lacan?

M. S.: O fato é que o pai do Presidente Schreber era apenas um rival no sentido forte, um homem que só sabia "arregimentar" o filho, até em sua maneira de se sentar, de se mexer, de dormir... A rigor, era Agamenon que sacrifica a filha Ifigênia, um pai a um só tempo *basileus* e *tyrannos*, rei e tirano. Diante disso, não há de modo algum promessa nem futuro, só há para o sujeito o fato de regrar-se por imagens, como os animais fazem: inclino-me diante do mais forte.

Quanto ao papel da mãe, ele é extremamente importante: afinal, quando o pai real vem funcionar como agente, é para sustentar algo que se significa no discurso da mãe. Na medida em que escuta a fala desse terceiro, a mãe faz ressoar a fala desse terceiro.

A. D.-W.: Lacan, conforme o que ele mesmo me disse, extraiu seu significante do Nome-do-Pai da religião cristã, que fala em Nome do pai, e da religião judia, que fala do pai do Nome? O que pode dizer disso um analista profano?

M. S.: Para o cristão, há um pai que traz esse nome – pai que não é qualquer um, já que é o próprio Deus: Deus o pai –, ao passo que Lacan só guardou o nome: o Nome do pai. É muito esperto! Assim fazendo, ele criava uma doutrina que quer mostrar em que um nome pode ter efeitos. Todo o acento colocado no século XX sobre a linguagem é homogêneo com esse modo de reflexão.

F. G.: Pode-se dizer que Lacan é um filósofo? E, se for o caso, que visão do homem isso implica?

M. S.: A filosofia, na minha opinião pessoal, não nos ensina muita coisa enquanto analistas, mas pode nos ajudar graças a certas distinções que ela introduz; por exemplo, a distinção entre ser e existir.
Lacan não era filósofo, mas possuía uma cultura filosófica incontestável, que lhe permitia apoiar-se em distinções como aquela entre o zero e vazio, ou na renovação da problemática do infinito a partir de Leibnitz. Ele pôde se servir dessas aquisições filosóficas para abordar certas coisas que se passam numa análise. Mas não penso que fosse filósofo, no sentido de ter outra visão do homem e do mundo. A primeira preocupação dele era dar uma inteligibilidade à experiência psicanalítica e fundar uma prática que não fosse falsamente culta. De certa maneira, pode-se dizer que o objetivo dele era produzir analistas que se definissem pelo desejo e não por um saber.

F. G.: É possível falar de formação do psicanalista, de transmissão da psicanálise? O que caracteriza a posição de Lacan a esse respeito?

M. S.: Não quero me pôr a contar toda a história da institucionalização da psicanálise, mas *grosso modo* há duas concepções antinômicas da formação: ao Institut, ligado à IPA, que considerava que, para exercer, um psicanalista devia ser autorizado a fazê-lo, Lacan se opôs, fundando sua Escola em torno deste princípio fundamental: o analista só pode se autorizar por ele mesmo. Isso criou, infelizmente, um mal-entendido, pois quis-se compreender essa formulação como um "sou livre".

Em todo caso, essa formulação teve as seguintes conseqüências práticas: quando você queria se apresentar na École freudienne para se tornar analista, não lhe davam, como no Institut, uma lista de didatas para que você fizesse a sua escolha: você escolhia quem você queria, você era livre para escolher. E, se você quisesse fazer uma supervisão, era a mesma coisa.

A supervisão é fundamental, pois não é porque se está numa poltrona que se é analista: ser analista se reconhece na disciplina que colocamos na condução da análise, por exemplo não respondemos na bucha ao analisando, ou, se encontramos nele algumas contradições, não vamos submergi-lo com a ironia, não estamos num salão.

Em certos casos havia pessoas, é verdade, que podiam dizer "sou analista e praticante na Escola", e se contentar com isso fazendo o que bem entendiam, às vezes fazendo estragos. Isto dito, esse gênero de coisas, posso assegurá-lo, acontece nas sociedades mais bem controladas.

A. D.-W.: O seu analista era muito marcado pela formação na IPA?

M. S.: Quando penso nos métodos de intervenção que ele usava comigo, tenho a lembrança, embora isso remonte a pelo menos quarenta anos, de que ele fazia parte da linhagem dos analistas *à la* Löwenstein: na linguagem da época, interpretava-se pela superfície. Ele fazia isso bem, mas tinha os seus limites, porque trabalhava com a herança, sem invenção: a gente podia fazer um caminho juntos, mas parávamos ao fim de três, quatro anos, porque não podíamos ir mais longe com ele. Esse estilo de intervenção resumia-se numa palavra: ele só lhe dizia as coisas que você estava disposto a ouvir. Lacan, em compensação, introduzia a surpresa.

A. D.-W.: Poderíamos falar da relação que você está fazendo entre o seu conhecimento de Lacan "psicanalista" e o do homem Lacan?

M. S.: Acho que quando você aprende algo sobre a vida de um homem você pode nada ficar sabendo sobre o homem: por exemplo, você pode ficar sabendo que Keynes se casou com uma bailarina, abriu um clube em Cambridge onde ele só bebia champanhe, sem no entanto nada ficar sabendo do homem que elaborou a teoria geral da moeda. É uma prova de força escrever, como Élisabeth Roudinesco, um livrão sobre a vida de Lacan, em que o nome de Lacan está presente por toda parte, e em que nada de sua obra, de sua contribuição, de seu aporte, é realmente pensado.

Na verdade, se abordamos alguém como analista, podemos apreender, *a posteriori*, algo do homem: o que distinguia esse homem não residia tanto em sua diferença de outrem, mas, como vocês diziam há pouco, em sua igualdade com outrem.

Com suas extravagâncias, suas vaidades, suas diferenças, ele se divertia, como diz, aliás, uma de suas filhas: "Meu pai era um jogador que se divertia muito". Acho que ele jogava com suas diferenças de um modo ainda mais livre porque aquilo tudo não era nada para ele. Ele sabia que o chapéu, o casaco de pele eram vaidades, objetos com os quais aspiramos aperfeiçoar a nossa imagem; ele brincava com isso de modo ainda mais livre porque sabia. Quanto a isso, entendi algo do homem e acho que é uma das razões pelas quais o segui.

Quando a École freudienne* foi instalada, era em 1964, enquanto que eu tinha começado com ele no fim de 1949, eu tinha dezesseis anos de prática atrás de mim – eu já era membro titular na Société française de psychanalyse. Pela força das coisas, tornei-me um colaborador de Lacan no júri do passe, mas ele nunca me deu um lugar no que se chama a direção da Escola. Tornei-me um colaborador, um colega, em outros campos, notadamente o da experiência do passe*. E isso continuou até a dissolução da Escola.

A. D.-W.: Você de fato é daqueles que conheceram todas as cisões, dissolução da École freudienne inclusive. Como você viu essas diferentes situações umas em relação às outras?

M. S.: Durante a primeira cisão, os alunos que o apoiaram eram numerosos, eu já mencionei há pouco. Éramos todos levados por um certo entusiasmo, não havia hesitação, pois era evidente que era com ele que se podia aprender algo. No que se refere à segunda cisão, foi mais duro: em razão daquilo de que falei há pouco, ele estava com seus alunos, por exemplo Laplanche e Pontalis, numa relação de demanda que distorceu a análise deles. Alguns, que eram amigos, me disseram: "A gente teria preferido uma análise em regra, em vez dessa promoção".

O período em que os analisandos de Lacan foram interrogados pela comissão de investigação foi muito duro para mim. Eu via que alguns tinham razão quando diziam que não podiam suportar a maneira como estavam presos no conflito; por outro lado, eu via, ao mesmo tempo, que eles estavam errados quando falavam da paixão de Lacan pelo poder: manifestamente algo do homem lhes escapava. Assim, fui levado a me separar de bons amigos, por exemplo Smirnoff, e lamento muito, pois eram pessoas de quem eu gostava muito.

A partir daquele momento, Lacan começou a temperar seu entusiasmo quanto ao que podia esperar de seus alunos. Quando veio a história do passe, houve a reação que sabemos por parte de Perrier, Valabrega e Piera Aulagnier, que foram embora constituir o Quarto Grupo. Para ele foi muito duro, porque, ali, o que estava em questão não dizia mais respeito ao fato de excomungar um ensino, mas o fato de aceitar, ou não, a instituição da psicanálise num outro princípio que o da notabilidade, da honorabilidade do analista. Acho que foi a partir do momento em que os fundadores do Quarto Grupo precisamente o deixaram para poder reinscrever-se numa estrutura hierárquica tradicional – a qual estava ameaçada pelo passe – que Lacan começou a atenuar sua expectativa quanto aos alunos, e talvez a não esperar mais nada deles. Foi a partir desse momento que ele foi diretamente para a École Normale a fim de continuar o seu ensino. Ele não escondia seu desprezo pelos analistas. E, neste ponto, eu não podia estar de acordo com ele.

F. G.: Você pode nos falar do caso do passe?

M. S.: Há numa análise a produção de uma modificação da economia libidinal, que pode se manifestar no nível das relações sociais, das relações com o outro sexo. Se a análise é um processo que não tem um fim, mas uma finalidade, é porque ela permite a transformação da pulsão. É assim que aparece, com essa sublimação, um novo posicionamento subjetivo: nova relação com a cultura, nova relação com o trabalho, que se torna mais eficaz, nova relação na qual o analisando cessa de ser um objeto regressivo para os pais ou cessa, se for pai, de ter com o filho uma relação regressiva.

Em relação a esse destino da pulsão, a experiência do passe tinha vários aspectos: primeiramente, tratava-se de saber algo sobre o aparecimento do desejo que pudesse incitar um analisando a querer se tornar analista. Essa possibilidade de um ensino, vindo de um tornando-se-analista, tinha como conseqüência um certo questionamento do estatuto dos analistas titulares que, segundo a antiga moda, tinham um lugar definido pela antigüidade, pela cara que tinham, pela quantidade de ar que deslocavam.

A. D.-W.: Após todo esse percurso de uns quarenta anos no meio analítico, você manteve laços de trabalho com seus primeiros companheiros e aqueles da época da EFP?

M. S.: Infelizmente pouco. Mesmo assim, acompanho um pouco o que produzem. Tenho uma idéia do que teorizam Laplanche, Smirnoff, Rosolato... Mas as relações pessoais se esgarçaram, não nos vemos mais, como se diz, exceto Rosolato. Atualmente, posso dizer que o coquetel anual de Maud Mannoni[2] representa a única oportunidade de encontrar, uma vez por ano, alguns velhos amigos; é sempre um prazer se encontrar, mas logo em seguida nos dispersamos.

---

[2] Quando esta entrevista aconteceu, no início de 1994, Maud Mannoni (desaparecida em março de 1998) continuava sendo a principal animadora do Centre de formation et de recherches psychanalytiques (CFRP), que vai se cindir em duas associações – Espace analytique e a SPF (Société de psychanalyse freudienne) – pouco depois.

Entrevista com Charles Melman

Charles Melman, de formação médica, analisando de Lacan, ocupou diversos postos de responsabilidade no seio da École freudienne de Paris, onde foi notadamente encarregado do ensino e da direção da revista Scilicet. *Após a dissolução da École freudienne, será o principal dirigente da Association freudienne (tornada a Association freudienne internationale em 1992), de que foi fundador em 1982. Foi igualmente, com alguns outros, fundador da Fondation européenne pour la psychanalyse, em 1991. É autor de numerosos artigos e diversas obras, dentre elas* Novos estudos sobre a histeria *(Denoël, 1984). E muitos de seus seminários foram transcritos.*

ALAIN DIDIER-WEILL: Charles Melman, você esteve próximo de Lacan desde a fundação da École freudienne de Paris*. Às vezes, foi um pouco difícil entender por que Lacan apaixonou tantos pesquisadores. Certos jornalistas, como certos analistas, notadamente por ocasião da publicação da biografia escrita por Élisabeth Roudinesco, tentaram fazer crer e se fazer crer que a espantosa audiência de Lacan não se devia ao conteúdo de seu ensino, mas, antes, ao estilo fascinante de um grande sedutor. Qual é a sua opinião sobre isso?

CHARLES MELMAN: É verdade que Lacan era um grande sedutor. Mas o que é mesmo assim surpreendente é que possamos censurá-lo por isso. Porque, afinal, não há tantos mestres que possam nos seduzir. Então, nós tínhamos um, e isso com certeza não deixava de ter alguma boa razão, eminentemente psicanalítica: a faculdade de amar. Embora isso tivesse podido lhe causar repugnância, ele mesmo se prestava perfeitamente a ser o suporte desse movimento de amor de transferência.

Isto posto, se Lacan pôde ser amado por seus alunos, pode-se dizer que ele amava ainda mais. O quê? Quem? Talvez boa parte de seus alunos. Mas o que ele amava sobretudo eram as questões que lhe colocava a psicanálise, e nas quais investira por completo. Estava absorvido, apaixonado, estava doente, a ponto, como sabemos, de passar os dias, uma parte das noites, os fins-de-semana a trabalhar sempre essas mesmas questões.

Aliás, foi o que ele mesmo teorizou numa fórmula, que permaneceu enigmática, com o que ele chamou de transferência de trabalho.

Se os alunos tinham tendência a amá-lo, e, na mesma oportunidade, a confiar nele para o trabalho, ele, por sua vez, não amava menos. Mas o que ele amava pedia de sua parte esse trabalho considerável a que ele se devotou por inteiro. Os mais próximos dele sabem que ele começava a sua prática antes das sete horas da manhã, que a terminava tarde da noite, de madrugada. E, como muitos outros, pude vê-lo, em várias ocasiões, sair de casa com o caderninho debaixo do braço para ir tomar aula de matemática: ele já tinha, naquela época, setenta e cinco anos; e lá ia ele ver seu matemático preferido do momento.

Nos seminários*, dava prova de uma capacidade de renovação espantosa. Quem pôde manter, durante mais de vinte e cinco anos, um seminário por semana, sempre novo, sempre inventivo? Sabemos que para isso ele se apoiava numa erudição que comportava não só a releitura de obras passadas, de obras clássicas, mas também o fato de se manter a par do que era publicado nos campos da lingüística, da filosofia, da matemática, da lógica, da antropologia, etc.

Freud não era menos "fanático" que Lacan. Mas fanático pelo quê? Qual era, para Lacan, essa questão, essa questão "atormentadora", – a tal ponto que pôde amá-la até lhe dedicar a vida?

De fato, pude ler, recentemente, que o que havia interessado Lacan era a glória, o dinheiro e as mulheres. É muito engraçado que possam vir a dizer coisas como essas. A glória? É com certeza alguém cuja carreira inteira mostra que não cessou de se desinteressar por isso da maneira mais radical; ela lhe veio, com mais de sessenta anos, com a publicação dos *Escritos*. E foi uma grande surpresa, para ele, ver os *Escritos* venderem 50.000 exemplares, o que era fantástico para um texto tão hermético, tão difícil. Quanto ao dinheiro, os mais próximos sabem que ele não se interessava nem pela gestão, nem mesmo pelo controle contábil desse dinheiro, e que era sua fiel secretária quem cuidava da coisa, ele mesmo olhando aquilo bem de longe. As mulheres? Evidentemente, não falarei nada sobre isso, mas é preciso, de qualquer modo, acho, ser bem santinho para ir censurar alguém por não ser homossexual e gostar de mulheres.

A. D.-W.: Você estaria de acordo em que tentássemos situar o que é o nervo da paixão de Lacan na relação muito particular que ele manteve com a promoção da linguagem? O que era a relação dele com a linguagem, da qual aceitava ser tolo para não "errar"? Faço alusão, é claro, ao seminário "Les non-dupes errent[1]". Como você poderia falar desse real humano – *das Ding* –, apto, a partir do significante, a ser levado, *ex nihilo*, à ex-sistência? Lacan, às vezes, não hesita em evocar o "corte miraculoso" instaurado pelo significante...

C. M.: Aí, com a sua pergunta, tocamos no ponto essencial, quero dizer na possibilidade de começar a entender a natureza desse demônio que possuía Lacan e que fazia, com certeza, que ele fosse capaz de

---

[1] "Les non-dupes errent" foi o título do Seminário de Lacan do ano 1973-74, sempre inédito.

ficar num pé só, em posição de desequilíbrio, absorvido que estava pelo problema que buscava resolver.

Existe um movimento hoje, uma incitação a desprender radicalmente Lacan de Freud, para apreender este último naquilo que seria a sua pureza. Na realidade, quem faz isso está errado na medida em que todo o trabalho de Lacan consistiu em explicar a tentativa de Freud. Toda a formulação de Lacan é incompreensível tão logo desligada dessa tentativa de vir concluir o trabalho de Freud. E, eu diria, na mesma oportunidade, de dar conclusão à própria cura psicanalítica. Em primeiro lugar, tratou-se, para Lacan, de sublinhar aquilo que Freud não pôde ou não ousou fazer, a saber, mostrar o quanto a linguagem é o que ordena a nossa relação com o mundo tanto quanto com nós mesmos. Na verdade, a linguagem também é o que cria o nosso mundo, o que cria a nós mesmos e, por aí mesmo, o que cria o que chamamos nossa relação com o mundo.

A psicanálise é impensável fora desse ensino tirado das obras canônicas de Freud – *A interpretação dos sonhos, A psicopatologia da vida cotidiana, O chiste* –, nas quais só está em questão, constantemente, a ascendência da linguagem. É um procedimento original, mas que, ao mesmo tempo, é um retorno à elaboração filosófica grega, e no lugar que esta pôde dar ao Logos. Sabemos, foi Heidegger quem veio reanimar a importância do Logos no campo filosófico. Mas adianto que, com Lacan, há muito mais. Já que, como ele mostrou, é pelo fato daquilo que, para nós, instala a linguagem que somos fadados a uma relação com nós mesmos que é uma relação enviesada, uma relação deficitária, ordenada por aquilo que Lacan chamará de semblante, e que, portanto, faz de nós esses exilados num mundo que não satisfaz muito.

Freud havia conceitualizado isso pelo que ele chamava de castração, em outras palavras, pelo fato de que a nossa vida sexual era ordenada por um processo inimaginável no reino animal. Um processo que culminava naquilo que Lacan pôde juntar numa fórmula: se "a" mulher é uma mascarada, o homem é só um semblante, que só funciona perfeitamente no campo da comédia. O que quer dizer Lacan com "Não há relação sexual"? Que não há encontro sexual entre um homem e uma mulher, já que o dito encontro é organizado por um objeto imaginário, ativo tanto para um quanto para o outro. Freud já havia situado isso ao dizer que a libido é uma para os dois sexos. Esse objeto é aquilo que a teoria analítica chama de falo. É o posicionamento de um homem bem como de uma mulher em relação a esse objeto que torna para sempre improvável o encontro dos dois. O mais divertido, se podemos dizer, no caso, é que a vida cotidiana do casal consiste essencialmente em manter essa impossibilidade. Isto é, não só a série de reclamações que inevitavelmente se engendram, mas, além disso, a obstinação de cada um, ou de cada uma, em querer manter essa impossibilidade, em velar por essa parte de insatisfação, como se fosse ela que organizasse um casal, que o fizesse se agüentar. Não é raro encontrarmos casais em que o homem e a mulher puderam, cada um de seu lado, ter encontros passageiramente satisfatórios ou felizes, mas que, sobretudo, cuidaram para que não durassem. Cuidaram para que o encontro fosse efêmero, fugaz. Ao oposto do casal constituído solidamente, construído sobre a insatisfação devida à ausência de encontro.

O que atormentava Lacan era não só confirmar sua tese – que a linguagem nos desnatura e faz de nós essas criaturas fracas e desajeitadas –, mas sobretudo essa questão a meu ver primordial: o sintoma é necessário ou contingente? Em outras palavras, poderíamos ter uma relação com a linguagem e, na mesma oportunidade, com outrem, seja qual for o seu sexo, que não estaria mais organizada pelo sintoma, isto é, pela castração?

No que afirmo, baseio-me no seguinte fato. Após o fracasso do procedimento do passe*, isto é, da tentativa, justamente, de apontar o que poderia ser o fim da cura psicanalítica, Lacan iniciou uma teorização bem surpreendente, porque não era mais da ordem puramente lógica nem matemática. O que caracterizou essa tentativa é que, dali por diante, o corte, no nó borromeano*, não tem mais nem um pouco a função que tinha na teorização precedente, em que, de fato, era a verdade derradeira, irredutível, com a qual o sujeito tinha de se defrontar. O que víamos aparecer com o nó borromeano é que o famoso objeto pequeno a^* não é mais organizado pelo corte, mas por um acunhamento, o que é de ordem bem diferente[2]. É nessa perspectiva que se pode entender o trabalho matemático que Lacan levava adiante com Soury e Thomé. Lembro-me, nessa ocasião, de uma noite em que ele pressionava Soury com a seguinte questão: um corpo pode ser invertido sem corte se estiver mergulhado num espaço de dimensão apropriada? Isso tinha um ar culto, mas, para os topologistas, é totalmente elementar, rudimentar; trabalhos publicados mostravam que a inversão da esfera era perfeitamente possível, sem corte, num espaço de dimensão apropriada. Ele atormentava Soury e Thomé para saber se isso era possível para o corpo, e o que eu achava fantástico, maravilhoso, é que esses excelentes matemáticos – eles me confiaram isso na época – continuavam sem saber o que Lacan esperava deles.

Por que ele os perseguia com tanta obstinação? Thomé, ainda hoje, continua sem saber qual é o sentido da aventura que representou, para ele, seu encontro com Lacan.

A questão de Lacan era que o nó borromeano era o que ocupava os dedos dele. Ele tinha constantemente um nó, um pedaço de barbante enrolado nos dedos. Em Nova York, em 1975, ele encontra Dali e passa a noite a lhe desenhar nós borromeanos na toalha, tentando obter uma reação por parte dele. Dali, acho, limitou-se a alisar os bigodes.

Com exceção dessa ajuda, direi desorientada, de excelentes matemáticos, Lacan trabalhava muito só, com a pressa, o sentimento de uma urgência que conhecíamos bem nele. Então, terá ele concluído sobre esse ponto essencial? Sobre esse ponto fundamental? Ele nos deixou no seguinte: o círculo a três é um progresso, ou bem devemos nos ater a esse

---

[2] A particularidade do enodamento borromeano deve-se ao fato de que, quando um dos três anéis (ou "círculos") – simbolizando o Real, o Simbólico e o Imaginário –, que estão enodados, se "desfaz", os dois outros ficam livres, desligados. O "achatamento" desses três anéis (ou círculos) faz surgir um vazio central no qual Lacan situa o objeto a, que fica, pois, preso entre as interseções que aparecem entre Real, Simbólico e Imaginário.

nó a quatro, que implica o Nome do Pai, e portanto a perenização do sintoma? Ele mesmo não concluiu, e é, direi, a herança que nos deixou.

Fico muito surpreso que amigos da minha geração possam guardar de toda essa aventura – pois é uma, notável, maravilhosa – o sentimento de que foram enrolados.

A. D.-W.: Será que poderíamos tentar dizer em que, para Lacan, o fato de mostrar o real com o manejo dos nós suplementava o que a fala não poderia ter demonstrado?

C. M.: A história da introdução do nó borromeano teve lugar por acaso – como vocês sabem, o acaso em geral servia muito bem Lacan, ele devia ter algumas simpatias com o aleatório, com o que era da ordem da *tiquê*, do encontro. Lacan achava-se, pois, um dia, na casa de Thérèse Parisot, a psicanalista da École freudienne, quando sua encantadora filha, Valérie Marchand, voltava de uma aula com o grande matemático Guilbaud. Ela então conta que Guilbaud está trabalhando uma figura topológica muito bizarra: o nó que constituía as armarias da família dos Borromeu, que é constituído de três círculos entrelaçados de tal maneira que o corte de um deles libera todos os três. Em outras palavras, a solidariedade desses três círculos é assegurada pela maneira como fazem cadeia entre si. Ora, acontece que Lacan estava obcecado pela questão de saber como essas três dimensões fundamentais instaladas pela linguagem – e que são o Simbólico, o Imaginário e o Real – podiam ficar juntas sem a ajuda do sintoma.

Eis então que o acaso, sob os traços graciosos de Valérie Marchand, lhe trazia uma figura topológica que mostrava de que maneira três instâncias, diferentes e semelhantes a um só tempo, eram capazes de estar ligadas entre si sem a intervenção desse quarto círculo que é constituído pelo sintoma – e que, como sabem, Lacan chamou o círculo do Nome-do-Pai. É em torno desse ponto que jaz nossa dificuldade em admitir, em receber aquilo que Lacan introduziu nessa oportunidade. Porque é bem evidente que o sintoma tal como podemos deduzi-lo, ou tal como o Édipo, o bravo

Édipo, pôde experimentar, tão diretamente quanto todos os pequenos édipos que puderam vir depois, pois bem, esse sintoma, a ele damos importância por amor pelo pai. Esse tipo de sacrifício que praticamos é um dos testemunhos, uma das manifestações de nosso amor pelo pai, esse amor que não é essencialmente separável, aliás, de um amor de transferência, mantido por nossa cultura. E está claro que toda abordagem de um desfecho do sintoma que se mostraria dispensada desse amor pelo pai é espiritual e conceitualmente muito difícil de aceitar, de imaginar.

A esse respeito, a primeira aula do seminário RSI era exemplar – as primeiras aulas de cada seminário sempre eram fantásticas com Lacan, já que a elas havia dedicado o verão inteiro. Nessa aula, ele joga sem cessar com a função da nomeação, que fica radicalmente subvertida pela introdução do nó borromeano. Essa nomeação que está totalmente ligada, dependente justamente dessa relação com o pai: foi de maneira mítica ou religiosa, como quisermos, e como sabemos, por delegação do pai, que Adão acabou nomeando o que povoava seu mundo.

O Nó procede de um procedimento que se aparenta com o da ciência: é um procedimento que toma sua consistência de uma dimensão que faz passar da demonstração à mostração, isto é, a uma evidência que não é mais devida apenas à qualidade imaginária da demonstração, mas também à qualidade do real. Isso dava aos últimos seminários de Lacan aquele aspecto extremamente difícil de seguir, até mesmo desagradável, já que não se tratava mais de um discurso, mas de uma mostração: Lacan estava constantemente virado, de costas para o público, na direção do quadro, para comentar seus nós. O seminário se tornara o comentário de um objeto psicomatemático, e isso tinha um duplo efeito: primeiro, provocar no auditório um certo desprazer, pois não estávamos mais no campo do discurso; e, em seguida, fazer com que caísse aquela dimensão de transferência de que os alunos gostavam tanto e que tanto cultivavam.

Uma coisa é certa: ao encontrar o nó borromeano, Lacan teve o sentimento de ter encontrado o que esperava, que esperava há muito tempo. É certo.

A. D.-W.: Poderíamos tentar, a partir dessa questão do nó borromeano, avaliar as concepções diferentes do fim da cura psicanalítica em Freud e em Lacan? Estas estão em relação com concepções diferentes do Pai. Para Freud, o Pai da horda é dito primitivo, mas, na verdade, é revelado pelo Filho, já que é preciso o ato parricida cometido pelo Filho para que, no só-depois, surja, por intermédio do remorso, a significação do Pai. Ao contrário, para Lacan, o Pai precede o Filho: a significação da filiação é o efeito do só-depois de uma metáfora paterna. Assim, para Freud, o sujeito não pode superar a culpa edipiana, já que ela não remete apenas a uma fantasia, mas ao ato real de um parricídio. Você acha que, para Lacan, por outro lado, essa culpa pode ser superada e que o analisando poderia, no fim da cura psicanalítica, dispensar o suporte do Nome-do-Pai?

C. M.: De fato, sabemos o quanto Lacan procurou um apoio, brigou para propor um fim de cura psicanalítica que fosse outra coisa, como você diz muito bem, que uma colocação em surdina da culpa para com o Pai ou o mestre. Para seguir esse fio, poderíamos ainda sublinhar isto: alguém pode propor apenas uma relação pai-filho ou filho-pai, como quiserem, que não seja patológica? Será que temos muitos exemplos – inclusive, aliás, na literatura – de relação entre essas duas pessoas intimamente ligadas nos quais cada uma possa se sentir quite, livre para com o outro? Será que conhecemos muitas relações pai-filho que sejam felizes? É estranho que não se ponha o acento no fato de que, aí também, o sintoma está sem cessar em ação. Então, Lacan busca uma saída diferente... A esse respeito, ele foi o único a teorizar, e a tentar pôr em prática, um fim da cura psicanalítica que implicasse para um analista um modo de renúncia: renúncia a ser um *maître à penser*, um referente moral, um guia, até mesmo uma autoridade. Foi o único que ousou imaginar que o analista, em fim de cura, pudesse acabar caindo, decaindo, e que essa decadência era a condição de um acesso do sujeito a uma relação com o outro que fosse purificada. Ainda que a angústia seja eventual e ocasionalmente o preço a ser pago para enfrentar essa ausência de recurso, essa *Hilflosigkeit*, conforme o termo empregado por Freud.

A. D.-W.: Quando há essa experiência de queda para fora do simbólico, como advém novamente, no só-depois, o acesso do sujeito ao simbólico? Em outras palavras, você pensa, como certos analistas, que há, então, liquidação da transferência?

C. M.: É a questão, já que o que chamamos de castração é, segundo Lacan, bem menos o efeito de alguma autoridade, de Cronos ou de um pai feroz, do que aquele, simplesmente, de nossa relação com a linguagem. É, pois, a linguagem que organiza esse perpétuo jogo de furão, que faz com que o objeto para nós esteja em falta, fracassado. Mas uma questão se coloca: por que deveríamos, se posso dizer, sacralizar esse fracasso? Considerá-lo da ordem do necessário? Considerando esse fracasso comandado pela linguagem, sem intervenção de algum ogro, ou de alguma má vontade divina, ou satânica, pouco importa, não é concebível que parceiros sexuados busquem, não cultivar esse impossível, mas juntar-se, encontrar-se, conhecer-se? É, a meu ver, o problema ético maior que animava Lacan.

A. D.-W.: Você fala de ética, embora Lacan, como dissemos, tenha sido pintado como imoral...

C. M.: Lacan é apresentado na literatura ou na imprensa como um indivíduo escandaloso, imoral: digo que é absolutamente verdadeiro. Ele é imoral porque a nossa moralidade, como todos sabem, é suja, e não só suja. Nossa moralidade nunca fez outra coisa senão cultivar a perversão. Não é a psicanálise quem diz isso, isso começa com São Paulo, é uma banalidade. Hoje, é preciso ser um pouco reservado, um pouco prudente, quando se diz de alguém: aquele ali não tem moral. Só os perversos estão ligados à moralidade, querem estabelecer ordem, em qualquer meio que seja, inclusive no meio psicanalítico.

Lacan era escandaloso porque questionava, por sua conduta e por seu estilo, referências que nos são muito caras.

Em primeiro lugar: nenhum privilégio dado à posição da bela alma, a uma alma de que gostamos, que cultivamos como o que haveria em cada um de nós de mais sagrado, a esse toque divino que nos teria sido dado. A alma, dizia Lacan, é antes canalha – não há muito o que respeitar por ali. Aquilo que, como sabemos, vai inteiramente no sentido contrário da ideologia comum, da religião e da filosofia de cada um.

Em segundo lugar, e aí também era formidável: nada, no grande Outro, ou, digamos, no céu, que fosse da ordem de um olhar, nem de uma voz, de uma prescrição. Isso também era absolutamente escandaloso.

Quanto à conduta de Lacan, ela era aquela, antes de tudo, de um homem de dever. Ele às vezes é apresentado como sendo um homem de prazer. Espero bem, por ele, que tenha tido alguns, mas, como sabemos, era primeiro um homem de dever, um cara que era, como poucos foram, ligado a seu trabalho, às suas relações, aos seus analisandos.

De onde lhe vinha aquele rigor, já que, eis o que havia de novo, não era revelado? Além disso, não se apresentava de modo algum como universalizável, como sendo da ordem de um modelo proposto. Esse rigor lhe vinha da análise da relação que pode ter um ser falante com a linguagem.

Assim, quais são as leis da linguagem? Eram essas que ele interpretava à sua maneira, para respeitá-las.

A. D.-W.: Eu gostaria de voltar ao que você disse há pouco sobre a moral e São Paulo para evidenciar o que é a ética analítica promovida por Lacan: enquanto Paulo designa a Lei como má, pois tende a revelar o erro, o desejo carnal, Lacan não situa a Lei como reveladora de um desejo inato, mas como instância significante procriadora do desejo que aparece no só-depois. Como falar da relação do sujeito com seu desejo?

C. M.: Há, no seminário sobre a ética[3], esta máxima de Lacan que ele considera ser a da psicanálise: "Não cede em teu desejo". Não

---

[3] Jacques Lacan, *L'Éthique de la psychanalyse* (Le Séminaire, livre VII, 1959-60), Le Seuil, 1986.

creio que essa máxima, que pode hoje nos parecer relativamente fácil de ser entendida, tenha jamais sido formulada antes. O que é interessante é que, em Lacan, não era nem um pouco uma máxima hedonista, ela devia ser entendida da seguinte maneira: primeiramente, não cede teu desejo, em outras palavras, teu desejo é tão respeitável e tão autorizado, pelo mero fato de existir, que um outro, logo, não o cede. Mas também: não cede em teu desejo, em outras palavras, vá ao fim de teu desejo, encontre o fato de que o limite dele não está de modo algum ligado a qualquer lei, mas à sua própria organização, isto é, à estrutura da fantasia.

Quando cheguei ao meio psicanalítico, muito precisamente em 1957, o que eu constatava? Que a cura psicanalítica tinha manifestamente agido nos colegas mais velhos, dando-lhes uma maior liberdade de exprimirem seus desejos. Uma possibilidade de exprimir o desejo sem maquiagem, sem dissimulação. Mas nenhum tinha a coragem das conseqüências disso, isto é, de ir até o termo desse desejo. Pois, afinal, não basta deixá-lo ser ouvido, é preciso ir ao fim de suas posições.

Essa formulação de Lacan, "não ceder em seu desejo", nada tem a ver, eu disse, com uma formulação hedonista que poderia se aparentar com qualquer filosofia que fosse; não se deve esquecer que Lacan não era um filósofo, mas um praticante da análise.

O que, em sua maneira de incitar seus analisandos ao extremo da capacidade, ao extremo do talento, tornava Lacan legitimamente escandaloso tinha a ver com uma certa ruptura, que ele tornava possível, com o supereu edipiano. Com efeito, não se nota muito que o comportamento "totalitário" oriundo desse supereu incita os indivíduos a uma obediência à qual tendem a se dobrar em nome da moral. A esse respeito, pode-se até dizer que certos criminosos agem apenas por obediência a esse supereu. Ao romper com esse tipo de obediência, Lacan escandaliza, ao pôr em evidência que a separação do objeto – o qual mascara a função do Impossível – libera influência totalitária e criminógena do supereu.

A. D.-W.: A posição ética de Lacan suscitou, como a de Sócrates, ódio. Você vê uma relação entre eles?

C. M.: Não se pode esquecer que o ódio não passa de uma das modalidades do amor, sobretudo quando é passional. O ódio é uma das modalidades do corpo a corpo que é com certeza muito mais poderosa que o próprio amor. O amor aceita a distância, eu diria até que não há amor maior que aquele que se exprime com uma amada de que se está separado. Ao contrário, o ódio convida a brigar com o outro na intimidade de um e outro. Por isso é que o ódio que manifestaram certos alunos de Lacan para com ele parece-me, no essencial, um avatar do amor de transferência, e de modo algum sua resolução, nem um acesso à liberdade. Tive numerosos amigos que vi desertarem do grupo lacaniano e engajarem-se em posições hostis. Devo dizer que não os achei muito melhores do que aqueles por eles acusados de amor e sujeição a Lacan.

Mas Lacan suscitou um ódio passional em outros além de seus alunos, pois não há valor que ele não tenha colocado na balança, que não tenha colocado em discussão. Por esse viés, é certo que ele nos lembra Sócrates, aquele que sua cidade, há 2.500 anos, condenou à morte. Em razão desse questionamento de todos os valores da cidade, devo dizer que é até notável que Lacan não tenha conhecido uma sorte mais cruel, mais funesta. Ele tinha, como Sócrates, a paixão da verdade. Ainda que, e é aí que se deve diferenciá-lo de Sócrates, não considerasse que toda verdade fosse boa de ser dita. Quero dizer que ele não considerava que a revelação da verdade fosse por si mesma curativa, nem mesmo benéfica. Ele sabia, portanto, ser reservado para com a verdade, ser pudico, ter tato.

O que também diferencia seus procedimentos é que Sócrates era apaixonado pela definição do conceito, pelo estabelecimento daquilo que hoje chamaríamos significantes mestres. Ora, Lacan era, a esse respeito, muito mais próximo dos sofistas. Ele dizia que seus conceitos, é claro, tinham importância, mas que era antes de tudo a maneira de falar – o estilo – que contava.

Lacan, de fato, não suportava o meio universitário. Houve universitários que souberam reconhecê-lo e apreciá-lo, mas são pouco numerosos e, em geral, não o citam. Ele sofria porque seus amigos mais próximos, e pessoas com quem ele trabalhava (penso nomeadamente em Lévi-Strauss, em Jakobson, em Foucault), às vezes usavam o seu mel mas não diziam isso, ao passo que ele mesmo nunca deixava de prestar homenagem àqueles em quem se inspirava ou que o ajudavam em seu trabalho.

Outra causa de ódio: Lacan desfazia toda posição de dominação. Ser seu aluno, levar em conta o seu ensino não dava de modo algum a possibilidade de querer uma carreira de mandarim, fosse de colarinho Mao ou de chapéu pontudo. Havia, pois, boas razões para que provocasse ódio.

A. D.-W: Como evocar a relação de Lacan com o ateísmo? Lembro-me de um de seus últimos seminários, em que ele havia interpelado o auditório dizendo: desafio quem quer que seja a me demonstrar que é não crente. Eu lhe havia perguntado após essa intervenção: Freud, segundo o que você acaba de nos dizer, era ateu? Ele me remetera ao que ele havia dito sobre isso no seminário sobre a Ética. Eu mergulhei nisso, e li algo que continua me deixando perplexo. Lacan de fato fala, nesse seminário, de Freud, opondo ao crente tradicional um solitário como este último, que estava em relação, cito, com "o Deus da mensagem", isto é, aquele que transmite um significante apto a estruturar o real. O que você acha disso?

C. M.: Acho, efetivamente, que somos, no conjunto, todos religiosos, porque, no real, há significante: para nós, o real não é vazio, ele é um lugar de recepção do significante. Há no real Um, e até, mais precisamente, ao menos Um. Daí a vir a amar esse "ao menos um", a querer sacrificar-se a ele ou dialogar com ele, ou supor seu olhar, é só um passo.

É possível pensar que Freud, já que é o nosso, estivesse ligado a esse Deus da revelação. A esse Deus da revelação que faz com que cada um de nós seja sensível a um endereçamento que lhe vem do Outro.

Basta passear pelas ruas e ver pessoas que estão dialogando, assim, consigo mesmas; estão falando com aquele que, na psique, está lhes respondendo, elas conversam com ele, encontram álibis, fazem propostas, buscam uma saída, etc. É um movimento que nos é tão íntimo que evidentemente o identificamos mal. Sim, é verdade que isso tem a ver com a religião e diz respeito à maioria de nós.

A. D.-W: Segundo você, após uma análise autenticamente terminada, qual é o endereçamento que permanece para aquele que concluiu?

C. M.: De modo bem tímido, retomarei sobre isso o que foi a posição de Lacan. Direi que, afinal, a análise não tem de decidir, na matéria, ela não tem de incitar um sujeito num sentido ou no outro. Se ficar ligado à sua religião, muito bem, é escolha e decisão dele. O analista não tem de decidir por ele; o que faria dele um guia espiritual, o que ele não é.

A. D.-W.: O que fica sendo o endereçamento do sujeito que não está preso num discurso ligado a uma tradição religiosa?

C. M.: É um endereçamento que se desvia desse tempo passado, desse encontro marcado passado, desses encontros fortuitos com o grande Outro, para endereçar-se a seu semelhante, para lhe dizer: "Escute, meu chapa, você está vendo que nós dois estamos nos comportando de uma maneira antes boba, só fazemos o que sempre se disse, participamos das mesmas pequenas invejas, dos mesmos pequenos ciúmes, dos mesmos pequenos ódios, pequenos rancores, etc. Tentemos nos encontrar de outro jeito". O que nem por isso quer dizer dever amar, o que não quer dizer tampouco dever fazer caridade, dever perdoar. Mas será possível termos os dois uma relação com esse grande Outro que seja purificada, e disso tirarmos os dois as conseqüências?

O que nos traria ao sofisma do tempo lógico e da asserção de certeza antecipada[4], o qual só faz contar essa história. É a parábola dele.

---

[4] Cf. "Le temps logique et l'assertion de certitude anticipée", in Jacques Lacan, *Écrits*, Le Seuil, 1966.

O que fazia Lacan sofrer, acho que posso dizer, era não encontrar alguém entre seus próximos, ou entre seus alunos, que aceitasse isso com ele. Ele se sentia abominavelmente só. Mas havia nele apelos, vocês sabem como eu, já que também puderam ser dirigidos a vocês, apelos insistentes, perseverantes, para que pudesse existir com ele uma comunidade que não seria mais tão falaciosa, tão infeliz quanto a que conhecemos.

A. D.-W.: Em que momento e em que condições você encontrou Lacan?

C. M.: Pelo maior dos acasos, como sempre. Eu estava estudando para a residência com dois amigos. Um deles, formado em filosofia, era mais velho que nós e tinha uma particularidade estranha: por volta das quatro horas da tarde, ele se levantava, nos deixava estudando, ia não sabíamos aonde, e voltava cerca de uma hora mais tarde, com um ar manifestamente aliviado. Meu outro amigo e eu estávamos muito intrigados com aquele comportamento, que ocorria três ou quatro vezes por semana.

A. D.-W.: Vocês não pensavam que fosse um encontro amoroso?

C. M.: A mulher dele, encantadora, que lá estava, não parecia nem um pouco inquieta. Tendo a conversa e a intimidade aumentado, esse amigo, Jean Laplanche, nos contou que ia à sessão de análise com Lacan. A partir desse momento, fomos levados a falar de psicanálise. E os sintomas de meu outro amigo, que era Pierre David, e de mim mesmo bruscamente se mostraram bem animados para que fôssemos ver Lacan. Foi esse, então, o acaso. Sou muito reconhecido a Jean Laplanche por ter proporcionado esse encontro. Como eu estava estudando com ele para a residência em 1956, comecei assim a ver Lacan em 1957.

A. D.-W.: Podemos falar do contrato entre o analista e o analisando? O analista é, como um observador científico, "exterior" ao analisando? Sim ou não?

C. M.: O analista está no tubo de ensaio. É até um ingrediente essencial para que isso queime, e queima junto, queima com o analisando: o analista é o flogístico. Os alquimistas antigamente buscavam qual era a substância que dava chamas tão bonitas e que fazia com que um material pudesse queimar. Pois bem, o analista é essa substância, é o flogístico. Mas isso não o impede de estar, como todo sujeito, dividido e, portanto, de ter no mesmo momento uma posição de exterioridade que não o torna menos, se posso dizer, observador daquilo que acontece. Se o analista não for capaz disso, então é que está comprometido numa relação passional, o que pode acontecer. Existem pacientes, homens e mulheres, que podem afinal suscitar efeitos dessa ordem. Pode-se esperar, se for o caso, que seja com um tempo de atraso, e que o analista esteja em condição de se interrogar sobre o que o levou a intervir de maneira passional.

EMIL WEISS: Mas qual é o tipo de contrato que liga o analisando ao analista?

C. M.: Seria uma pena que esse contrato induzisse uma relação de forças. Em compensação, é uma relação de forçamento: o analista com certeza tem de forçar a cura psicanalítica, porque seu movimento natural não vai forçosamente para o que seria um desfecho conveniente. O movimento natural, espontâneo, do paciente seria antes repetir o mesmo fracasso, o fracasso que ele experimenta em sua vida sentimental ou em sua vida social. Por isso é que se pode esperar do analista que ele empurre o paciente a renunciar aos encantos da repetição. Lacan sublinhava que, na cura, não é o analista quem sabe, é o paciente; o analista serve de suporte para que o paciente possa tomar conhecimento desse saber insabido dele mesmo. Ao contrário de Freud, Lacan nunca se apresentava na cura como aquele que sabia, ele ficava à escuta dos analisandos, à espera de que estes o instruíssem.

Se o paciente puder entender que o analista não busca de modo algum defender um magíster, um saber, uma posição – disposições que nada têm a ver com o estatuto do analista –, ele pode ficar estimulado. Ainda é preciso que se dê conta disso e que o analista esteja disposto a ir até o fim, que não tenha medo.

E. W.: O que você pode dizer da sua experiência da prática lacaniana da duração de sessões?

C. M.: Com Lacan, as sessões nunca eram, só excepcionalmente, de 45 minutos. Ele às vezes pedia ao analisando para voltar uma ou duas horas mais tarde, às vezes até uma terceira ou uma quarta vez no dia. A duração de uma sessão podia estar ligada a diferentes coisas. Primeiro, ao fato de que você podia não ter nada de significativo a dizer: pode acontecer, nem sempre estamos ligados, o inconsciente às vezes dorme, descansa, está em outro lugar. Assim, Lacan podia parar a sessão porque não havia nada de especial que pudesse ser dito ali. Mas também podia parar a sessão porque o corte dava toda a sua virtude, todo o seu sentido ao que acabava de ser formulado. Havia, nele, um manejo dessa pontuação que às vezes era pertinente, às vezes podia não ser, pois ele não estava seguro de nunca se enganar. Em todo caso, era por razões teóricas muito claras que ele se servia disso.

E. W.: O que provocou um conflito, que perdura, entre a comunidade dita lacaniana e a IPA*...

C. M.: Quanto a isso, se interrogarmos a comunidade que chamaremos "clássica", ela não poderá de modo algum justificar a duração de suas sessões. Por que 45 minutos? Com Freud eram 55 minutos, e a razão é que ele se dava 5 minutos após a sessão, em princípio de uma hora, para tomar nota do que fora dito. Por que 45 minutos? Como justificar essa duração? De onde vem esse número? Será que, em hebreu, 4 + 5 é mágico?

E. W.: As más línguas evocavam uma razão econômica para explicar as sessões curtas de Lacan.

C. M.: Há uma relação métrica com o tempo, em que tanto de tempo é tanto de dinheiro, que precisa ser analisada. É uma relação, permita-me chamá-la por seu nome, de assalariado, é o tempo industrial. Não é o tempo agrícola, é o tempo, muito precisamente, da indústria, tempo que data do século XIX. Por que tomá-lo por um tempo com valor universal? É uma relação com o tempo entre outras. E permito-me dizer que é bem desolador fazer crer que quanto mais nisso pomos tempo, melhor será.

E. W.: O tempo, você admite, é dinheiro?

C. M.: O tempo é bem mais que dinheiro, o tempo é a morte... Dizer que o tempo é dinheiro é simplesmente mascarar essa dimensão, que o tempo é a morte; prefere-se esquecer, dizer "o tempo é dinheiro", logo, dizer que quanto mais o tempo passa, mais eu ganho. Pois não, quando o tempo passa, eu não ganho. A esse respeito, a maneira de proceder de Lacan era uma maneira de assinalar que não somos eternos. Achamo-nos eternos, mas não somos eternos. Por outro lado, há urgência, é preciso se apressar, não se deve deixar para amanhã, não se deve dizer: vou passar ainda seis meses trabalhando na minha tese ou no meu livro. Não, há um tempo em que é preciso avançar, para poder em seguida passar a outra coisa.

A. D.-W.: Há algo do tempo que é ocultado quando o medimos com essa máquina que é o relógio. Pois esquecemos que o tempo, antes de ser cientificamente mensurável, é efeito de uma criação humana...

C. M.: O tempo do relógio é o tempo mecânico. Você aceitaria ser uma mecânica?

A. D.-W.: Não só não aceitaria, mas uma das coisas que mais me impressionavam em Lacan era a maneira como ele apreendia o tempo. Você pode falar disso?

C. M.: Ele se fazia controlar pelo auditório do seminário, graças ao qual ele verificava a validade de seu pensamento. Devo dizer que, com muita freqüência, o auditório reagia como um analista. Tinha-se a surpresa de constatar que ele tinha o ouvido muito fino, quando havia um lapso, um duplo sentido, um equívoco, pois acontecia a Lacan ter lapsos e chistes.

Eu sempre ficava maravilhado de ver o auditório reagir assim com Lacan, que se punha realmente em posição de analisando. Era um dos aspectos estranhos desse ensino. Lacan esperava desse auditório objeções, reações, precisões, ele era muito sensível a tudo o que ia ouvir em seguida, tanto no divã, em sessão, quanto por parte das pessoas que lhe escreviam ou que lhe faziam observações ou objeções. Em outras palavras, seu auditório lhe servia para manter abertas todas as suas questões, e era por isso que lhe era necessário. A primeira aula de cada um de seus seminários era formidável: essa primeira aula, eram trombetas, abria-se como algo triunfante. Mas, com freqüência, com os seminários seguintes, a partir do terceiro ou do quarto, caía, porque ele tinha tido, por parte do auditório, reações de oposição, negativas, de retraimento, de defesa.

E. W.: Você diz aí, na verdade, que esses seminários representavam uma espécie de análise para ele mesmo? Você atribui isso ao fato de que, não mais que Freud, ele não fez uma análise ortodoxa?

C. M.: Não é exato, ele seguiu uma análise muito ortodoxa, com um analista com o qual ele conservou uma relação de confiança e amizade. Para mostrar isso, existe uma carta que ele enviou ao analista, Löwenstein, em 1953, no momento em que, após um erro puramente formal, ele foi excluído da IPA.

A. D.-W: Quando um analista se expõe a fazer um seminário, qual efeito de só-depois disso se deduz para ele?

116

C. M.: Um analista, mesmo após a análise, precisa prosseguir um certo trabalho de supervisão. De minha parte, sei que preciso de meu seminário para que, em mim, isso não se feche num sistema, em respostas automáticas, numa espécie de repouso. Pois a grande tentação é o fenômeno de entropia. Meu seminário me obriga a sempre abrir as feridas.

Entrevista com René Bailly

René Bailly, psicanalista, de formação médica, esteve em análise com Lacan. Foi membro da École freudienne de Paris, onde teve diversas responsabilidades, desde sua criação. Trabalhou até 1967 num grupo de pesquisas em psicofarmacologia clínica. Após a dissolução da École freudienne, será, em 1983, membro fundador de Errata, uma associação de psicanalistas cuja presidência assumirá por alguns anos. É autor de diversas publicações tanto no âmbito da psiquiatria e da psicofarmacologia quanto, bem entendido, no da psicanálise.

ALAIN DIDER-WEILL: Para situar o seu encontro com a psicanálise, e com Lacan, poderíamos partir do fato de que você é da geração das pessoas que fizeram o vestibular durante a guerra. Você pode nos dizer de que maneira a psicanálise era transmitida naquela época num colégio do interior como aquele onde você estudava?

RENÉ BAILLY: Fiz o vestibular em 1941, mas deveria tê-lo feito em 1940. Naquele momento, no entanto, eu estava, como muitos, nas estradas da França com o resto da família. Por isso só fui finalmente fazer a primeira parte em 1941 e a segunda em 1942, já que o exame, então, era em duas vezes. Minhas lembranças no que se refere ao ensino da psicanálise no colégio são mesmo assim bem longínquas. Lembro-me, no entanto, de que se falava da significação dos sonhos, e depois do simbolismo sexual, em particular das facas, o que acarretava risos escondidos na sala.

A. D.-W.: Você esteve na Resistência, foi dos FTP*. Eu gostaria de saber se, em sua cabeça, houve um dia uma ligação entre essa atividade de resistência e o fato de que a psicanálise pudesse ser considerada sob certos aspectos uma atividade insurrecional?

R. B.: Não. Eu de fato participei da resistência; comecei como FTP e acabei em outro lugar. O problema da psicanálise, de qualquer modo, não se colocava: a questão não tinha, nos meios intelectuais, a mesma repercussão que agora. Estive durante muito tempo num jornal que se chamava *Defesa da França*[1], em que nunca se falava de psicanálise. A psicanálise só dizia então respeito a um pequeno cenáculo.

Perdi um certo tempo da minha vida em relação aos estudos. Eu estava em matemática superior em 1942-43. Mas em seguida só retomei meus estudos após a guerra, com quatro anos de atraso. Nesse meio tempo, como de praxe, eu simplesmente arrumei uma carteira de estudante que me servia para justificar um pouco minha outra existência. Essa atividade permitiu que eu usufruísse de uma bolsa a título militar, e pude assim fazer medicina, o que não teria sido possível de outro modo. Fui externo no hospital, e ali encontrei a neurologia. Ela me seduziu graças ao rigor lógico do diagnóstico. Fui externo com

---

* Os *Francs-tireurs partisans*, grupo de resistentes franco-atiradores. (NT)
[1] Jornal criado durante a guerra pelos animadores do movimento de resistência do mesmo nome. E que desaparecerá alguns anos após a guerra.

Boudin, o assistente de Alajouanine na Salpêtrière, depois entrei em psiquiatria com Heuyer em 1953, pois a neurologia na verdade não resultava numa profissão.

Lembro-me porque, em 1953, era o ano do grande *clash* no meio psiquiátrico: o ano da ruptura de Lacan com a IPA*. Eu, pequeno externo em meu canto, ouvia os colegas mais velhos discutirem essas coisas. Diatkine era chefe de clínica de Leboyer, então assistente com Heuyer. O que posso dizer é que não entendi muita coisa do que estava em jogo nessa ruptura. Em seguida, fui externo com Delay, em Sainte-Anne, e ali as coisas começaram a se esclarecer um pouco. Mas eu não estava muito prevenido das coisas da psicanálise para tomar posição; eu era o externo de um interno hesitante. Entre os chefes do serviço, zombava-se um pouquinho de todo aquele assunto. Fui embora, fiz três anos de residência em hospitais psiquiátricos, depois voltei para Delay, onde passei dez anos até 1967. Foi aí que encontrei Lacan em carne e osso, se podemos dizer.

Ele estava dando seu seminário* e comecei a ir. Era, então, o seminário sobre as psicoses[2]. Eu tinha como colega Jean Laplanche, que era muito próximo de Lacan. Quando ele foi embora, pediu-me que ficasse em seu lugar: ele estava encarregado de recrutar doentes para a apresentação de Lacan, que acontecia uma vez por semana. Como eu fazia um pouco o mesmo trabalho para Delay, foi meio complicado: eu não sabia quem apresentar a quem! Enfim, eu lidei mais ou menos com essas dificuldades.

Com o fim da residência, aceitei um posto na pesquisa em psicopatologia e participei da construção de escalas de julgamento – as quais ainda estão ativas atualmente em psiquiatria. Esse estudo me mostrou a vaidade dessas coisas e, um dia, decidi no cara ou coroa se voltava à faculdade de matemática ou se fazia psicanálise. Deu psicanálise. Então, fui ver Lacan, e foi assim que comecei minha análise com ele.

---

[2] Jacques Lacan, *Les Psychoses* (Le Séminaire, livre VI, 1955-56), Le Seuil, 1975.

A. D.-W.: Não houve outra coisa além da sorte que o tenha orientado para a psicanálise?

R. B.: Era a matemática ou a psicanálise. Por que a psicanálise? Porque havia Lacan. Se não tivesse havido Lacan, a psicanálise não teria estado na urna. Por quê? Porque eu saía de uma psicologia pseudomatemática que chamamos de psicologia experimental, que me parecia artificial e pouco satisfatória. Com Lacan, assisti a um esforço certo para retomar a psicanálise e tentar fazer dela algo racional e científico se possível.

A. D.-W.: Em que você não achava, nas opções defendidas pela IPA, os elementos científicos que você buscava para pensar a psicanálise?

R. B.: Em minhas relações com os psicanalistas da época, a psicanálise era evocada através de um verbalismo banal, finalmente muito próximo daquilo que eu pudera ouvir no colégio. Com Lacan, havia um esforço para encontrar, na psicanálise, conceitos que se prestassem a um manejo lógico.

A. D.-W.: Você encontrou um suplemento de rigor em Lacan que você não encontrava na leitura de Freud?

R. B.: É meio difícil de dizer. O que eu lia de Freud, na época, estava muito impregnado de idéias vetustas, como a metáfora termodinâmica, por exemplo, que parecia difícil de aceitar. Com Lacan, li Freud de outro modo. Há também um grande rigor em Freud, mas eu com certeza não o teria descoberto sem Lacan.

A. D.-W.: Nesses anos 1954-55, em que você encontrou o ensino de Lacan, você poderia lembrar quais eram esses elementos lógicos que haviam suscitado o seu interesse?

R. B.: Era o esquema da linguagem, o que chamam o grafo*. Havia um esboço de algo que não estava fechado e que podia conduzir a desenvolvimentos importantes.

Permaneço com a idéia de que, sem Lacan, a psicanálise não seria o que é, e que ele até infletiu consideravelmente o que podia se dizer na IPA: segundo as leituras que posso fazer, noções lacanianas como sua abordagem do objeto, como o grande Outro são utilizadas, mas algumas vezes camufladas.

A. D.-W.: Você diria, na verdade, que encontrou em Lacan um pensamento em que os conceitos não estavam justapostos, talvez como em Freud, e sim articulados?

R. B.: É todo o problema do que se pode encontrar no que se chama o discurso de Roma* e que, no fundo, é "uma arte poética" ou "um discurso do método" relativo à psicanálise. Certo, há passagens que perderam sua importância, e que o próprio Lacan renegou, mas a noção de estrutura permanece muito importante.

Em razão da estrutura, a pequena história dos indivíduos, o que Lacan chamou as "historiolas", não é o fundamento da psicanálise. O fundamento estruturante – a maneira como o sujeito integrou a castração – é o que é revelado por essas historiolas. A noção de estrutura que introduz relações entre os diferentes objetos e conceitos da psicanálise funda para a psicanálise a possibilidade de tender para um estatuto de ciência.

A. D.-W.: Que, para além, portanto, da pessoa do pai e da mãe, o sujeito seja confrontado com algo mais radical – o inconsciente estruturado como uma linguagem – traria conseqüências? Que conseqüências?

R. B.: É uma questão muito difícil. Pode-se partir disso, que o homem não é alguém que chega ao mundo com a linguagem: ele simplesmente tem a possibilidade de entrar na linguagem. Essa potencialidade está ligada ao fato de que ele deve receber a linguagem de um outro. É, direi, a origem da noção de grande Outro. A estrutura do discurso que ele recebe estrutura sua personalidade. Vale dizer que somos totalmente dependentes daquilo que o discurso exterior nos traz. Como Dante dizia, "Nossa língua é aquela que nos falou nossa ama", isto é, a pessoa que nos recolheu quando éramos larvares e que nos deu os cuidados necessários a nossa sobrevivência alimentar e corporal. É isso que retenho de Lacan: o pai é uma pessoa que está ali, mas que não é forçosamente o pai biológico. É, na família ocidental, a pessoa designada pela mãe como sendo o pai que desempenha o papel.

A. D.-W.: Se cabe à mãe transmitir a função do pai enquanto função originária do simbólico, qual é, segundo a sua interpretação de Lacan, a função destinada ao pai real?

R. B.: A linguagem, em razão de sua incompletude, acarreta o fato de que é preciso uma função, o que chamaremos a função paterna, que é uma função de referência, que faz com que o que se diz tenha sentido, que não seja simplesmente barulho. É isso que a mãe transmite. Há uma necessidade no fato de que, na realidade cotidiana, essa função simbólica seja mantida por alguém ou por algo que dê um ponto de ancoragem ao discurso: em certas sociedades primitivas, pode ser o crocodilo ou uma pedra sagrada. O que é o pai real? Será o pai genitor? Este não tem muita importância em relação ao pai no cotidiano. E este último tem, para a criança, a importância que ele tem para a mãe.

A. D.-W.: Na École freudienne*, durante todo um tempo, quando se falava da psicose, tomava-se ao pé da letra essa idéia de que o pai só existe no discurso da mãe, de modo que a psicose só se referia à mãe do psicótico. Certo, há a mãe do psicótico. Mas será que não se corre o risco, a tomar as coisas assim, de não levar em consideração o pai real?

R. B.: É o discurso da mãe que promove um dizer primitivo que pode ser referido ao pai. Mais tarde, qualquer um pode vir tomar esse lugar. Mas retomemos a sua questão de antes. Se o inconsciente é estruturado como uma linguagem, é bem à linguagem que é preciso se referir, à linguagem materna no sentido amplo do termo, à linguagem transmitida pela mãe. Lacan falou de novo disso num texto chamado "A significação do falo[3]". Ali ele diz que o complexo de Édipo é um mito que não deve forçosamente ser levado ao pé da letra: o importante é a castração, como fato de estrutura, como corte entre significante e significado.

FLORENCE GRAVAS: O que quer dizer, se compreendo bem, que o pai só é ouvido pelo filho na medida em que é ouvido pela mãe? E que, para a criança, o pai pode ser não aquele que está em casa, mas aquele que a mãe designa como tal, talvez até sem se dar conta disso?

R. B.: Totalmente. A genética moderna também coloca essa questão: onde está o pai? Onde está a mãe? Se você reanimar um embrião congelado há uma centena de anos, a mãe será aquela que ensinará a linguagem à criança. Mas o pai?

A. D.-W.: Em seu seminário *As psicoses*, Lacan retoma o caso Schreber, de quem Freud fez a análise servindo-se de um texto autobiográfico, e coloca essa questão: como se explica que Freud não tenha levado em conta os escritos do pai de Schreber, aquele pedagogo célebre que havia publicado um certo número de livros que haviam forjado um tipo de educação aceito pelos nazistas, devendo a criança ser adestrada feito um bichinho sábio através de procedimentos de contenção de um sadismo extraordinário?

R. B.: Freud examinou as Memórias de Schreber e delas tirou o que lhe interessava em sua teoria. Não se pode considerar esse trabalho

---

[3] Jacques Lacan, "La signification du phallus", in *Écrits*, Le Seuil, 1966.

como uma análise de Schreber, mas no máximo como a análise estrutural de um texto. Na medida em que Schreber não falou do pai, ou dele falou muito pouco, Freud não podia fazê-lo dizer coisas que ele não dizia. Isso dito, penso que a psicose paranóica de Schreber devia muito ao delírio do pai, o qual fora designado pela mãe. Mas, para Freud, a questão não era essa.

F. G.: Eu gostaria de retomar o que você dizia há pouco: é preciso definir a mãe como uma função, que afinal pode ser veiculada por qualquer um, tanto um homem quanto uma mulher? Logo, em que consiste a função materna?

N. B.: Nossa língua é a de nossa ama, isto é, da mulher que cuidou de nós, uma mulher que, aliás, poderia igualmente ser um homem, exceto que a alimentação no seio, evidentemente, seria um pouquinho difícil.

F. G.: Pode-se imaginar uma mãe plural?

R. B.: Jenny Aubry mostrou que isso colocava problemas quando não era a mesma pessoa numa certa duração. Ela mostrou que crianças hospitalizadas por longos períodos, durante os quais as enfermeiras mudavam o tempo todo, apresentavam sinais de dificuldades psicológicas importantes e que era preciso, portanto, atribuir a cada criança uma ama, sempre a mesma.

A. D.-W.: Poderia nos esclarecer sobre a oposição que você faz entre "o" Nome do pai e "os" Nomes-do-Pai?

R. B.: O Nome do pai acarreta algo do lado do Nome próprio, ao passo que, com os Nomes-do-Pai, trata-se de uma função que pode ser mantida por um certo número de pessoas, função, portanto, relativamente plural. Em *Mais, ainda*[4], Lacan evoca um grande Outro de múltiplas facetas: "o falo, o pai, a mulher barrada e por que não Deus?". É isso os Nomes-do-Pai.

A. D.-W.: Como você entende essa proposta tardia de Lacan sobre o Nome-do-Pai como função que o analisando, em fim de análise, poderia dispensar?

R. B.: Não acho que o analisando em fim de análise possa dispensar essa função. Ele pode tomar consciência, por outro lado, de que se trata simplesmente de uma função e de que o indivíduo que mantinha essa função é, finalmente, de pouca importância. É esse pai que o analisando pode dispensar, não a função.

A. D.-W.: Há pouco, você evocava essas sociedades em que um crocodilo ou uma pedra sagrada podiam encarnar o significante do Nome-do-Pai para a mãe. Hoje, você tem algumas idéias sobre o que pode encarnar essa função do Nome-do-Pai para os sujeitos de nossa modernidade?

R. B.: É todo o problema do mal-estar em nossa civilização que você está levantando. É certo que todo o desenvolvimento da ciência visa eliminar o pai simbólico em proveito de um real, o pai biológico: é algo que nos deixa pouco à vontade. Agora que a organização do mundo sob o modo de um formigueiro de clones é concebível, a questão se coloca: quem é o pai real? Quem é a mãe?

A. D.-W.: Você pode estabelecer um laço entre essa questão e a exasperação dos fanatismos religiosos ou nacionalistas a que assistimos?

---

[4] Jacques Lacan, *Encore* (Le Séminaire, livre XX, 1972-73), Le Seuil, 1975.

R. B.: O risco é que o ataque à função do pai simbólico faça com que o pai volte por intermédio de seitas e integrismos religiosos ou políticos. Acho que da droga à delinqüência é só um passo. A eclosão da droga é nossa doença, nosso sintoma atual, justamente em relação a esse problema dos Nomes-do-Pai.

A. D.-W.: Você acha que poderíamos estabelecer um paralelo entre o aparecimento dos fanatismos religiosos contemporâneos e o fanatismo dogmático que apareceu na École freudienne antes de sua dissolução?

R. B.: Acho. O mal-estar na École freudienne, e o que disso decorreu, era sobredeterminado por uma carência de Lacan enquanto pai simbólico. É certo. Mas também houve outros elementos: a École freudienne era uma espécie de fortaleza sitiada, que se desenvolvera rápido demais, um pouco de qualquer jeito, de modo que houve movimentos explosivos ligados ao recrutamento. Vontades de poder se desenharam, acendendo vários focos de incêndio que Lacan não conseguiu dominar porque já estava um pouco cansado, ou porque não queria. A derradeira tentativa de fundação, a da Cause freudienne*, não parecia com ele, pois lá não se respeitava a liberdade: era o reino da liberdade dos inimigos da liberdade. Ora, Lacan, enquanto chefe de Escola, nunca foi um ditador. Foi um pai severo e, algumas vezes, um *pater familias* insuportável, mas nunca foi um ditador.

F. G.: Como se pode definir o fim da cura psicanalítica em relação a essa função do pai tal como você definia há pouco?

R. R.: Resta provar que há um fim da cura. Todo o problema é esse. Acho que a cura prossegue bem para além da análise concreta. Quando se entra em análise, entra-se num troço infernal, que você prossegue a vida inteira. Pois do seu interlocutor-analista vai ficar algo em você para a vida inteira.

A. D.-W.: O fim da cura seria o momento em que o analisando não precisa mais desse outro em carne e osso para ter um interlocutor simbólico?

R. B.: É, se quisermos. De fato é difícil determinar. O paciente, em geral, sabe quando isso acontece. Mas o analista sabe? Nem sempre. Acho que há condições de tempo lógico para determinar o fim da cura: há um tempo para compreender que deve acabar por um momento de concluir. Se a cura se interrompe e se está no tempo de compreender, não dá, é preciso que haja uma conclusão.

A. D.-W.: Você soube, antes de Lacan, que a sua análise com ele estava concluída?

R. B.: Eu soube antes dele. Soube antes dele que eu podia ficar sem ele. Eu aliás lhe disse isso. Ele me disse para esperar, esperei seis meses mais ou menos.

Emil Weiss: Você falou do desejo de Lacan de elevar a psicanálise a um estatuto de ciência. A atitude do observador no procedimento científico é diferente daquela do psicanalista?

R. B.: A psicanálise nunca será uma ciência experimental, pois o observador faz parte integrante e integral da cura: o que pode ser encarado como objeto de exame não é o analisando, nem mesmo seu discurso, é o conjunto analista-analisando, isto é, a transferência, pois analista e analisando não são separáveis.

Acho que o passe*, tal como Lacan o promoveu, era uma tentativa de observação exterior à cura psicanalítica. Essa observação do bloco analisando-analista culminou num fracasso talvez previsível, na medida em que era reintroduzido um observador, o passador. Não se sai do dilema, é por isso que a psicanálise nunca será uma ciência como as outras, que sempre vai estar numa posição limite. Eu disse, em algum lugar, que ela tendia para a ciência, mas nunca chegará lá.

A. D.-W.: É a razão pela qual Lacan, no fim da vida, abandonou a idéia de sustentar que a psicanálise era científica?

R. B.: Ele sempre pôs um ponto de interrogação.

A. D.-W.: Ele teve esperança no início.

R. B.: Ele teve esperança de que fosse possível. Há frases, não se pode dizer dramáticas, mas um pouco trágicas, por exemplo em *Mais, ainda*, em que ele diz que a "cientificização" da psicanálise "é nosso ideal".

A. D.-W.: Ao mesmo tempo que dizia que a psicanálise é intransmissível, e que cada um deve não mais inventá-la, uma vez que já está feito, mas reinventá-la.

R. B.: Isso.

A. D.-W.: O que mostra o limite da transmissão científica. Não?

R. B.: Lá pelo fim da vida, ele disse: "a psicanálise é um delírio" ou "um delírio que gostaria de ser científico". Eis o que conclui relativamente bem o debate quanto às relações entre a psicanálise e a ciência.

A. D.-W.: Um delírio científico?

R. B.: Vale dizer que é preciso tomar a psicanálise à maneira como a ficção científica toma a ciência, isto é, tomar o racional da ciência e introduzi-lo na psicanálise, introduzir a matemática na psicanálise.

Entrevista com Claude Dumézil

*C*laude Dumézil, psicanalista, teve uma formação médica em psiquiatria. Aluno de Jacques Lacan, com o qual empreende uma análise em 1957, foi membro da Société française de psychanalyse e, depois, da École freudienne de Paris. Fez parte do grupo dos primeiros intervenientes no departamento de psicanálise da Universidade Paris-VIII, onde ensinou de 1969 a 1974. Após a dissolução da École freudienne, foi notadamente co-fundador da associação Analyse freudienne e, depois, da Fondation européenne pour la psychanalyse. Autor de numerosos artigos, publicou O traço do caso nas Éditions Point Hors Ligne em 1989.

ALAIN DIDIER-WEILL: O seu encontro com Lacan data do meio dos anos cinqüenta, época em que ele havia começado seu Seminário* em Saint-Anne há pouco tempo e em que fazia uma apresentação de doentes. Você assistia a isso como jovem estudante. Poderia restituir para nós o que era o ambiente na época? E nos falar do impacto que Lacan produzia nas pessoas da sua geração e em você mesmo?

CLAUDE DUMÉZIL: Vou tentar. Eu vinha de uma formação psiquiátrica e como, na época, o ensino da psiquiatria era bem pouco organizado, nós todos éramos mais ou menos autodidatas. As primeiras pessoas que nos ensinavam eram os doentes. Também havia alguns lugares de que ouvíamos falar tão logo entrávamos no serralho. E o serralho eram certos plantões de hospitais na periferia de Paris, e Sainte-Anne, bem entendido. Lá se faziam ouvir vozes que contrastavam com o que se seria chamado mais tarde de discurso universitário, ou de discurso médico simplesmente, aquele que era sustentado nos grandes serviços dos hospitais de Paris, onde ensinavam os titulares de cátedra. Havia notadamente três lugares. Um era o seminário dado por Henri Ey em Magnan; outro era a apresentação de doentes da enfermaria especial do Depósito, que era animada, dirigida e conduzida pelo Professor Dr. Léon Michaux; e o terceiro lugar era Sainte-Anne, onde atuava um certo Jacques Lacan, sob duas formas essencialmente: por um lado, uma apresentação de doentes; por outro, um seminário de que começavam a falar.

Desses três lugares sentia-se emergir o futuro da pesquisa sobre a patologia mental. Ali se preparava uma renovação que integrava a contribuição da psicanálise e que estava transformando a tradição clínica e semiológica francesa, tal como Gaëtan de Clérambault relativamente bem a representava. Paralelamente, havia, é claro, os primórdios da psicofarmacologia, mas a formação literária da maioria de nós não nos predispunha a nos interessar por isso, não mais, aliás, que os primeiros resultados obtidos, que não eram particularmente espetaculares. Finalmente, de um lado havia Henri Ey, que, com seu organodinamismo – "dinamismo" decerto, mas de qualquer modo "organo" –, tentava fazer uma síntese impossível entre o corpo e o espírito, entre a fisiologia e a psicologia; e do outro havia os alunos de Clérambault, já que Léon Michaux, que atuava na enfermaria especial do Depósito, e Jacques Lacan, em Sainte-Anne, tinham ambos sido seus alunos. Isso teve uma incidência certa sobre mim, que não conheci Clérambault, e que primeiro freqüentei a escola da Salpêtrière, representada naquele momento por

Michaux, que tinha um santo horror pela psicanálise, mas cujo ensino clínico era brilhante e impregnado de inteligência.

Às vezes, no fim de suas prescrições, pois ele prescrevia muitos remédios, Michaux indicava: "Em nono lugar, evite a introspecção". Vale dizer que entre a psicanálise e ele havia um fosso. Porém suas apresentações de doentes na enfermaria do Depósito eram modelos do gênero e foi ele quem me ensinou, assim como à geração de jovens psiquiatras que formávamos, a nos balizar no discurso da psicòse; da mais difícil psicose, a psicose aguda, já que a enfermaria especial tratava dos estados de crise. Então, qual não foi a minha surpresa de jovem residente quando fui introduzido junto a Lacan pelos "mais velhos".

Os chefes de clínica, que se chamavam François Perrier, Serge Leclaire, Guy Rosolato, e que eram "grandes irmãos" de uma certa maneira, não digo que nos apresentaram, pois só se ouvia falar dele nos plantões dos hospitais, mas nos introduziram junto a Lacan. Eles primeiro me deram acesso à apresentação de doentes. Eu não sabia ainda, nessa época, que Lacan e Michaux tinham em comum ter seguido o ensino de Clérambault. Então, que surpresa ouvir nesse psicanalista um eco do rigor semiológico, eu diria, hoje, do estudo estrutural do discurso do doente, que Michaux e ele herdavam de Clérambault. Foi aí que, para mim, fez-se uma união entre a psicanálise e a clínica psiquiátrica tal como era ensinada por Michaux naquele lugar da enfermaria, mas também por Gallot e Cénac, todos psiquiatras de antiga formação, muito cultos, mas sobretudo excelentes clínicos.

Você me pede para falar de meu primeiro encontro com Lacan. Com efeito, foi na apresentação de doentes que o encontrei. Isso se passou em condições a um só tempo bem simpáticas e desconfortáveis. Era um pequeno anfiteatro, no último andar da Clínica de doenças mentais e do encéfalo, uma água-furtada, bem íntima, onde Lacan examinava os doentes que lhe eram apresentados por um residente ou um chefe de clínica. Ele praticamente não fazia outra coisa senão dialogar com eles, em outras palavras, suscitar o discurso deles, com o sentido clínico de que já falei, mas, mais do que isso, eu diria, com um contato franco, uma "refinada" amenidade. Isso ele tinha em comum com outros grandes médicos, outros grandes chefes daquela época, isto é, na virada deste século e do anterior – pois, embora ele tivesse nascido no primeiro ano do século XX, sempre considerei Lacan como um homem do século XIX. Sublinho isso, porque é tão contrário à imagem que alguns querem dar dele, não havia em Lacan nenhum teatro, nenhum "cinema" na relação que ele mantinha com os pacientes, unicamente uma atenção, mas uma atenção de extraordinária precisão, um talento para fazer com que de fato parissem o discurso.

Não era evidente que Lacan fosse psicanalista no quadro dessa apresentação. Mas, se descêssemos dois andares para chegar ao grande anfiteatro do mesmo serviço – na época, era quarta-feira, o dia mudou depois de Maio de 68 –, estávamos diante daquele que dava o seminário sobre "As formações do inconsciente[1]". Então, eis o psiquiatra balbuciante que eu era, indo do *quai de* l'Horloge a Magnan, de Magnan à Clínica das doenças mentais e do encéfalo, acompanhando na Salpêtrière o ensino de Michaux e alguns outros, de repente mergulhado numa atmosfera extremamente estudiosa – não era ainda a grande multidão dos dez ou quinze anos que se seguiram – com Lacan, que expunha no quadro negro seu famoso grafo*. Devo dizer que isso não tomou a forma de uma revelação súbita, mas compreendi que um pensamento estava se elaborando.

O inconsciente de que falava o Senhor Lacan era, é claro, o inconsciente de Freud. Mas quando, no tempo de minha ingenuidade primeira, eu lia *A metapsicologia* ou os textos *princeps* de Freud na má tradução francesa da época, eu achava isso um pouco "meta" e um pouco "psico", e não reconhecia muito nisso a relação com a clínica. Ali, ao contrário, em seu ensino, até abstrato e esquemático e já um pouco geometrizado senão matematizado, Lacan fazia passar uma mensagem que era da ordem das relações do discurso e do inconscien-

---

[1] Jacques Lacan, "Les formations de l'inconscient", Séminaire de 1957-58, ainda inédito.

te, do sujeito e do outro, do grande outro e do pequeno outro, etc. É inútil retomar aqui o que ele em seguida desenvolveu, com uma progressão na definição dos termos, voltando às primeiras acepções que pouco a pouco foram formalizadas de outro modo. Digamos simplesmente que foi após ter descoberto o psiquiatra que encontrei o analista, o analista trabalhando numa teorização que em nada estava cortada de seu ensino clínico.

Tudo isso se passava dois ou três anos antes de eu tomar a iniciativa de procurar Lacan. Você quer, então, que falemos agora do meu encontro com o analista Lacan, com Lacan como analista?

A. D.-W.: Com efeito. O que o levou a formular junto a Lacan um pedido de análise? E você pode explicitar esse mal-entendido, de que você me falou, e que se dissipou em seguida na análise, pelo qual você pedia "ingenuamente" para fazer uma análise "sob a autoridade de Lacan"?

C. D.: Não "sob a autoridade", mas "sob a direção". É isso. Estávamos em 57, e eu acabava de tomar conhecimento de um artigo que circulava, "Situação da análise em 1956", publicado ulteriormente nos *Escritos*, e igualmente do artigo que se referia à direção da cura[2]. Lembro-me mais exatamente qual era meu estado de espírito no momento em que formulei essa demanda. Eu havia escrito uma carta a Lacan, dizendo: "Senhor, eu gostaria de encontrá-lo, para eventualmente iniciar uma análise sob sua direção". Não sei mais se eu mesmo estava consciente do lado um pouco ambíguo dessa demanda. Em todo caso, aquilo de que me lembro muito bem foi a resposta de Lacan, não escrita, já que ele me telefonou para marcar um encontro. A primeira coisa que ele

---

[2] O artigo publicado nos *Escritos* (Le Seuil, 1966) traz o título de "Situação da psicanálise e formação do psicanalista em 1956". Precede, nessa coletânea, um artigo sobre "A direção da cura e os princípios de seu poder" e segue outro artigo sobre "As variantes da cura-tipo", ambos redigidos – um antes, o outro depois – mais ou menos na mesma época.

me perguntou foi: "O que você entende por minha 'direção'?". Ingênuo, balbuciei algo do gênero: "Talvez não deva se ater ao que eu disse". É um bom começo dizer ao analista; "Sobretudo não se atenha ao que eu digo, quero fazer uma análise, quero que seja com você".

Dei alguns elementos sobre a escolha de Lacan. Eu poderia acrescentar que entre o momento dessa demanda e aquele de que eu falava há pouco, que corresponde aos anos 1954-55, aconteceu um pequeno vácuo em 1956, porque, antes de ser nomeado para a residência em 1957, isto é, simplesmente antes de ter os meios de empreender uma análise, eu me exilara um pouco na periferia de Paris e não freqüentei Sainte-Anne durante um ano. Assim, eu hesitava muito em fazer análise, não o "sentia". Achava aquilo muito interessante, pensava que era bom para os outros, e não tinha muita vontade de tomar essa iniciativa. Dois elementos atuaram para que eu tivesse ido lá, um pouco meio sem vontade, mas mesmo assim afinal fui.

Por um lado, eu estava na época casado com uma colega, residente como eu, e que, sem a menor dúvida, escolhera fazer psiquiatria nem um pouco pela psiquiatria, mas para se tornar analista. Era seu projeto desde o início, não era o meu. Após um ou dois anos de casamento, ela me deu a decisão. Disse-me: "Escuta, bom, comecei uma análise... – Ah! bom. – ... e acho que o nosso casamento não vai dar certo se você não fizer também". Logo, havia essa pressão do lado de minha mulher.

Por outro lado, havia o fato de que eu continuava a me lembrar da impressão que me dera o Senhor Lacan. E, portanto, a decisão foi: uma análise, talvez, mas, em todo caso, não com alguém que não o doutor Lacan. Depois, compreendi que havia determinações um pouco mais antigas. Na infância, nos anos 1930-33, eu ouvira falar do doutor Lacan no círculo dos amigos de meu pai. Naqueles anos, a apresentação de doentes de Georges Dumas em Magnan era conhecida do *Tout-Paris* intelectual. Meu pai e minha mãe a ela assistiam no domingo de manhã e de lá voltavam contando aos filhos – eu, em 1933, tinha quatro ou cinco anos – que haviam encontrado pessoas extraordinárias, senhoras que diziam: "Cinco vezes cinco, vinte e cinco, sou a rainha da França,

Zaza...". Discursos que pareciam maravilhosos para uma criança de cinco anos a quem tentavam ensinar os rudimentos da aritmética. Eu sabia que, entre os que assistiam a essa apresentação, havia um psicólogo-psicanalista que tinha um nome esquisito, que se chamava Senhor "Sombra de Asno*" (Ombredanne), e eu achava aquilo muito simpático. E havia também um Senhor Lacan, que acabava de produzir um escrito sobre a paranóia, e isso interessava pessoas que não estavam nem um pouco no campo "psi", mas no campo das ciências humanas. Logo, eu ouvira falar de Lacan quando eu tinha quatro ou cinco anos. Depois, na época em que eu era residente em psiquiatria, recém-casado, postulando tornar-me analisando, eu de fato estava numa situação de ruptura com o meio familiar, e por isso a amnésia fez com que eu não me lembrasse mais disso tudo.

A. D.-W.: Nos meios que circulavam em volta de seu pai, Georges Dumézil, como a tese de Lacan sobre a paranóia[3] foi recebida?

C. D.: Faltam-me elementos para responder de fato a essa questão.
Acho, no entanto, que meu pai se interessava mais pelo conceito de loucura que pela psicanálise, tomada a um só tempo no plano literário, no plano filosófico e no plano psiquiátrico. Ele não tinha conhecimentos psiquiátricos e, que eu saiba, não se interessou por outras obras, ainda que me tenha dado, precocemente, as obras completas de Krafft-Ebing. As *psychopathia sexualis* o interessavam, pois ofereciam um olhar para a sociedade e entravam numa categoria que retinha certamente a atenção dele, a um só tempo enquanto cientista e enquanto homem. Sobre a própria tese de Lacan, ouvi falar dela, mas não ouvi comentários. Meu pai se interessava mais por pessoas como Bataille, que também

---

* *Ombre d'Âne*. (NT)
[3] Tese republicada em 1975 na editora Seuil, sob o título *De la psychose paranoïaque dans ses rapports avec la personnalité*.

era alguém de quem se falava lá em casa, como Caillois, como Queneau, ou, muito mais tarde, como Lévi-Strauss.

Digamos, finalmente, que Lacan era para mim o analista com o qual eu arriscava não fazer análise. Acho que foi nesse estado de espírito que fui vê-lo. Desde que pratico a análise, percebi que costuma ser o caso: as pessoas vêm formular uma demanda no lugar onde elas têm o sentimento de que vão recusá-la, ou de que vão tomá-la de uma maneira que não os deixará demais em perigo. Enfim, eis o sentido daquele "sob sua direção". Isso queria dizer: "Senhor, sobretudo, dirija bem as coisas, de tal maneira que nada se mexa". Lacan ouviu perfeitamente, e isso teve muita incidência na maneira como ele efetivamente conduziu a cura. Posso lhes dizer dela uma palavra, nem um pouco centrada em mim, mas para indicar algo que me parece nunca ter sido sublinhado.

Éramos um grupo de amigos e colegas de Sainte-Anne a nos dirigir mais ou menos ao mesmo tempo a Lacan e, portanto, a estar em análise com ele por uns dez ou doze anos, durante o grande período de seu ensino. Éramos colegas de plantão nos hospitais, alguns de nós éramos muito amigos, a partilhar o trabalho e também o lazer. Falávamos com naturalidade da análise que fazíamos e até nos encontrávamos, às vezes, nas escadas do nº 5 da rua de Lille. Lacan não tinha nenhum estereótipo. Éramos indivíduos diferentes por nossas personalidades, nossas estruturas, nossas neuroses, e Lacan tinha uma maneira de construir uma cura na qual não reconhecíamos de modo algum um modelo único. Parece-me importante indicar isso, na medida em que se quis tanto reduzir a prática de Lacan a uma série de estereótipos: duração das sessões, silêncio quase absoluto, posição em relação ao divã, etc, em suma, tudo o que foi em seguida ressaltado como um desrespeito ao quadro clássico. Na realidade, as sessões não se desenrolavam de uma maneira padronizada, eram personalizadas.

Durante todo o tempo de sua vida profissional e de sua prática, um analista, em todo caso um analista para quem o trabalho de analisando não morreu, está no só-depois de sua análise. O olhar que tenho hoje para o que aconteceu não é o mesmo que aquele que eu tinha há cinco ou dez anos, não é o mesmo que no momento em que fiz o "passe", nem o mesmo que aquele que eu tinha no momento em que terminei a minha análise com Lacan. Foi no só-depois que me dei conta de que Lacan sentira inteiramente que tinha fisgado um peixe, um peixe a quem era preciso dar muita linha. Com efeito, eu tinha todos os títulos universitários necessários para fazer crer que tinha feito uma análise: era médico, era psiquiatra, era chefe de clínica; podia instalar-me dizendo que fizera uma análise com o Dr. Fulano, que além disso não era o mais desconhecido. Estava claro que eu podia perfeitamente evitar a análise, o que talvez fosse – como eu disse – meu voto inconsciente.

Ora, Lacan me deixou sete, oito ou até nove anos com esse desejo de não fazer uma análise. Ele respeitou esse desejo, sustentando com um incrível rigor, que, às vezes, eu qualificava de rigidez, um quadro que talvez não fosse o da duração das sessões, nem de uma certa assepsia cara à IPA*, mas que era a exigência da assiduidade, uma inflexibilidade muito custosa no plano dos honorários, a necessidade de manter o tempo, a fim de que algo se abrisse ou não se abrisse. Minha análise só começou realmente após sete ou oito anos, e é por isso que foi um pouco longa. Não estou seguro, em minha própria prática, de ter sempre essa paciência.

A. D.-W.: Lacan é que era o paciente, ele tinha paciência...

C. D.: Ele tinha paciência. É, gosto bastante dessa fórmula.

A. D.-W.: Você foi um dos que viveram ao longo da análise uma experiência muito particular, a irrupção da Instituição, de uma comissão de investigação – a comissão Turquet* – que recolhia testemunhos junto aos analisandos de Lacan, informando-se junto a eles de sua prática de analista. Estava ligado à crise entre Lacan e a IPA. E o que estava em jogo na investigação era importante, já que se tratava da filiação ou não-filiação de Lacan à IPA. Como você viveu essa irrupção, do duplo ponto de vista da colocação em perigo da sua análise e do ataque contra Lacan? Num de seus textos, você mostra a posição inquisitorial dessa comissão Turquet contra Lacan e contra a maneira como ele conduzia uma análise com um analisando...

C. D.: Se as minhas lembranças são boas, era em 1964, talvez em 1963, logo, seis anos depois do início de minha análise, que, como eu disse, não tinha realmente começado nessa fase. Talvez tivesse começado na verdade, pois tomei essa inquisição exatamente pelo que ela era, isto é, pela expressão involuntária daquilo que se perdera da ética da psicanálise, do lado da IPA; não digo a IPA inteira, mas do lado da IPA. Eu achava essa situação muito insólita, ter de testemunhar sobre a minha análise e sobre o meu analista num contexto que estava longe de ser neutro e do qual conhecíamos todas as implicações, já que se tratava, é claro, da filiação ou não da SFP, a Société française de psychanalyse*, à IPA. Mas também se tratava de mandar Lacan para a fogueira, o que, aliás, afinal aconteceu, já que a IPA não pedia outra coisa senão acolher a SFP, pelo menos como grupo de estudos, contanto que Lacan e Dolto – pois ela se encontrava na mesma situação – não fizessem mais análises didáticas, ou mostrassem seu arrependimento com sessões de 30 a 50 minutos. Sabíamos que Lacan não ia mudar sua maneira de agir e que o que íamos dizer pesaria, portanto, na balança.

Compreendi bem recentemente, em parte graças aos trabalhos de Élisabeth Roudinesco[4], que a verdadeira ruptura de Lacan com a IPA não data de 1953, no momento de sua cisão com a Société psychanalytique de Paris*, mas dessa época, em 1964. Com efeito, Lacan não podia evidentemente aceitar a condição que lhe era imposta de parar as análises didáticas, o que teria significado que aqueles que como eu estavam em análise com ele há vários anos deveriam mudar de analista. Quem quer mudar de analista faz isso por livre e espontânea vontade e não porque pessoas de uniforme vêm lhe dizer que você está lidando

---

[4] Cf. notadamente *Jacques Lacan, Esquisse d'une vie, histoire d'un système de pensée* (Fayard, 1993) e *Histoire de la psychanalyse en France* (t. II, Le Seuil, 1986).

com um "escroque". Com efeito, também se podia compreender assim: "A análise que você está fazendo não é válida. Você a está fazendo com alguém que não sabe praticar a análise, em todo caso não a análise didática. Você está perdendo o seu tempo, vá, pois, procurar em outro lugar!".

Eu devia estar muito mais preparado para isso do que eu mesmo pensava. Com efeito, quando, em 1957, eu escolhera Lacan como analista, uma escolha forçada segundo minhas próprias determinações conscientes e inconscientes, eu sabia pertinentemente, como vários de meus colegas que tinham feito a mesma escolha, que estávamos perdendo para sempre a possibilidade de pertencer a uma certa instância internacional. No momento em que discutíamos entre nós essa escolha, ainda não estávamos em análise, e falávamos disso de maneira um pouco trivial, em termos de carreira: "É de fato prudente fazer análise com Lacan? Se queremos ser publicados, comunicar nossos trabalhos no exterior, sermos conhecidos, ter clientes, etc, é de fato razoável empreender uma análise com alguém que acaba de ser expulso da IPA, ou de fechar a porta?". A essas interrogações, nossa resposta era clara. O que nos importava na época era o que ouvíamos no anfiteatro de Sainte-Anne, o que víamos nas apresentações de doentes, era a experiência que tínhamos de nossa cura que se iniciava ou ia se iniciar com Lacan. Na verdade, a IPA para nós não estava em jogo.

Aparentemente, não era muito o caso para Lacan. Uma das contribuições de Élisabeth Roudinesco é ter mostrado bem que, já na criação da Société française de psychanalyse, ele tentara obter o reconhecimento de sua nova sociedade pela IPA. É claro que não ignorávamos isso de todo. Sabíamos que negociações estavam em curso, que Lacan encarregara certos colegas mais velhos de estabelecer contatos. Foi precisamente no quadro dessas negociações e desses contatos que a IPA delegou a comissão Turquet. Mas nós víamos as coisas com tranqüilidade, não estávamos na mesma sintonia que Lacan ou os colegas mais velhos.

É interessante notar que esses colegas mais velhos, essencialmente Serge Leclaire e Vladimir Granoff, que nessa época tinham toda a confiança de Lacan e conduziam as negociações sob suas instruções, provavelmente nunca deixaram a IPA, pelo menos na cabeça. Aliás, algumas de suas posições, em momentos sucessivos da história da École freudienne de Paris*, depois no momento da dissolução dessa Escola, e depois ainda no só-depois da dissolução, podem se explicar pelo fato de que a trajetória deles tomou sua origem no Institut, no movimento psicanalítico francês unificado da época: eles não viveram as separações sucessivas como rupturas definitivas com a IPA. Não era nem um pouco o meu caso, nem o das poucas pessoas de minha geração, tanto que me apresentei diante da comissão achando que, de qualquer modo, era um pouco violento pedir a um analisando para fazer revelações sobre a sua análise e sobre o seu analista, que era pelo menos faltar à deontologia e, em todo caso, contrário à ética da análise.

As condições eram pitorescas. Era uma manhã de domingo de inverno ou de primavera, o tempo estava muito bonito, e fomos convocados a um pequeno hotel de luxo do lado da Ópera. Um por um, fomos recebidos numa suíte e nos pediram para apresentar o nosso "pedigree", nossa formação de base, de nos exprimir sobre a maneira como Lacan conduzia a cura, etc. Escreveu-se muito que tínhamos sido um pouco admoestados por Lacan e sua turma para embelezar um pouco as coisas, dizer que "sim", as sessões eram longas, que "sim", Lacan interpretava, que "sim", íamos várias vezes por semana, isso aliás eu podia realmente dizer, pois ia lá, na época, quatro ou cinco vezes por semana... Na verdade, o que contávamos era bem espontâneo.

Naquele dia, aconteceu algo de muito engraçado, que revela bem o estado de espírito dos investigadores, de resto bem corteses. Quando, como fiz nesta entrevista, mencionei a minha passagem pela psiquiatria, e notadamente na Salpêtrière, os membros da comissão ficaram muito impressionados e não sei mais se foi o investigador inglês ou holandês quem me disse: "Ah! Senhor Dumézil, o senhor era aluno de Charcot, em suma?". Não me lembro exatamente se ele disse "o senhor era aluno de Charcot", ou então "o senhor era como Charcot". Em todo caso, essa observação era para ele esclarecedora, tranqüilizadora de certa maneira: a Salpêtrière é igual a Charcot, Charcot é igual a Freud, e Freud é igual a IPA. Era o bom atalho, ridículo, completamente ridículo, mas me divertiu muito e ajudou a digerir a pílula dessa manhã de domingo, no hotel *Westminster*, perto da Ópera. Está aí uma anedota.

Essa peripécia poderia ter produzido efeitos deletérios na seqüência da minha análise, mas não penso que este tenha sido o caso – ou então efeitos de relançamento. Finalmente, pergunto-me se não foi a partir desse momento que compreendi que a escolha que eu havia feito em 1957 era uma escolha que não podia se inscrever no semblante. Ainda que eu não estabeleça laço de causa a efeito direto, foi a partir daí que entrei em análise, que levei a sério minha própria iniciativa, em articulação com a elaboração teórica de Lacan, em relação com a contestação dessa elaboração pelo *establishment* e, enfim, em relação com o que se deve bem chamar uma "inquisição" e que soava como tal aos meus ouvidos. Estávamos em 1964, isto é, apenas vinte anos depois da guerra, e havia um cheiro de perseguição: aqueles "senhores" tinham voltado, tinham voltado no mesmo bairro...

A. D.-W.: Após a sua passagem diante da comissão, Lacan lhe fez perguntas no quadro da sua análise?

C. D.: Não. É verdade que Lacan era capaz de certas intervenções na cura psicanalítica, ou à margem da cura, das quais se poderia esperar de um psicanalista que se abstivesse; mas ali ele havia compreendido que se achava no "osso" mesmo da transferência e que não podia tocar nele. Por outro lado, eu não deixava de saber que aquilo tudo era abordado no quadro de trabalhos e discussões que aconteciam entre ele, os membros de seu diretório e as "personalidades" – este termo as faria com certeza sorrir, mas era assim que as pessoas na minha situação consideravam nossos colegas mais velhos. Logo, minha passagem diante da comissão não permaneceu secreta e fui questionado por Leclaire e Granoff. Em compensação, nunca soube o resultado da prova. Certamente existe um pequeno relatório sobre a entrevista, que deve estar nos arquivos da EFP. Tenho que pedir a minha "ficha"...

Florence Gravas: Não compreendo bem o ponto de vista da IPA. O que significa questionar a capacidade de Lacan para conduzir uma análise didática sem questionar, na mesma oportunidade, sua capacidade de conduzir uma análise terapêutica?

C. D.: É uma questão muito pertinente. A IPA com certeza evoluiu um pouco nesse ponto. Mas, nessa época ainda, a análise didática era uma super-análise, reservada a uma categoria de pessoas que tinham passado por uma peneira, uma espécie de comissão de acolhida. Essa comissão, cujo nome esqueci, recebia os candidatos à análise, escutava-os, interrogava-os, entregava-se a uma avaliação clínica da estrutura e da personalidade desses candidatos e dava-lhes uma resposta. Havia três tipos possíveis de respostas. Primeiro tipo, sinal verde: "Você pode iniciar uma análise didática, e aqui está o nome dos três didatas que você pode procurar, um destes três e nenhum outro". Tirando os floreados, o segundo tipo de resposta consistia em dizer: "Não podemos assumir a responsabilidade de deixá-lo empreender uma análise didática; você pode, em compensação, iniciar uma análise pessoal e apresentar-se de novo diante da comissão futuramente". Logo, havia uma distinção claramente afirmada entre análise didática e análise pessoal, uma distinção que Lacan mandou pelos ares em seus artigos de 1956 e 1957 sobre a cura. Embora tenha ocorrido, não conheço ninguém a quem se tenha dado o terceiro tipo de resposta, isto é: "Nós o desaconselhamos formalmente a empreender uma análise, seja ela qual for". A comissão invocava nesse caso uma contra-indicação, por exemplo "O seu eu [*moi*] é frágil demais", e reservava-se, assim, a possibilidade de afastar alguém da análise.

Entre aqueles que empreenderam uma análise com Lacan mais ou menos ao mesmo tempo que eu, há um amigo muito próximo, Claude Conté, recentemente desaparecido, que tomara paralelamente duas iniciativas, junto a essa comissão e junto a Lacan. Ele só se decidiu por Lacan quando foi declarado pelo Institut apto à análise didática. Estava bem no temperamento desse amigo. Mas isso também revela a que ponto os critérios e as padronizações eram fortes e o que significava para a

IPA a decisão de proibir Lacan de praticar análises didáticas. Essa decisão tinha o alcance de uma degradação, de uma retrogradação do nível de analista didata ao de simples analista, que o designava aos olhos da comunidade internacional como incapaz de assumir uma responsabilidade didática.

F. G.: Excetuando essa triagem seletiva prévia, havia elementos objetivos que distinguiam a análise didática da analise terapêutica?

C. D.: Como nunca fiz análise com um analista membro da IPA, para mim é difícil responder. Uma diferença existia, com certeza, segundo os critérios deles, ainda que eu nunca me tenha debruçado sobre os textos regulamentares da IPA. Se lermos atentamente os escritos de Lacan que criticavam as modalidades que motivam a denominação análise didática, percebemos que a pretensa distinção entre análise didática e análise pessoal é puramente vazia, e que ninguém tinha produzido uma teoria plausível da análise didática. Na realidade, tratava-se, de modo bem banal, de uma cooptação, de uma seleção de tipo quase universitário. Aliás, na época – não sei se é sempre o caso –, era preciso, para ser aceito como analista titular na IPA, escrever uma monografia, logo, produzir um trabalho. Isso em si nada tem de escandaloso, mas certamente é o meio mais impróprio de julgar a aptidão de alguém para preencher a função de analista avaliá-lo baseando-se numa monografia, à maneira como se confere um grau universitário.

Acho que, na mente dos fundadores e dos responsáveis pela IPA, o modelo universitário era muito pregnante; e talvez também o modelo médico, já que se tratava, em definitivo, de determinar indicações ou contra-indicações à análise. Como a validade dos procedimentos utilizados não repousava sobre nenhuma justificação teórica, Lacan procurou, de um lado, quebrar esses "rituais" e, do outro, inventar procedimentos novos, para que aqueles que reivindicassem seu ensino e sua formação pudessem, não receber um rótulo ou uma estampilha, mas ser reconhecidos como pertencentes à comunidade de sua Escola.

A. D.-W.: Chegamos a essa questão do passe*, que é um dos procedimentos introduzidos por Lacan – e era uma inovação institucional enorme – quando ele fundou a École freudienne de Paris. Você foi, penso, um dos primeiros a experimentar esse procedimento, do qual Lacan dizia esperar um ensino que pudesse rivalizar com o dele. Você poderia fazer o balanço dessa experiência? E também comentar esta frase de Lacan, "O passe foi um fracasso", que "paralisou" de modo durável um certo número de analistas e que deve ter sido o pretexto, para alguns de nossos colegas, para dar um destino um pouco rápido ao passe?

C. D.: Para responder ao conjunto das questões que você coloca, seria preciso jornadas de estudos e um congresso! Aliás já houve vários... e há ainda um colóquio no fim de semana que vem[5] em Sainte-Anne, em que devo precisamente intervir sobre essa questão do passe. Antes de comentar o veredicto de Lacan "O passe é um fracasso", talvez seja útil mostrar em que esse procedimento tinha um caráter efetivamente muito inovador, tão inovador que tinha como assustar, até mesmo escandalizar. O que, aliás, não deixou de acontecer, já que alguns dos mais próximos alunos de Lacan deixaram a École freudienne de Paris no momento da adoção do procedimento do passe, julgando-o perigoso e contrário à ética pessoal deles. Foi notadamente a origem do grupo fundado por François Perrier, Piera Aulagnier e Jean-Paul Valabrega, o "Quarto Grupo".

Essa cisão, no momento em que Lacan propõe o passe, exprime o quanto o que estava em jogo era grande. Aliás, esses colegas amigos reconheceram a importância da inovação de Lacan, já que aperfeiçoaram outro procedimento que se chamou "a análise quarta". Sem falar disso aqui em detalhes, podemos dizer que se tratava de responder de outra maneira à preocupação, que era a de Lacan, de propor, além da cura psicanalítica, além da prática das supervisões, algo que permitisse

---

[5] A entrevista se passa no início de 1994.

ao próprio analisando lançar um olhar para sua análise; ao analisando de modo individual, mas também de modo coletivo, ao que Lacan, no que tinha de idealista e utopista, havia chamado de comunidade dos analistas da Escola. Essa denominação não pode deixar de ressoar de modo um pouco religioso e, em todo caso, provoca riso, quando pensamos nos dilaceramentos que não cessaram de atravessar a dita comunidade!

A proposta do passe veio em 1967, isto é, três anos após a fundação da École freudienne, no momento em que Lacan desenvolvia em seu seminário a questão do ato analítico. No início do texto fundador do passe, Lacan remete explicitamente a seu escrito de 1956, tanto que se pode estabelecer um fio diretor: o artigo de 1956, a ruptura com a IPA e a fundação da École freudienne em 1963-1964, e depois o passe, em 1967. Lacan sabia que estava propondo algo enorme e usou, portanto, luvas, formulando uma proposta que pôs a voto com certa solenidade, como às vezes gostava de fazer.

Um texto, intitulado "Proposição de 9 de outubro de 1967, relativa ao acesso ao título de psicanalista da Escola", circulou entre os membros titulares, ou antes, entre os AE (analistas da Escola*) e os AME (analistas membros da Escola), já que não havia mais membros titulares. Depois, fomos todos convocados a Sainte-Anne. Cada um devia se levantar e se apresentar diante de Lacan – não sei mais se ele estava só ou se o diretório estava reunido à sua volta – para marcar seu acordo ou desacordo diante dessa proposta. Lacan nos havia pedido para empregar as formas latinas: *licet*, para isso me convém; *non licet*, para isso não me convém. Tínhamos realmente a impressão de estar nos apresentando diante do capítulo* e, sob esse aspecto, o cerimonial era divertido. Porém o divertimento não escondia as tensões. Lembro-me do momento em que um de nós – não era eu, mas talvez Simatos, Conté ou Melman – foi pronunciar seu *licet* e em que Valabrega, cheio de humor negro, disse sem gritar, mas com uma voz nitidamente audível: "A sopa é boa,

---

* No sentido de "assembléia de religiosos". (NT)

meu general!". Isso dá uma idéia dos conflitos que percorriam as redes de transferência em ação.

Em que o passe era inovador e escandaloso, em todo caso contestável, e efetivamente discutível? É que ele organizava um procedimento segundo o qual, por iniciativa própria, sem o acordo necessário do psicanalista nem de quem quer que seja, um analisando vinha declarar sua candidatura ao título de analista da Escola. Precisamente, o procedimento implicava que o candidato encontrasse duas outras pessoas, que Lacan chamava de passadores*. Os passadores não eram escolhidos entre os analistas ditos tarimbados, ou os antigos, mas entre analistas que ainda eram às vezes analisandos e que tinham sido designados pelo próprio analista para ocupar essa função de passador. Era uma primeira fonte de dificuldades. Como, com efeito, um analista podia designar um de seus pacientes como passador? Parecia difícil de admitir e de realizar.

Quanto a mim, desde 1969, isto é, há mais de vinte e cinco anos, não cessei de estar implicado como protagonista nos diferentes lugares que o procedimento comporta: primeiro fui passante*, depois membro do júri*. Com efeito, os passadores, que recolhem o testemunho dos passantes, vão eles próprios testemunhar junto a um júri. O candidato não encontra o júri, e cabe aos passadores transmitir, "passar" algo das palavras do passante. Na associação de que me ocupo atualmente, faço de modo que o procedimento continue a estar em aplicação. Assim, nunca levei ao pé da letra o veredicto de Lacan, segundo o qual o passe seria um fracasso.

Constatei algumas derrapagens, bem entendido, isto é, analistas que designavam passadores um pouco de qualquer jeito entre seus analisandos, às vezes com efeitos lamentáveis. Quanto à minha própria prática, em vinte e cinco anos, aconteceu-me quatro ou cinco vezes designar um analisando como passador. Coloquei-me a questão para quase todos os meus analisandos, mas só muito raramente me autorizei essa espécie de *jump*, de salto no desconhecido. A respeito da designação de um passador, algumas pessoas falavam de transgressão. Não acho. No melhor dos casos, trata-se, antes, de uma interpretação maior, se podemos dizer. Logo, isso se reveste de um lado positivo para o passador, ainda que, evidentemente, não seja ele quem é o objeto do passe, mas o passante.

Parecia muito incômodo um analista designar um passador, e também que alguém em análise com fulano, por exemplo, viesse fazer o passe, e que eu, enquanto membro do júri, ouvisse expor a maneira como sicrano conduz uma análise, ou reciprocamente. Isso nunca se fizera e representava uma intrusão de terceiros sucessivos no seio da "alcova" psicanalítica. Compreende-se o clamor levantado entre os melhores – pois aqueles que recusaram não são decerto pessoas sem importância. Lacan impôs o passe, os opositores foram embora, e o procedimento funcionou na École freudienne de Paris: em dez ou doze anos, houve aproximadamente uma centena de candidaturas. O balanço revelou-se globalmente satisfatório, exceto algumas derivas, que surgiram progressivamente.

Dessas derivas é bem difícil falar, pois evidentemente está fora de questão entrar aqui em assuntos pessoais. Digamos simplesmente que, entre as pessoas que apoiavam a iniciativa de Lacan, algumas faziam isso por interesse intelectual ou por curiosidade científica, sem verdadeiramente implicar-se em profundidade, pensando que a iniciativa com toda certeza culminaria num fracasso. Entre essas pessoas, dentre as quais algumas eram eminentes, várias fizeram parte do júri do passe, tanto que o júri saiu um pouco das vias traçadas pelas hipóteses de trabalho iniciais de Lacan. Aliás, Lacan, e era bem seu estilo, também se afastou um pouco do quadro que ele havia imaginado e descrito de início, e não é certo que tenha feito tudo para preservar o caráter específico e a autenticidade de sua inovação. Chegamos, então, em 1978, e ao "fracasso" do passe.

F. G.: Eu gostaria simplesmente de me assegurar de que entendi bem o que é o passe. Afinal, o interesse e o princípio desse procedimento seriam que um analista não espere o aval de seu analista para pedir para se tornar analista, mas que ele mesmo seja ativo e busque o sinal no exterior de sua análise?

C. D.: Não penso que isso resuma tudo o que está em jogo, mas o que você diz aí certamente está incluído no procedimento, e foi isso que foi terrivelmente incômodo na história do movimento analítico.

A. D.-W.: Retomando a mesma questão, pode-se dizer que não há análise didática senão no só-depois, quando o "passante" exprime por seu testemunho que ele efetivamente fez uma análise, e que é nesse momento apenas que a análise se revela como tendo sido didática, sem que o analista figure numa lista qualquer preestabelecida de analistas didatas, a exemplo do que era praticado na IPA?

C. D.: De fato. Não é do exterior que vem a validação do caráter didático, mas, antes, do efeito do só-depois da análise, efeito que se pode constatar de modo notável pelo procedimento do passe e sancionado por um júri que nomeia ao título bizarro de "analista da Escola" – título que não pode ser entendido como "analista membro da Escola", já que este último título também existe e é atribuído por um procedimento muito mais clássico. O que se deve entender por "analista da Escola", como o próprio Lacan precisou, é alguém que mostra, através do procedimento, que ele está no ponto vivo da pesquisa relativa à psicanálise e que pode exprimi-lo não só no procedimento, mas também, por exemplo, ao ensinar na Escola, ao ser de certo modo "analista da experiência da Escola".

É um pouco forte, quando refletimos sobre isso, pois é tomar o termo analista num sentido diferente daquele de psicanalista. O psicanalista da Escola, se também é analista da Escola no sentido que acabo de indicar, não é mais totalmente psicanalista. Tudo isso está preso numa teorização, a da diferença introduzida por Lacan entre psicanálise "em intensão" e psicanálise "em extensão", por um lado, e entre competência e *performance*, por outro. O passe não sanciona uma competência, já que estava até previsto que não-analistas pudessem participar dele como membros do júri, ou até como passadores. Na verdade, o que Lacan esperava do passe era um ensino sobre o que se passa na cabeça – cito-o, no "coco" – de alguém que resolve desejar se tornar psicanalista, ocupar essa função, exercer esse ofício. É preciso crer que sua análise pessoal não tinha respondido a essa questão, que sua prática da análise também não tinha respondido, e foi por isso que ele propôs esse procedimento que tampouco – e é aí que chegamos a 1978 – respondeu à questão. Nesse sentido, posso de fato admitir que, para Lacan, o passe tivesse sido um fracasso, já que não respondeu à questão que ele lhe colocava.

A. D.-W.: Eu gostaria de prestar testemunho de uma das últimas discussões que tive com o seu amigo Claude Conté, durante a qual ele me contou uma interpretação da fórmula lapidar de Lacan sobre esse "fracasso". Como fizera parte do júri do passe durante cinco ou seis anos, parecia-lhe que haveria o direito de esperar um ato de *performance*, sob a forma de uma certa elaboração simbólica ou teórica, em vez de simples respostas por sim ou por não, da parte dos ouvintes que escutavam os testemunhos dos passadores. Segundo ele, a presença de Lacan paralisava um pouco o júri e impedia uma discussão em que as pessoas ousassem avançar, comunicando seus pensamentos ou suas divagações. Assim, o esclarecimento trazido por Conté foi que o fracasso seria em parte devido a uma falta de produção que vinha do júri. O que você acha disso?

C. D.: Entendo essa interpretação, acho que é justa, e talvez ainda mais justa porquanto Claude Conté e Jacques Lacan tinham em comum isto de muito importante, que nem um nem outro se expuseram ao procedimento do passe. Assim, eles falavam de uma posição de exterioridade. Lacan falava da posição do fundador, do inventor do procedimento; ele tinha, portanto, seu jogo, e só ele podia dizer se havia recebido o que daquilo esperava: ele respondeu não. Quanto a Conté, e todos sabem a estima e a amizade que eu tinha por ele, que sempre foi apaixonado por sua função no júri do passe e que em seguida, nos cartéis constituintes e na *Analyse freudienne*, sempre teve as mesmas questões que eu no prosseguimento dessa experiência, ele esperava do passe – como Lacan e muito mais que eu mesmo – uma resposta a questões teóricas.

Entretanto, Conté tinha na matéria mais distância que Lacan, já que sua experiência do passe, afinal, foi superior em dez anos. Logo, ele não esperava mais unicamente uma teorização da análise didática, mas esperava de fato que os membros do júri, ou os próprios passantes, fizessem frutificar neles a experiência do passe e dali extraíssem trabalhos, não para constituir uma "obra", mas para enriquecer a elaboração coletiva da Escola ou da associação a que pertenciam.

Penso que Lacan apressou-se demais em condenar o passe. Fez isso pouco tempo antes do grande movimento que fez ir pelos ares a École freudienne de Paris e conduziu à sua dissolução. Se tivesse tido o benefício de uma distância de dez anos suplementares e tivesse visto o que adveio num só-depois bem longo de experiência, teria percebido que muitos daqueles que, no pós-Lacan, assumiram responsabilidades na transmissão de seu ensino ou na pesquisa de inovações institucionais, que aqueles que afinal asseguraram do lado lacaniano a continuação da psicanálise são pessoas que tinham uma "aposta" no momento do passe, como membros do júri, ou como passadores, ou como passantes. E se tivesse tido uma distância não de dez, mas de vinte e cinco anos, não penso que Lacan pudesse ter dito que o passe foi um fracasso sob todos os aspectos.

Às vezes acontece de certos inventores geniais acreditarem buscar uma coisa e descobrirem uma coisa diferente do que buscavam. Foi com certeza o que ocorreu com o passe. O que Lacan afinal pôs em circulação, o que ele nos deu – talvez por descuido – através desse procedimento, e isto diante do que ele mesmo recuou em 1978, foi um extraordinário observatório. Por analogia com outros observatórios, chamei-o "Observatório da conjuntura transferencial", isto é, um lugar gerador de efeitos e questões não programados e não programáveis sobre todos os protagonistas do procedimento: primeiramente, o passante, que solicita uma espécie de formatura [*adoubement*] pelo júri; em seguida, os passadores, todos embasbacados por estarem ali porque o analista ali os colocou sem lhes dar outra razão senão "Pronto, você está na lista, pode recusar" – mas raras foram as recusas; enfim, os membros do júri, que não acreditam no que ouvem, pois o testemunho dos passadores sobre o que ouvem dos passantes costuma ser inaudito, isto é, tão afastado de todas as belas construções teóricas e ao mesmo tempo trazendo uma luz sobre a categoria do "real" – teorizada por Lacan em várias etapas –, ou, pelo menos, sobre aquilo que pode ser clinicamente avaliado por trás desse termo "real".

No passe, os membros do júri esperavam cercar o simbólico. Ora, o simbólico não é encontrado no passe, ou muito mal, ou muito pouco. Eles esperavam ver, nos sucessivos passes, precisar-se a função do significante, ou medir o que uma fórmula como "O significante representa o sujeito para outro significante" pode ter de peso e validade clínicas. Não há resposta luminosa quanto a isso. Em compensação, o que os passantes dizem no passe são pedaços inteiros de não-analisado, do que aconteceu paralelamente à análise. Em outras palavras, os membros do júri, que eram na École freudienne de Paris analistas de grande experiência, tinham sob os olhos uma espécie de negativo da imagem. O que o passe lhes mostrou foi, afinal, a psicanálise tal como é, e não tal como deveria ser. Para muitos desses analistas experimentados, foi uma descoberta, não uma descoberta intelectual ou teórica, mas uma maneira extremamente violenta de dar-se conta da necessidade de pensar de outro modo tanto a questão da formação dos analistas quanto a da supervisão e a do reconhecimento dos psicanalistas. É um vasto canteiro de obras aberto por Lacan em 1967, e que não se fechou até hoje.

Segundo uma expressão um pouco familiar de Diane Chauvelot, que também – se posso me exprimir assim – é uma grande praticante do passe, "O passe descabela", descabela todo mundo. Falei do júri, mas o primeiro a ser descabelado é o passante, seja nomeado ou não, o que tem, é claro, efeitos diferentes. Ele se apresenta com uma elaboração já

153

feita de sua própria análise e de seu próprio percurso, às vezes uma elaboração teórica válida, que ele por exemplo poderia ter dado na famosa monografia que evocávamos a respeito da IPA. E aí, num passe de mágica, em quatro ou cinco encontros com os passadores, isto é, pessoas no mesmo nível que ele, até mesmo um pouco aquém de seu percurso, ele mede a um só tempo o caminho percorrido e o caminho que resta percorrer, mas sobretudo apreende de maneira concreta o caminho que nunca será percorrido. Talvez seja o mais importante nessa experiência: esse luto que deve se feito de algo teoricamente muito definível, mas que aparece como um ideal inatingível quando, através do passe, são criadas as condições para que um acontecimento psíquico ocorra.

Esse acontecimento não resulta apenas de um processo de pensamento, ou até de um processo discursivo; isso também se deve ao experimentado. O que indico aí nada tem a ver com uma certa histerização da experiência, de que também se falou, a justo título em certos casos. Cada um, creio, tem sua própria apreensão da experiência do divã, que não é puramente intelectual, que põe em tensão tudo o que forma sua qualidade de ser falante, de "ser da fala", que não se limita à mera categoria do simbólico e põe em ação as duas outras – o real e o imaginário – de uma maneira que Lacan formalizou pelos "nós", uma apreensão que não é unicamente da ordem do "tudo teorizável". O que é verdade da análise é verdade *a fortiori* do passe, que, em certos casos, de maneira quase vulcânica, faz surgir essa lava do real, que a análise com freqüência só faz aflorar.

Deve-se acrescentar que, antes de criar o passe, e após tê-lo criado, Lacan propôs duas outras inovações institucionais à sua Escola: de um lado, os cartéis; do outro, a revista *Scilicet*.

O que Lacan formalizou sob o significante "cartel" foi a organização daquilo que ele chamava de "transferências de trabalho". Tais transferências existem em todo grupo, certas pessoas com vontade de trabalhar juntas, mais que com outras. Se nos referirmos ao ato de fundação da École freudienne em 1964, lá estava indicado que, para se tornar membro dessa Escola, não se devia colocar a candidatura solitariamente, mas em "cartel", isto é, com outros. Lacan constituiu a esse respeito toda uma teorização, que teve conseqüências menos importantes que o passe. Um cartel devia ser formado por quatro ou cinco pessoas mais uma, e a inovação proposta aos membros de um grupo analítico residia precisamente nessa função do "mais um", função muito importante na formalização da análise, e finalmente a mesma que a do passador. Embora a prática dos cartéis não tenha caído por completo em desuso, os resultados mesmo assim são muito aleatórios: talvez só funcione uma vez em dez, tanto que as nove outras vezes o cartel se reduz a um grupo de cinco pessoas.

Encontramos ainda a mesma idéia na terceira inovação de Lacan, que era propor à sua Escola uma revista, *Scilicet*, cuja originalidade foi com freqüência mal compreendida. Nenhum dos artigos publicados na revista era assinado, exceto os de Lacan. Sete ou oito números saíram, que eram de bom aspecto, e os artigos ainda hoje conservam um grande interesse. Paradoxalmente, aqueles que contribuíram para a revista, logo, de maneira anônima, viram seu trabalho facilitado por esse anonimato. Com efeito, como indicava Lacan no primeiro número, o anonimato dos autores garantia, na mesma oportunidade, o dos pacientes evocados através dos trabalhos clínicos. O fato de que o analista não assinava não impedia, evidentemente, que uma pessoa envolvida por uma observação pudesse se reconhecer, mas a ausência de assinatura e, logo, de citação, suprimia, em parte, os eventuais efeitos traumatizantes. Quanto a Lacan, ele assinava com seu nome para indicar que se tratava de um trabalho da Escola e, ainda que não tivesse assinado, todos teriam reconhecido seu estilo.

Eu gostaria, a esse respeito, de lhes contar uma anedota. Estão vendo a capa daquele número de *Scilicet*, que representa uma banda de Mœbius. Éramos um grupo de cinco a seis pessoas, Conté, Simatos, Melman, eu mesmo e um ou dois outros, que eu me habituara a chamar "o bando de Mœbius". Então, um dia, eu disse a Lacan: "Seria legal se essa revista, que vai mais ou menos ser a revista dos seus alunos, trouxesse em alguma parte a marca desse 'bando' para o qual o senhor trouxe muito, e que o apoiou...". No dia em que Lacan teve nas mãos o primeiro número de *Scilicet*, ele me chamou, pediu-me que me aproximasse, e me mostrou, dizendo: "Viu, o bando* de Mœbius está ali!".

F. G.: No início da nossa entrevista, você mencionou certos "àmargem" da análise, indicando que Lacan se autorizava a ter comportamentos dos quais se deveria esperar que um psicanalista se abstivesse. Na medida em que se engolfou ali toda uma série de críticas contra Lacan, talvez um pouco caricaturais, você poderia precisar o que quis dizer?

C. D.: Acho que a caricatura visa essencialmente o derradeiro período da vida de Lacan. Ele não soube parar, trabalhou até o extremo limite de suas forças, e atendeu – parece – pacientes embora estivesse muito doente. Pode-se imputar ao cansaço e à doença certas derivas claras que marcaram o fim de seu exercício, tais como as não-sessões que ele teria praticado, parece, pois nessa época eu não freqüentava mais o consultório dele e não o via muito. Mas, mesmo antes desse período terminal, é verdade, por exemplo, que ele deixava os pacientes esperando muito tempo. Ou ainda, aconteceu a todos nós, ao fim de uma sessão em hora adiantada da noite, ouvi-lo perguntar: "Acho que você está indo na direção de Montparnasse. Poderia me deixar num táxi?". Evidentemente, é muito inabitual.

Posso relatar outro incidente. Na apresentação de doentes, em 1962 ou 1963, eu estava na posição daquele que seleciona os pacientes e os apresenta a Lacan. Uma vez, quando eu já estava em análise há uns cinco anos, cheguei atrasado, vale dizer que Lacan tinha chegado e que o paciente não estava presente. Ele então me anarquizou em público: "Afinal, Dumézil, com quem você acha que está lidando? Ninguém nunca me tratou assim!". Ele estava com raiva, com muita raiva. Eu quase parei a análise. A apresentação era ao meio-dia e eu tinha uma seção à tarde.

---

* Em francês, só existe o substantivo feminino *une bande* para *bando* e *banda*. (NT)

Hesitei em ir. Fui finalmente, ao mesmo tempo fora de mim e hesitante: eu não sabia se ia me zangar à altura da zanga dele, ou se ia lhe pedir explicações. Encontrei um Lacan extremamente relaxado, sorridente, propondo-me uma xícara de chá, não sedutor, mas reduzindo o incidente à sua justa proporção. Acho que ele errara em se conduzir daquela maneira com um de seus analisandos, mas tiro para ele o meu chapéu pela maneira como recuperou o incidente. Ele não procurou minimizar a raiva, tinha ficado com raiva e reconhecia isso. Ele também fazia ali a distinção entre os três registros – real, simbólico, imaginário – e recolocava para mim as coisas no lugar, para mim que chegava cavalgando meu imaginário, com minha raiva no entanto um pouco amenizada.

Eis um certo número de coisas de que penso que esse grande homem poderia ter-se abstido. Mas, por outro lado, é verdade que, ao sair da assepsia segundo a qual o analista ideal seria sem cheiro, sem cor, sem sabor, de uma neutralidade perfeita, seu consultório nada devendo – ou quase nada – revelar de sua personalidade, Lacan mostra que esse "puro ouvido" evidentemente é uma função mítica. Entretanto, não é qualquer um que pode se permitir as fantasias que se permitia Lacan. Eu, por exemplo, não posso, não sei fazer isso; ainda que, quando converso com colegas sobre a minha maneira de agir, sinto que alguns ficam um pouco chocados de ver que, ainda que a minha atitude seja antes "benevolente", ela nem sempre está impregnada de uma total "neutralidade". Mas se a análise for de fato essa problematização do discurso descrita por Freud e Lacan, então tudo pode ser analisado, inclusive aquilo que o analista deixa passar daquilo que é seu "estilo".

A única coisa que é impossível transgredir, parece-me, sobre a qual não é imaginável transigir, e sobre a qual – a meu conhecimento – Lacan era igualmente draconiano, é a questão do corpo. Não se deve tocar o corpo do paciente. A transgressão maior consiste, evidentemente, no fato de uma relação sexual se estabelecer entre analista e analisando. Não tenho testemunho direto ou evidente de que isso tenha acontecido na prática de Lacan, mas falam disso. Seja como for, esse tipo de caso não é particularmente lacaniano, já que se sabe que, segundo testemunhos certos, tais passagens ao ato existem em outros lugares. Aliás, como poderiam não existir? Tais "acidentes de trabalho" nada têm de impensável. Têm por efeito pôr um termo nas análises em questão; as conseqüências não são anódinas para ninguém.

Parece-me que Lacan tinha um respeito considerável pela relação do analisando com seu próprio corpo. Sei que também se disse que, no fim da vida, ele às vezes socava os pacientes. Ouvi dizer, mas nunca vi, e não conheço pessoalmente alguém que tenha sido agredido. Isso foi "teorizado" por certos discípulos, próximos dele nesse último período, que viram nisso a batida de um mestre zen... Pode-se dizer tudo o que se quiser. Acho simplesmente que, se Lacan fez "merda" no fim, foi porque estava doente e não estava mais em toda razão.

Mas o Lacan que nos interessa, isto é, em plena posse de suas faculdades, era um praticante com um respeito absoluto pelos pacientes e muito aberto a toda demanda de análise. Era um dos raros, em sua posição, a não impor longas esperas quando lhe formulavam uma demanda de análise. É verdade que a sua prática de sessões de duração variável, ou de sessões bem encurtadas, permitia-lhe atender muita gente. Glosou-se abundantemente a esse respeito. Na última biografia publicada, calculou-se até o quanto ele podia ganhar por dia. Naturalmente, de brincadeira, nós todos fizemos esse cálculo em nosso tempo e ninguém chegou à mesma ordem de grandeza. Na verdade, que importância tem isso, exceto para o fisco?

A experiência pessoal que tive de Lacan é aquela de alguém que respondia certamente mais que qualquer outro à definição correta da neutralidade, isto é, a aptidão para tudo ouvir, não com um puro ouvido, mas com ouvido igual, o que é a outra face da regra fundamental. Aconteceu-me ficar na sala de espera de Lacan com pessoas manifestamente muito doentes, pois ele pegava psicóticos, o que muitos de nós hesitam em fazer. Na verdade, muito mais que as somas de dinheiro que ele podia ganhar, o que me impressionava nele era a força do trabalho intelectual e teórico que ele desenvolvia, além de uma prática realmente importante e muito extensiva.

Reduzir o número de seus pacientes ao dinheiro que lhe rendiam é fazer-lhe uma reprovação com certeza inevitável, mas desonesta em seu fundo, pois ele tirou de apuros muita gente que ninguém poderia ter ajudado. Assumiu riscos enormes, riscos que às vezes foram sancionados pelo fracasso que todo psicanalista teme, o de que um paciente ponha termo à própria vida. Aconteceu com Lacan, como aconteceu com outros. Ele pegava pacientes a preços favorecidos pelas somas cobradas de outros, pois ele mantinha um certo equilíbrio e modulava os honorários de maneira bem ampla. Em suma, guardei de Lacan a lembrança de um homem "honesto", em todos os sentidos do termo.

EMIL WEISS: Como se explica que, após a morte dele, apesar da veneração, do reconhecimento e do respeito que têm por ele as sucessivas gerações de seus discípulos, os caminhos tenham se separado em diversos "bandos"?

C. D.: Quero aqui fazer um reparo. O que testemunhei nesta entrevista foi mais consideração que respeito. "Respeito", talvez esteja aí um de meus defeitos, não estou seguro de saber experimentar. Poderíamos também falar de uma grande dívida; aí ainda, acho que o termo é impróprio, porque, se dívida há, ela se quitou aos poucos, e o que Lacan me trouxe, ele "cobrou" por isso. É certo que se pode falar de uma dívida coletiva, do movimento analítico por completo, a IPA inclusive, mas não de dívidas individuais.

Aliás, estava incluso na própria prática de Lacan deixar isso entendido, pois, ao inventar um procedimento como o passe, ele de certa maneira se desapossava da ferramenta suprema, que é de ser o juiz principal do término de uma análise. É claro, nenhum analista se autoriza verdadeiramente a decretar que uma análise está acabada, ainda que eu não esteja seguro de que, em certas comissões de estudos, o analista não seja consultado sobre a validade da análise de um candidato. Disso, em todo caso, Lacan se livrou por completo, por um lado ao dizer que o analista só se autoriza por ele mesmo e por alguns outros, por outro lado ao criar as estruturas próprias para que esses alguns outros tivessem sua palavra a dizer.

Afinal, esse desapossamento é um elemento de resposta à dupla questão da dívida e dos enfrentamentos que se seguiram à morte de Lacan. Com efeito, todos os que dele se aproximaram, como analisando, sob supervisão, como aluno, ou simplesmente ouvinte dos seminários, se sentiram proprietários de uma parte de seu ensino. Daí as batalhas ferozes que ocorreram.

E. W.: É possível ver nisso uma certa forma de reações de idólatras com o desaparecimento do ídolo?

C. D.: Eu ficaria muito decepcionado se tivesse dado essa impressão.

E. W.: Não, você não deu...

C. D.: Ah! é possível, embora eu pense ter sido ajudado pelo próprio Lacan a escapar a essa tentação. É verdade que, sendo mais jovem, como outros em certos momentos, sucumbi a um certo mimetismo. Isso deve diverti-los, pois, se vocês viram fotos de Lacan, podem constatar que de fato não pareço com ele fisicamente. No entanto, quando eu tinha entre trinta ou trinta e cinco anos, eu achava que ele se vestia com elegância, tive meu período de nó borboleta, meu período charutos, mas não torcidos! Lacan permitia que atravessássemos esse tipo de fantasia de identificação. Ao passo que, na IPA, um dos critérios do fim de uma análise era a identificação com o analista, um dos balizamentos proposto por Lacan é a travessia da fantasia, essa em particular.

Posso dizer que pertenci a uma geração muito privilegiada e ao mesmo tempo um pouco sacrificada, com certeza porque presa demais em algo que estava se construindo; presa demais, isto é, não tendo tido no momento distância suficiente para fazer valer, para publicar um pensamento pessoal. Os que são um pouco mais antigos que eu puderam fazê-lo, os mais jovens também. Eu só posso fazê-lo há treze anos* : com a dissolução, com a morte de Lacan, eu efetivamente liquidei essa proximidade, que não é apenas uma proximidade transferencial, mas realmente um "aprisionamento no olho do ciclone". Acontece que eu estava no divã dessa pessoa no momento em que ela produzia isso tudo. Lá não estava sozinho, éramos – como eu lhes disse – legião naquele divã, e os analisandos da minha geração com certeza tiveram um tempo de sideração, depois um tempo de digestão daquilo de que participavam.

"Lacan nos fez e nós fizemos Lacan", segundo a fórmula justa que encontrou Alain Didier-Weill antes que começássemos esta entrevista. Por causa disso, fomos um pouco marginalizados. A partir dessa marginalidade, cabe a nós nos colocarmos em ação, fazer o que fizemos há dez anos, isto é, assumir responsabilidades no movimento analítico e contribuir para escrever a continuação. Mas não trabalhamos sozinhos: vocês ouviram falar dos movimentos interassociativos e europeus, que tentam federar as energias dispersas. Há um saneamento, e não é mais o grande espalhamento de há sete ou oito anos. Em todos os grupos humanos que foram marcados por um personagem carismático, como era Lacan, cada um quer um pedaço da verdadeira cruz e o disputa com os outros, afirmando que eles não têm o bom pedaço. São problemas de transferência, mas também de influência, problemas de clientela, pois há também mercados por trás de todos esses enfrentamentos, não são unicamente querelas científicas.

Quanto às interpretações diferentes da obra de Lacan, é preciso finalmente ficar feliz com isso, pois, se Lacan não era muito pródigo em prescrições, há pelo menos uma que ele nos deu: a de não adormecer, de não se instalar no conforto. Vocês sabem, o analista trabalha numa poltrona; logo, é fácil para ele adormecer, sobretudo depois das refeições! Do modo mais sério, ainda que permaneçamos vigilantes, existe a tendência de nos acomodarmos numa situação social em suma bem privile-

---

* Esta entrevista foi realizada em 1994. (NT)

giada. Ora, o ensino de Lacan age como um decapante sobre esse tipo de tentação.

E. W.: No âmbito da criação, artística ou literária, é possível pôr de lado a personalidade de um Céline ou de um Brasillach para considerar apenas o talento ou o gênio. É igualmente imaginável para um psicanalista?

C. D.: Não, não penso. Um analista existe pelo menos em três níveis: primeiro, no exercício de sua função na poltrona, isto é, como praticante; em seguida, num exercício institucional, enquanto responsável pela transmissão dos trabalhos e pela formação dos analistas; enfim, numa obra pessoal, ou antes, numa elaboração, pois as verdadeiras obras de psicanálise ainda podem ser contadas nos dedos das duas mãos. O analista é reconhecido simultaneamente nestes três registros: sua produção intelectual, seu investimento institucional e sua prática de analista. Não é muito possível isolar o primeiro registro, como se faria para um escritor, ou até para um filósofo ou um pesquisador que se ilustrou nas ciências humanas. É por essa razão que o empreendimento biográfico sobre Lacan é de fato extremamente delicado, e talvez até contestável em seu princípio. A hipótese de que a vida de uma pessoa se comunica com sua obra é certamente interessante; no entanto, no caso de um analista, é com certeza o inverso que acontece, vale dizer que é o engajamento dele numa prática, numa instituição e numa obra que determina sua vida!

Perguntem aos cônjuges dos analistas, eles lhes explicarão que a vida dos analistas é uma vida totalmente determinada pelo investimento que eles fazem nessa prática, um pouco particular, é preciso bem dizer, e que não se assemelha a nenhuma outra.

Entrevista com Maud Mannoni

Maud Mannoni, psicanalista, foi notadamente formada nos anos cinqüenta por Jacques Lacan, Françoise Dolto e Donald Winnicott. Membro da IPA, membro da École freudienne de Paris, especialista em psicanálise de crianças, criou em 1969 a Escola experimental de Bonneuil-sur-Marne para crianças psicóticas ou "difíceis". Após a dissolução da École freudienne, funda, com Octave Mannoni, seu marido, e Patrick Guyomard, o Centre de formation et de recherches psychanalytiques (CFRP). Em 1994, uma cisão do CFRP dará nascimento, em torno dela, à associação Espace analytique. Diretora da coleção "L'Espace analytique" na editora Denoël, publicou muitas obras marcantes, dentre elas L'Enfant arriéré et sa mère *(Le Seuil, 1964),* L'Enfant, sa "maladie" et les autres *(Le Seuil, 1967),* Éducation impossible *(Le Seuil, 1973) e, mais recentemente,* Ce qui manque à la vérité pour être dite *(Denoël, 1988).*

ALAIN DIDIER-WEILL: Como aconteceu o seu encontro com Lacan?

MAUD MANNONI: Eu viera a Paris com uma bolsa da Columbia University e quis encontrar Dolto. Consegui vê-la no Hospital Trousseau. Octave me apresentou o círculo parisiense que gravitava à volta de Lacan.

Lacan estava muito interessado por Dolto, porque ele sempre estava à espreita de algo da ordem de uma prática que tivesse escapado à sua teorização. Foi ele quem me pediu, a partir de diferentes comunicações que eu havia feito sobre a criança retardada e sua mãe, para fazer análise com ele. O que o interessava era meu trabalho clínico. Logo, foi por desejo de Lacan que o encontro ocorreu.

A. D.-W.: Não é pouca coisa um analista pedir a alguém para fazer uma análise.

M. M.: É, não é muito ortodoxo. Além do mais, eu era, naquele momento, membro integral da IPA*.

A. D.-W.: O que a fez aceitar?

M. M.: Eu não hesitei. Era alguém de quem eu gostava muito, e ele me pedia isso para saber mais. A coisa se deu naturalmente, não posso sequer dizer o que me fez decidir.

Alain Vanier: Em seu livro *O que falta à verdade para ser dita*[1], você diz de sua análise com Lacan: "Quanto à minha análise, após a minha nomeação como analista da Internacional[2], ela continuou então com Lacan… Não tenho muita coisa a dizer sobre isso, pois, a esse respeito, algo do que quer ser dito não pode, ao mesmo tempo, sê-lo".

M. M.: Digamos que era um encontro que nada tinha a ver com relações puramente profissionais. Era um presente inestimável que alguém de seu valor se interessasse pela demanda balbuciante de uma iniciante. Ele dava, assim, uma lição aos analistas: estou longe de ter

---

[1] *Ce qui manque à la vérité pour être dite*, Denoël, 1988.
[2] Para International Psychoanalytical Association, ou IPA.

por eles a estima que eu tinha por Lacan. Atualmente, estamos no desprezo generalizado no mundo analítico, com a acentuação de éticas diferentes.

A. V.: Você diz igualmente, a respeito dessa análise com Lacan, que, no fundo, o que resultou de mais importante foi a escrita...

M. M.: O importante foi o fato de Lacan ter estado, como terceiro, entre Dolto e eu. O que me permitiu evitar o que acontece com os alunos de Dolto, ficar presa numa fascinação do mestre que leva a reproduzir os mesmos tipos de intervenção do analista, reproduzindo-os em eco, embora cada analista tenha de se reinventar com o paciente. E a maneira como um se reinventa não é a mesma que a do outro.

O que foi catastrófico, no que se viu de uma certa deriva do kleinismo[3], é que os alunos utilizavam de maneira estereotipada interpretações que, no contexto da personalidade de Klein, não eram vividas como "persecutórias", mas que assim se tornavam quando eram feitas de uma certa maneira – essa maneira estereotipada. Como se apertássemos o botão de um computador para ter a resposta. Com Dolto é a mesma coisa. Mas ela não pedia a seus alunos que fizessem como Dolto.

O fato de estar falando com Lacan do que se passava com ela permitiu-me, sem que ele tivesse desejado, unicamente porque ele estava ali, como suporte de um discurso que se mantinha, procurar uma língua na qual traduzir a minha experiência. A função essencial que ele preencheu foi de estar ali, de abrir uma possibilidade de tradução do que acontecia.

A. D.-W.: No que você ouvia de Lacan, ao que você era mais sensível?

---

[3] Corrente da doutrina e da clínica freudiana que agrupa os partidários de Melanie Klein (1882-1960), que notadamente "inventou" a psicanálise de crianças.

M. M.: Uma maneira de ser. Ele me dava todos os seus seminários estenografados, e eu era "corrigida" pelo que ele dizia. Isto dito, sempre tive, ao contrário do meio parisiense, Winnicott[4] como referência maior.

A. V.: Há algo ainda que me chamou a atenção, no livro já evocado, ao relê-lo. Tem a ver com o fato de que você sempre foi bem marginal, jamais presa por completo nos efeitos de grupo, como se, em razão do seu trabalho com Winnicott, que era um pouco excepcional para alguém que trabalhava na França...

M. M.: Meu trabalho com Winnicott se fez por instigação de Lacan.

A. V.: E o seu interesse pela antipsiquiatria veio de Winnicott?

M. M.: Laing[5] era aluno de Winnicott. Em seu percurso, houve uma etapa em que ele fazia a apologia da droga, do que Winnicott se separou. Em seguida, Laing passou de novo pela Índia e de lá voltou purificado. Foi por instigação de Lacan que fui ver Winnicott, e foi graças a Winnicott que conheci Laing e Cooper[6].

O congresso sobre as psicoses infantis que eu havia organizado com Ginette Rimbaud era um presente que eu tinha vontade de dar a Lacan. Nós o instalamos sem nenhum recurso financeiro, na maior solidão. Winnicott devia participar desse congresso, mas outros analistas franceses fizeram uma chantagem com ele, a respeito de uma publicação na Gallimard... Winnicott, maliciosamente, enviou Laing e Cooper, que só podiam passar por provocadores para os analisas "burgueses" vindos da era vitoriana que ali estavam. O que foi completamente inaudito

---

[4] Donald Winnicott, pediatra e psicanalista britânico (1896-1971), apaixonado notadamente pela psicanálise de crianças, apoiou a corrente da antipsiquiatria.
[5] Ronald Laing (1927-1989) foi um dos principais artesãos do movimento antipsiquiátrico.
[6] David Cooper foi, com Ronald Laing, o fundador do movimento antipsiquiátrico britânico.

é que, durante esse congresso, Cooper estava meio bêbado e Laing meio drogado. Estavam ali, com todos os seus alunos, no meio dos analistas que estavam tão escandalizados que queriam interromper o congresso. Este foi salvo graças a Lacan. É preciso dizer que ele fora formado pelos surrealistas e que achava que, de fato, não se podia encontrar melhor ocasião para interrogar os analistas e colocá-los diante de suas próprias presunções. Lacan pagou o coquetel que aconteceu no fim. E concluiu esse congresso, do qual havia bem sentido o que era, algo como uma homenagem que tinham querido lhe prestar. Não se esperava nada em contrapartida. Mas algo veio: ele pronunciou ali um de seus mais belos discursos, introduzindo este fato de que era preciso reconhecer a existência do louco e da criança em cada um de nós. É certo que, se não puder haver o louco e a criança em nós, isso faz analistas imóveis.

A. V.: Já em 1967, sempre lendo-a, temos a impressão de que Lacan a apoiou, incitando-a a ficar tal como era, sem ser o mestre que busca modelar o aluno. Temos a impressão de que foi graças a isso que você pôde desempenhar o papel da provocadora ou da estrangeira que chega para perturbar o jogo. Penso, em particular, em suas intervenções em instituições psiquiátricas como Ville-Evrard ou Thiais...

M. M.: Para Ville-Evrard, é preciso ser menos exigente. Eu estava muito impressionada com o *savoir-faire* de Hélène Chaignaux. Hélène Chaignaux de fato era alguém. Ela me deu uma liberdade completa, inclusive a de me pôr em perigo. Lembro-me da entrevista memorável que eu tive com um paranóico da enfermaria, que conseguiu se trancar comigo numa sala; eu só consegui me libertar graças à intervenção de um dos enfermeiros, que arrombou a porta. Hélène Chaignaux permitiu que eu utilizasse a subversão do discurso do paciente, isso é que era interessante.

Em Thiais, era diferente. Eu lá me engajei com analistas reconhecidos no meio parisiense, por serem entendidos em matéria de psicose. Formávamos uma pequena equipe, estávamos muito contentes com o que deveria ser instalado. Mas, bem rápido, dei-me conta, ao fim de três meses, de que nunca houvera tantas vidraças quebradas no estabelecimento. Foi ali que entendi que a análise não era praticável em instituição.

Quando pedi para almoçar com os educadores, uma educadora me disse: "Gostaria muito de que almoçássemos juntos, mas sobretudo de que não falássemos". Ela só cuidava de crianças autistas que não falavam, e fiquei intrigada. Interessada pelo trabalho de campo dos educadores, fui ensinada por eles. Perguntei-lhes, se lhes fosse dada a escolha de organizar a vida da casa, o que desejariam fazer. Todos me disseram: "iríamos à feira, cozinharíamos, faríamos tudo menos ficar com a classe daqueles diagnosticados como autistas ou débeis".

A situação sob a égide da Salvaguarda da infância era completamente aberrante. Na verdade, compreendi, num só-depois, que a direção me chamara com uma equipe de analistas de prestígio unicamente para amordaçar os educadores. Não foi possível porque, ao fim de três meses, pedi que fossem os educadores que organizassem o horário e criassem o que tivessem vontade de colocar em prática. Foi então que recebi uma carta registrada, que me retirava a direção da equipe psi. Os psi foram embora, alguns educadores pediram demissão, e foi o que esteve na origem da criação de Bonneuil[7].

A subversão não é nem um pouco uma vontade consciente, é uma maneira de ser interpelado por acontecimentos.

A. V.: Lacan a apoiou?

M. M.: Apoiou. Aliás, ele aparece no filme *Viver em Bonneuil*.

A. V.: Como aconteceu com ele no início dessa experiência?

---

[7] Fundada por Maud Mannoni, a Escola experimental de Bonneuil, para crianças e adolescentes psicóticos ou "difíceis", levou a cabo, a partir de 1969, uma experiência de inspiração antipsiquiátrica.

M. M.: Ele me apoiou, como apoiava o meu trabalho. Veio a Bonneuil, estava interessado por aquele lugar contestador, à maneira como fora marcado pelos surrealistas.

A. D.-W.: Como você interpreta o fato de que Lacan, que fazia um discurso tão subversivo, tivesse deixado se estabelecer, na École freudienne, um discurso que não era mais subversivo?

M. M.: Acho que aconteceu a mesma coisa que para os alunos de Dolto: os alunos de Lacan, aos quais faltava, por outro lado, a cultura filosófica e clínica na qual se fundava a sua teoria, só retiveram dele a prestância intelectual. O que os levou a um lance maior: ser ainda mais inteligentes que o mestre.

Esse mimetismo é encontrado na América do Sul. Existem duas categorias de analistas argentinos. Foi o que Octave e eu observamos recentemente quando fomos à Argentina. Ora, a rigor, entendíamo-nos melhor com os analistas da IPA que com certos analistas do grupo de Oscar Massota[8], com freqüência puros produtos intelectuais, geralmente filósofos, que conheciam Freud, Marx e Lacan de cor.

A. V.: Em 1971, Lacan lhe escreve: "Se você tivesse assistido a meu seminário, veria que o que enuncio – que suporta mal o termo teoria – está feito para responder à situação muito séria que você sente muito bem, talvez eu faça um balanço da situação na quarta-feira dia 30". Ele terminava dizendo: "Em todo caso, acredite que não perco nada daquilo que você me diz ou me escreve". Um ano antes, você lhe escrevia para lhe dizer isto (de qualquer modo, é raro na correspondência de Lacan): "Para que vivesse a escola Lacan seria preciso que ela não fosse mais uma sociedade secreta, o que pede uma reforma da mentalidade, a

---

[8] Filósofo argentino, introdutor do trabalho e do pensamento de Lacan na Argentina e na Espanha.

começar por você. Você é velho demais para mudar, mas os outros ainda são mais velhos que você. Quanto a Vincennes[9], vamos nos dar conta das coisas quando for tarde demais. Posso lhe dizer o que seria preciso para tornar a Escola viva, mas é com você mesmo que você se encontra em dificuldade, pois não quer que toquemos nisso. Embora não toquemos nisso, a Escola, seus analistas, seu ensino estão em via de se tornar o museu Grévin". Como você comentaria isso?

M. M.: É o tipo de relações que tínhamos.

A. D.-W.: Segundo você, que esperança tinha Lacan ao criar a seção clínica do departamento de psicanálise de Vincennes? O que ele esperava daquilo?

A. V.: Sobre a seção clínica e a retomada das apresentações de doentes, você tinha intervindo publicamente...

M. M.: Eu era contra as apresentações de doentes, como Winnicott. Parecia-me impensável que analistas pudessem pôr, assim, em apresentação, um objeto médico que deveria ilustrar um ponto de teoria. No entanto, Winnicott, como Dolto, tinha oferecido a possibilidade, a um número reduzido de pessoas, cinco ou dez conforme os momentos, de assistir ao seu acolhimento dos pacientes. Mas ficando bem discretos, sem fazer funcionar a dimensão do coro antigo.

A. V.: A propósito das apresentações de doentes, Lacan dizia que, afinal, o que elas lhe permitiam ouvir era aquilo que seus analisandos lhe traziam da apresentação e que ele não tinha ouvido...

---

[9] Departamento de psicanálise de Paris VIII, criado no quadro da Universidade experimental de Vincennes no final de 1968.

M. M.: Minha carta a Lacan dizia respeito sobretudo aos analistas que tinham sido nomeados para intervir em Vincennes. Aqueles que se achavam em Vincennes, em vez de estar ali como professores, brincavam de ser analistas, o que era, a meu ver, profundamente pernicioso. Pois só se é analista dando prova de grande modéstia, e com um paciente. É porque o analista ocupa, em algum lugar, uma posição um pouco humilde que ele pode ouvir o outro.

A. D.-W.: Por que Lacan queria estar na universidade?

M. M.: Porque devia ter desejado, em algum momento, como Freud, um reconhecimento universitário. Só que as pessoas que ele colocou lá foram incapazes de ocupar com seriedade o lugar que lhes era oferecido. Considero que só em Paris-VII é que pôde existir um autêntico ensino de psicanálise.

Os analistas, pelo não-trabalho, deixaram passar, em Vincennes, a oportunidade de dispensar um ensino válido. Era Leclaire, ainda, quem "garantia" mais entre os que lá estavam. Se Jacques-Alain Miller pôde em seguida retomar a cátedra de ensino, foi bem porque, até ali, não se ensinava.

A. D.-W.: O que você achou da experiência do passe*? Na sua opinião, ela conseguiu, durante um tempo, manter algo da subversão que Lacan desejava preservar?

M. M.: Ela não chegou em um momento qualquer do trajeto de Lacan. Ele talvez não tivesse mais, então, o mesmo interesse por seus analisandos quanto no início, estava interessado pela maneira como os outros analistas, com seus analisandos, tratavam a questão do fim da análise, no caso, o que passava nesse trajeto que, no só-depois, podia se afigurar didático. Logo, ele se interessou em apreender a maneira como um outro podia dar conta disso. Aquilo com o que eu não estava de acordo era com a idéia de escolher pessoas que estavam em análise para carregar o peso, mesmo assim enorme, do passador, que devia relatar diante de um júri aquilo que o passante lhe havia contado. Nesse júri, todos estavam indiferentes, exceto Lacan.

A. V.: Você teve analisandos que foram passadores? Você deu nomes?

M. M.: Não sou nem um pouco a favor do passe como instituição. Em Bruxelas, ou em outros lugares, a École de la Cause*, assim, realiza, na verdade, a instalação de uma seita.

A. D.-W.: A única indicação específica que Lacan teria dado, para explicar a dissolução da Escola, consistiu em evocar o fracasso do passe. O que se deve pensar disso?

M. M.: A dissolução* da Escola foi pronunciada num certo momento do percurso de Lacan. Não sei se foi ele ou Miller quem a pronunciou, prefiro não me estender sobre isso. O fracasso do passe? Foi por ter sido interpelado pelos acidentes que aconteceram, em particular o suicídio que ocorreu. Houve, em *Les Temps modernes*, intervenções sobre esse dispositivo instalado, que punha, dizia-se, a vida das pessoas em perigo.

Eu teria muito a dizer sobre os analistas do júri que tinham de receber o testemunho do infeliz passador. Eles estavam presentes porque fazia parte do trabalho honrar as nomeações que Lacan tinha querido. Mas estavam petrificados num tédio mortal. O único interessado, eu já disse, era Lacan. Nessa época, na École freudienne, não havia mais possibilidade de mostrar a experiência analítica a não ser junto dele.

Entrevista com Michèle Montrelay

Michèle Montrelay, psicanalista, vai ficar na École freudienne de Paris de 1965 até a sua dissolução em 1980, cuja forma não estatutária ela vai contestar através de um mandado de segurança junto com um grupo de membros da instituição. Próxima de Jacques Lacan, ela participou, notadamente, da experiência do passe a um só tempo enquanto "passante" e como membro do Júri do passe. Autora de vários artigos marcantes, notadamente sobre a sexualidade feminina, publicou, em 1971, A sombra e o nome *nas Éditions de Minuit.*

ALAIN DIDIER-WEILL: Poderia me dizer o que a levou a encontrar Lacan?

MICHÈLE MONTRELAY: Fui ao seminário*. Era o sexto ano de minha análise, em 1964. Por mais curioso que possa parecer, eu não conhecia mais ou menos nada da teoria psicanalítica. Meus conhecimentos reduziam-se a dois ou três livros de Freud. Na verdade, eu estava persuadida de que quando se faz uma análise é de rigor abster-se de toda leitura a respeito. Meu analista não me havia feito mudar de opinião. Logo, fui escutar Lacan porque eu havia recebido o anúncio da fundação da École freudienne*. Achei-o na minha caixa de correio e não entendi muita coisa. Eu não conhecia absolutamente nada das instituições, das cisões* que acabavam de ocorrer.

Esse anúncio, ou outro que se seguiu, comunicava as datas do Seminário. Fui. E aí fiquei absolutamente tomada pela força, pela inspiração, pela riqueza daquela fala, daquele pensamento que acontecia ali em estado nascente. Comprei a revista *La Psychanalyse* e comecei a ler um de seus artigos. Era incompreensível. Talvez em razão de minha formação de letras clássicas, a estrutura das frases, a analogia que tinham com a sintaxe latina me impressionaram. Pensei: tentemos ler como se eu estivesse trabalhando um texto de Tácito ou Cícero, ou ainda de Tulcídides, aquém de toda significação, no nível da sintaxe e das diversas articulações. Na mesma oportunidade, o texto se abriu, liberou sentido. Sentido que, evidentemente, me remetia à minha análise, mas não apenas: a outros textos literários e filosóficos, à pintura ou ao cinema, Godard, por exemplo. Será que eu estava enganada? Eu tinha que saber. Logo, no fim de um dos seminários, vou ver Lacan, digo que desejo encontrá-lo. Vocês sabem como ele era, ele se mostrou maravilhado e me disse: "Mas certamente, venha então. Me telefone".

Cheguei à casa dele. É claro que ele perguntou quem eu era. Falei-lhe... de meu pai! E isso por duas razões. A primeira é que meu pai, filósofo e ex-aluno da École Normale Supérieure, tinha conhecidos em comum com ele, notadamente a família de Merleau-Ponty. Além disso, alguns anos antes, quando Lacan ainda não tinha a vasta audiência que teve mais tarde, meu pai lhe havia escrito para lhe dizer algo como: no nível do pensamento, existem você e Heidegger. Lacan lhe havia respondido de Saint-Tropez com um cartão que começava por "Caro amigo de sempre…". Na época, para financiar a minha análise, eu fazia para os industriais estudos de grafologia. Acontece que Lacan estava interessado. Trouxe-me duas cartas e perguntou-me o que eu pensava. Depois disso, pediu-me para escrever um pequeno texto sobre "Escrita e pulsão".

Lembro-me também, ele me perguntou que filósofo me havia interessado mais nestes últimos anos: "Kant. – Por que Kant? – Porque ele escreve no relançamento constante de um enigma a ser descoberto, como num romance policial". Evidentemente, eu não podia compreender por que ele parecia tão interessado. Ele logo foi buscar um folheto de seu artigo "Kant sobre Sade[1]", que me deu.

Estou lhes falando dos artigos de Lacan. Na época, ele ainda não havia publicado seus *Escritos*. Estava sendo solicitado por François Wahl e pela editora Le Seuil. Mas, embora tivesse avançado bastante em seu projeto de publicação, continuava a hesitar. Seu ensino era oral. Ele se perguntava o que a passagem à escrita ia dar. Também hesitava entre vários títulos. Finalmente, escolheu *Escritos*. Quando o livro foi publicado, lembro-me, ele me disse tê-lo enviado com dedicatória a De Gaulle, que ele admirava.

A. D.-W.: Nessa época, ele acabava de criar sua Escola.

M. M.: É verdade, bem exato. Ele se perguntava se havia feito bem ou mal. Falava daquilo que arriscava se tornar "uma máquina pesada". Fora isso, gostava da palavra Escola. Ele queria romper com a instituição tradicional.

A. D.-W.: Como ele exprimia seu temor?

M. M.: Que eu me lembre: "Os dados estão lançados". E, sobretudo: "O que eles vão fazer com isso?". Era sempre "eles". "Eles me aprontaram mais esse golpe", etc.

A. D.-W.: Saberia dizer no só-depois o que a atraiu na relação desse homem com a fala?

---

[1] Publicado em 1966 em *Écrits* (Seuil).

M. M.: Com ele, eu estava constantemente na surpresa. Surpresa pelo movimento, pela dinâmica e, num certo sentido, pela obstinação de seu pensamento. Mas na conversa o que me surpreendia de modo mais feliz era – como dizer? – que ele não era um intelectual. Não gosto dos intelectuais, os profissionais do pensamento, os recrutados. Na época, havia muitos: os marxistas, os herdeggerianos, alguns partidários de Sartre... os lacanianos. O lado dogmático de Lacan, de minha parte, nunca o conheci. Era um homem imensamente dotado, grande trabalhador, que amava a vida. Falávamos de um quadro, de um filme, de um romance e, pouco a pouco, ele buscava, formulava uma intuição, afinava um conceito, tudo isso bem próximo da vida e de seu impulso. O que me vem, vocês constatam, é a palavra "vida". Sim, uma força de vida, de ação emanava dele. Além disso, deve-se bem dizer, o que se chama o "gênio", esse *daimon*, esse sopro que o superava, que atravessava a sua fala. Não sem as bruscas fraturas que, num raio, deixavam passar angústia. Lacan sabia o que era a angústia, o que está longe de ser o caso geral para os analistas...

Eu ficava igualmente surpresa pela maneira como ele me escutava. A mesma, com certeza, que aquela que doava a seus analisandos. Sua escuta me abria para minha verdade de sujeito. Era como se eu descobrisse por mim mesma perspectivas que eu ignorava. Por mim mesma, mas, ao mesmo tempo, pelo Outro, infinitamente próximo e longínquo. Voltam-me à lembrança perspectivas que se abrem em cada aléia do parque de Versalhes onde com freqüência passeamos. Ele adorava o século XVII. Eu também. Nunca a língua foi mais bela. Tínhamos o mesmo gosto, por exemplo por Bossuet. Ele conhecia extremamente bem, o que me espantava, os textos sagrados, inclusive o Novo Testamento, que nos dava matéria para discussão. Nem sempre tínhamos o mesmo ponto de vista.

Mas, a seu respeito, há uma palavra que eu já deveria ter empregado: generosidade. Comigo, como com muitos outros, ele foi de uma incrível generosidade. Talvez ele em parte tenha me dado o que eu possuía mas sem ousar pensar que podia ser meu. Será que isso não é a maior generosidade? Vou lhes dar um exemplo. Muito rápido, Lacan me confiou o seminário "As formações do inconsciente[2]" para que eu fizesse um resumo em vista de uma publicação. Esse seminário era importante para ele porque estava no momento decisivo entre duas épocas: aquela em que a Fala e o Significante ocupam o primeiro lugar e aquela em que a categoria do Real se elabora, ganha cada vez mais importância. Comecei fazendo uma primeira transcrição do seminário. Eu tentava bem ser fiel a Lacan, mas não conseguia. Na verdade, eu o repensava, o reescrevia à minha maneira. Impossível fazer de outro modo. Lacan poderia muito bem ter-me dito naquele momento: "Pare". Ele não fez isso. Ele lia o que eu escrevia. Falávamos daquilo. Particularmente do que me impressionava mais: o fato de que o objeto metonímico está em seu pensamento na origem do objeto pequeno a*, o que acarreta muitas conseqüências nas quais os lacanianos não pensam. Lacan me escutava, aprovava ou não, me indicava outros textos, outras pistas. Tal maneira de proceder, de guiar meus primeiros passos no que era, na época, para mim a floresta virgem de sua teoria, é isso a generosidade. Não se tratava apenas de compreendê-la, ainda menos de identificar-me com ela. Lacan me deixou pensar não lacaniano mas à minha maneira. Meses mais tarde, ele me disse: "Na verdade, o que você escreve é muito pessoal. Você tem um estilo". "Estilo" foi a palavra que ele empregou. O que era uma maneira muito gentil de me dizer que eu não era aquela que era preciso para assumir aquela tarefa de transcrição; extraordinariamente difícil, deve-se bem convir.

A. D.-W.: Foi você quem falou com Lacan pela primeira vez do livro de Marguerite Duras, *O arrebatamento de Lol V. Stein*, que aliás vai lhe inspirar um texto[3]. Por que razão?

---

[2] Seminário de Jacques Lacan do ano 1957-58, inédito.
[3] "Hommage fait à Marguerite Duras du *Ravissement de Lol V. Stein*", publicado nos *Cahiers Renaud-Barrault* em 1965.

M. M.: Eu de fato lhe trouxe o romance de Marguerite Duras. Parecia-me que Lol ocupava, bem perto da psicose, numa encenação perversa, o lugar do objeto *a*. Eu achava que ele se apegaria de imediato, e foi o caso. Ele poderia ter-se apossado do texto, mas não o fez. Disse-me: "Isso é para você. Fale dele no meu seminário daqui a quinze dias". Vocês imaginam como eu estava nervosa... Aconteceu antes do episódio da transcrição do Seminário. Eu estava muito pouco preparada teoricamente. Mas, enfim, era, como se diz, o "fim" da minha análise, o momento de brotamento das intuições, das idéias, no medo, no tremor, mas também na alegria.

Além disso, Lacan tinha sua maneira de nos deixar tranqüilos, que vocês devem ter conhecido: "Você faz parte da nova geração, daqueles que compreendem assim, espontaneamente, o que eu digo, que estão 'por dentro'". Essa exposição foi muito bem recebida. Mal eu acabara de falar, Félix Guattari me pediu o texto para sua revista. Eu estava extremamente espantada. Não media absolutamente em que aquilo que eu dizia e que, no essencial, se referia ao objeto metonímico e ao Real tinha algo novo. Eu pensava que os analistas que me escutavam sabiam daquilo não tanto, mas mais do que eu. Eu era muito ingênua.

A. D.-W.: Entendo sem dificuldade que o seu encontro com Lacan tenha sido induzido pela sua concepção da relação da mulher com o Real, pois pessoalmente experimentei, ao lê-la ou ao escutá-la, algo da ordem de um encontro que não se esquece. Na primeira vez, foi quando li o seu artigo sobre a feminilidade, a articulação que você fazia entre o gozo e o chiste. Na segunda vez, foi num colóquio da École freudienne, em que você observava que, ao contrário do homem, uma mulher tinha a maior dificuldade em constituir para si um objeto que causasse seu desejo, um pequeno *a* nos termos de Lacan. O que me esclareceu sobre um fato de experiência que me parecia enigmático: por que, muito precocemente nas brincadeiras infantis, a menina, ao contrário do menino, que joga espontaneamente futebol, não é levada a correr com afinco atrás desse objeto estranho, a bola, do qual tem de se separar sem cessar para correr sem cessar atrás dele? A menina, por sua vez, pula corda, o que é bem outra coisa. Pois se trata ali de um objeto que se separa não dela mesma, mas do peso...

M. M.: Com efeito, é certo. A corda, entre outras coisas, poderia remeter ao cordão umbilical... Mas o que você diz aí poucos homens poderiam pensar. Os homens têm muita dificuldade de falar deles enquanto especificamente masculinos. Há, naquilo que os especifica, algo que é a um só tempo evidente e – sublinhemos este "e" – inconsciente. Deve-se lembrar que, na época, era uma heresia para quem se dizia lacaniano marcar uma diferença entre as organizações masculina e feminina do Inconsciente. Logo, efetivamente, ao me servir da categoria de Real a respeito das mulheres, mas também desde o início a respeito dos homens (no romance de Duras é um homem, Jacques Hold, que é fascinado pelo Real), eu efetuava uma transgressão.

A. D.-W.: É impressionante que você refira seu trabalho sobre a relação da mulher com o Real mais a Lacan que à sua análise. Como explica isso? E como, e sobre o que a sua relação com Lacan se estabeleceu?

M. M.: Mas a nossa entrevista se refere a Lacan! Da minha própria relação com o Real tal como pôde se entrever em minha análise eu poderia dizer um certo número de coisas – ignoro outras –, mas elas me parecem aqui fora de assunto! É claro, meus textos sobre a sexualidade feminina não poderiam ter sido escritos se eu não tivesse feito análise. Quanto à sua segunda questão – o que estabeleceu o laço? –, como responder a isso? Mesmo *a posteriori*, isso me escapa. Enfim, tentemos. Cheguei à casa de Lacan com algumas palavras, alguns significantes em resposta àqueles que eu havia ouvido ao escutá-lo falar. Essas palavras, esses significantes, eu as lançava *a priori* no desconhecido. Era um risco. Era muito forte. Houve logo entre nós um espaço de ressonância. Todos os analisandos dele, todas as pessoas que foram próximas dele, com certeza, poderiam se exprimir assim. Naquilo que eu lhe disse no início, eu com certeza estava ultrapassada pelo que eu significava, e não estava consciente disso. E ele, naquele momento, teve de ouvir, de encontrar comigo algo singular, é possível que ele mesmo não tenha sabido por quê. "Uma relação de saber inconsciente com saber inconsciente": foi assim que, mais tarde, ele nomeou o amor. Vamos um pouco mais longe. Inúmeras vezes em seus seminários, como vocês sabem, Lacan se referiu ao amor cortês, "uma das formas mais características da vida amorosa em suas formas mais altamente cultivadas", disse ele por exemplo no seminário *A relação de objeto*[4] . Em sua relação com as mulheres, havia – transposto numa forma inteiramente contemporânea, aquilo nada tinha de antiquado –, havia, sim, isso. Vocês estão me fazendo pensar no que eu não havia pensado... Na fronteira do amor cortês, ou antes, logo além, não há a realidade, mas o Real. Sim, talvez o que fez nó foi algo Real que dizia respeito a um e a outro, a propósito do qual escrevemos respectivamente, e no qual, embora esse Real sempre estivesse ali entre nós, só tocamos pelo modo do escrito.

A. D.-W.: Eu me perguntava se certos aspectos da sua produção não poderiam ser relacionados com o que, segundo Lacan, poderia se produzir no passe*, no melhor dos casos, para o passante*, a saber, a produção de um significante novo que testemunhasse que aquele que está se tornando analista reinventa a psicanálise. Lembre-se que Lacan esperava do passe algo mais fundamental que o surgimento de novas nomeações. Esperava dele o surgimento de um ensino que pudesse rivalizar com o seu...

M. M.: Com efeito, era bem esse o projeto, até a esperança de Lacan. Você quer dizer que Lacan foi o meu passador? Eu nunca havia pensado nisso! É certo que, sem a escuta dele, eu nunca teria escrito o que escrevi. Mas, se quero responder, na verdade, à sua questão, devo acrescentar o

---

[4] Seminário *A relação de objeto*, de 1956-57, publicado em 1994 nas Éditions du Seuil.

seguinte. Num certo momento nossas relações mudaram. Ficaram mais distantes. O respeito, a estima, penso que recíprocos, e de minha parte a admiração, o reconhecimento permaneciam, mas o caráter pessoal de nossas relações parou. O que foi um momento doloroso. Já havia um certo tempo que eu escrevia só, sem mostrar meus textos a Lacan antes de serem publicados. Isso me foi absolutamente necessário. E, aí ainda, Lacan teve a generosidade de aceitar, continuando sempre presente se eu o desejasse, mas sem nada exigir. A produção de que você fala, "Pesquisas sobre a sexualidade feminina" notadamente, são textos que foram escritos nesse isolamento. Eu precisava passar por isso, por mais duro que fosse, por esse corte. Nesse sentido, direi que Lacan ocupou a posição de pai.

Fora isso, eu não gostaria de fazer de Jacques Lacan um retrato idealizado. Seus defeitos eram manifestos. Ele adorava levar as pessoas para ali onde se deposita o eu [*moi*], a armadura social, o mais próximo do natural, e depois, de um golpe, quando confiavam nele, colocar-lhes uma casca de banana sob os pés, desconcertá-las. Não penso que fizesse isso "de propósito". Não, era antes a angústia dele: os laços próximos demais davam-lhe medo e se, depois, eram rompidos, ele não suportava mais. Na verdade, para tornar possível uma relação durável com ele, era preciso ficar vigilante e representar, de maneira discreta, mas sempre, a comédia. Sua relação com o Real era próxima demais, a imaginação frágil demais, ele precisava construí-lo e reconstruí-lo sempre e ainda em sua teoria, mas também no Teatro ao qual seus próximos, os amigos – até mesmo os analisandos? – eram convocados. Os dançarinos, os verdadeiros dançarinos são pessoas para quem a marcha, o "manter-se de pé", de fato não foi dada na infância. Precisam sempre reconstruí-la, representá-la de novo. Pois bem, para Lacan era a mesma coisa quanto ao Imaginário. Havia ali uma brecha através da qual o não-especularizável passava (em Picasso também, parece-me). Desse teatro, tal como ele o representava com as mulheres, Madeleine Chapsal[5], Élisabeth Roudi-

---

[5] *Cf.*, Madeleine Chapsal, *Envoyez la petite musique*, Grasset, 1984.

nesco[6] deram retratos mais que verdadeiros. Na época, do meu lado, eu também precisava "representar". Vivíamos uma comédia. De hábito séria, às vezes muito engraçada. Do segundo grau sempre. Comédia que Lacan costumava freqüentemente levar a uma dimensão de metáfora, mas que, para mim, era às vezes cansativa. Eu tinha vontade de respirar... Com os homens, ele se entregava igualmente a esse jogo, mas eles não estão, na maioria, habituados como as mulheres à sedução. Ou então tomam-se de ódio por ele, ou então deixam-se pregar feito borboletas numa prancha de madeira, ou então fogem.

A. D.-W.: Seria porque os homens, pelo menos a maioria deles, não podiam se sentir tão livres quanto pode ser uma mulher para utilizar a brincadeira para falar de coisas sérias?

M. M.: Acho que seria.

A. D.-W.: É concebível falar, falar realmente, sem que haja transferência, sem que haja amor? Se Lacan foi para você um passador, ele não foi só isso, ele foi ao mesmo tempo um sujeito que saía da neutralidade, trazendo na sua fala aquele juízo de atribuição pelo qual o Outro, o Outro com um O maiúsculo, pode dar ao sujeito o sim fundamental, a aquiescência absoluta que é essa *Bejahung* na qual Freud baliza o tempo originário constitutivo do sujeito. No que se refere ao passe, não havia dois tipos de passes na École freudienne? O passe institucional e o passe de alguns que, fora do dispositivo previsto, inventavam um discurso de re-invenção da psicanálise. A esse respeito, Lacan não dizia de seu seminário que ele era o lugar onde ele não parava de passar o passe? Parece-me que você experimentou esses dois estilos de passe, pois você também passou pelo passe institucional...

---

[6] Élisabeth Roudinesco, *Jacques Lacan, Esquisse d'une vie, histoire d'un système de pensée*, Fayard, 1993.

M. M.: O outro passe de que você está falando existiu, mas sem ser identificado pelo júri do passe* como tal. É uma pena. Ele coloca a questão da capacidade de invenção do analista e do modo pelo qual se exprime essa capacidade. Há bons analistas, inventivos em sua prática, mas que não têm – é a estrutura deles – a possibilidade de explicá-la por escrito. O passe era concebido para que se exprimissem pela fala. Ora, no tempo em que eu estava no júri, eu ouvia falar da análise dos passantes, jamais da prática ou da produção teórica deles. É uma pena. No que me diz respeito, fui, acho, a primeira pessoa a ter feito o passe. Não foi fácil. Os membros do júri, à exceção de Dolto, Clavreul e Lacan, não estavam de acordo para me acolher. O que me foi relatado é sucinto. Eu permanecia, diziam eles, "do lado da estética; por conseguinte, do Imaginário". Este "por conseguinte" significava que, "por conseguinte", eu não passara pela castração. Houve uma discussão carregada. Dolto me defendeu. Na época, eu fazia uma supervisão e uma fatia de análise com ela. Ela e Lacan acabaram dizendo: "De qualquer maneira, ela é analista desde que nasceu". Maneira de dizer, suponho, que existe o que se pode chamar estruturas de analista, com as vantagens e desvantagens que isso supõe para o interessado.

A. D.-W.: Essa questão do passe, não foi por aí que você – que tinha sido durante muito tempo ligada a Lacan por uma relação pessoal, privilegiada – foi progressivamente, como contra a sua própria vontade, aspirada pela estrutura institucional? A tal ponto que, finalmente, após a dissolução da École freudienne, você se engajou plenamente – até mesmo passionalmente – até ser uma das iniciadoras do "mandado de segurança[7]"?

---

[7] Evocação da ação em mandado de segurança intentado por um grupo de psicanalistas, em particular por Michèle Montrelay, para contestar no âmbito jurídico, pouco depois de seu anúncio, a decisão da dissolução da École freudienne de Paris tomada por Jacques Lacan de maneira não-estatutária.

M. M.: É verdade que, no início, eu não me preocupava muito com o que se passava na Escola. Enquanto que o ensino de Lacan me "falava", e não apenas intuitivamente – eu seguia sua lógica de perto –, eu não entendia nada das exposições da maioria dos notáveis de então. Ali não havia nada, absolutamente nada. Por isso eu só ia muito raramente às reuniões. Foi quando me apresentei ao júri do passe, por incitação de Françoise Dolto, que tive meu primeiro contato institucional; portanto, minhas primeiras dificuldades. Imediatamente, durante a assembléia geral em que ocorreu a minha eleição, certas pessoas do júri, por sua triste figura, fizeram-me bem ver que eu ia incomodar. Com efeito, no júri, a questão do que estava em jogo quanto ao poder, embora com freqüência dissimulada, tinha um lugar importante. Um candidato chefe de serviço de psiquiatria numa cidade importante do interior tinha, de início, mais chances que o analista obscuro. Na época, Lacan não dizia quase nada nas nossas sessões. Ele parecia pensar em outra coisa, sonhar, até mesmo completamente ausentar-se. Eu o via, certo ou errado, completamente diferente daquele que eu havia conhecido. Era tão triste... Um dia, eu disse a minha reticência quanto a uma nomeação, e o disse de tal maneira que se podia crer que eu estava questionando a análise daquele senhor com Lacan. Lacan não teve reação alguma. Mas vi erguer-se de uma só vez, movidos pelo mesmo impulso, os dois analistas sentados à sua esquerda e à sua direita como dois guarda-costas. Estavam protegendo Lacan ou a si mesmos? Tudo isso era ainda mais pesado porquanto Lacan piorava a cada semana.

Na verdade, muitos anos antes, quando meu artigo sobre a sexualidade feminina[8] foi publicado – artigo primeiramente recusado por Sollers[9] e Pontalis[10], depois aceito por *Critique* por insistência de Michel

---

[8] Esse artigo, "A sombra e o nome", deu seu título ao livro de Michèle Montrelay publicado em 1971 nas Éditions de Minuit.
[9] Philippe Sollers dirigia então a revista *Tel Quel*.
[10] J.-B. Pontalis dirigia então a *Nouvelle revue de psychanalyse*.

Serres –, eu tive uma primeira experiência da instituição. O artigo foi publicado no início do verão. Um dos "barões" da Escola me havia convocado e, é preciso dizer, severamente repreendido. Como, aluna da École freudienne, eu pudera pelo menos em parte dar razão a Jones e Karen Horney! Como eu pudera fazer menção ao papel do "biológico" no inconsciente, embora ele só se fundasse no Significante e nada além! Na volta das férias, Lacan tomou conhecimento de meu trabalho. No dia seguinte, recebi um bilhete dele que dizia mais ou menos: "Que felicidade, enfim alguém que me ultrapassa!". Se relato essa carta, é que, depois que Lacan a repetiu mais ou menos palavra por palavra em seu seminário seguinte, a mudança de atitude do mesmo "barão" e de muitos outros foi estupeficante. Ainda que eu fizesse uma comédia dos episódios que se seguiram – mas não tenho, infelizmente, esse talento –, não acreditariam nela. Esse gênero de experiência caricatural é instrutivo. Ela nos ensina que o sucesso (que foi por um tempo considerável: bastava que eu falasse dez minutos em algum lugar para que trezentas pessoas lá estivessem) tem apenas uma relação extremamente longínqua, ínfima, com nossos pequenos méritos, que ele se deve a todo um conjunto de acontecimentos que nos ultrapassam. De hábito, aprendemos aos poucos. Ali, a experiência veio de uma só vez.

A. D.-W.: Em que ponto Lacan se achava ultrapassado pela sua reflexão?

M. M.: Na questão do gozo. Na verdade, esse artigo teoriza uma intuição que foi minha lá pelo fim da minha análise, e nos anos que se seguiram. Parecia-me, considerando a clínica mas também textos místicos, de Duras igualmente, ou ainda de cineastas como Dreyer, que o gozo dito feminino, inerente à ordem do Significante, o ultrapassava, o fazia, como eu disse, "estourar" num certo momento, e que, por esse efeito, as mulheres mantêm uma relação fugaz, decerto, mas direta e privilegiada com o Real. Assim, o gozo de que eu falava é um gozo fálico suscetível de se tornar, em certas condições, não-fálico. Falar disso dessa maneira em 1967 era puramente inaceitável para um lacaniano puro e duro. Incompreensível, igualmente, já que na época a categoria do Real só estava em seus primórdios. O que surpreendeu Lacan foi, por um lado, a conceitualização desse gozo, seu posicionamento na querela Jones-Freud por outro lado, enfim e sobretudo o fato de que articulo esse gozo com a questão da ética. Lacan de seu lado desenvolveu alguns anos mais tarde essas questões em *Mais, ainda*, mas dando-lhes um prolongamento talvez diferente daquele que eu lhe dei em "A sombra e o nome". E que eu deveria retomar.

A. D.-W.: É à luz do que você diz, que tende a testemunhar a distância entre o discurso de Lacan e o comportamento dos responsáveis pela Escola, que se deve compreender a posição que foi a sua após a dissolução da Escola e que a fez sustentar a decisão de um mandado apelando para a lei? Segundo você, essa sua ação tendia, então, a dissociar Lacan daqueles que propunham uma nova fundação da Escola através da criação da Cause freudienne*? Ou a associá-lo com eles?

M. M.: Ela o dissociava. Se cheguei ao mandado, não sem ter evidentemente medido o caráter aparentemente escandaloso desse ato e a maneira como seria recebido – arrastar Lacan velho e doente ao tribunal! –, foi por duas razões. A primeira era pessoal. Foi minha maneira de pagar a minha dívida com Lacan, de lhe ser profundamente fiel. Até o fim e o que quer que pensem disso. Pois, assim que recebi a carta de dissolução, meu sentimento foi que não tinha sido Lacan quem a havia escrito. Eu não tinha nenhuma prova objetiva. Continuo não tendo hoje. Mas eu estava intimamente segura daquilo. Dissolver ainda passa, mas dissolver para fundar novamente dois dias depois! Aquela carta era um "golpe" político bem conduzido. Aquilo não correspondia nem ao estilo nem ao desejo de Lacan.

A segunda razão: o preço que os analistas da Escola iam pagar. Eram eles que iam pagar as contas daquela fragmentação. Se a Escola devia ser dissolvida, pelo menos que fosse por iniciativa deles, como previa a lei. Que decidissem por eles mesmos, votando. E que lhes fosse dado tempo antes da decisão. O que foi feito. A um golpe dado no real e que transgride a lei só se pode responder no real e apelando para a lei.

A. D.-W.: Para concluir, poderia dizer o que você, em definitivo, deseja que se retenha do que foi e do que permanece sendo para você Lacan?

M. M.: O que ele foi para nós todos: mais ainda que o filósofo, um imenso clínico. Pois é um fato: em relação ao que ele trouxe aos analistas de novo, de eficaz, de operante, a resistência, o ódio, a incompreensão permanecem sempre tão grandes... Da mesma forma que aquela mantida em relação à psicanálise. Foi ele quem, durante trinta anos, em razão até de seu gênio, serviu de alvo para todas as espécies possíveis de mal-entendidos. Cabe a nós agora assumir o posto e seguir em frente.

Entrevista com Christian Simatos

Christian Simatos, psicanalista, de formação médica, começou uma análise com Lacan a partir do meio dos anos cinqüenta, na época em que este último era a figura dominante da Société française de psychanalyse, criada após o primeiro conflito de uma parte da comunidade analítica francesa com a IPA. Membro da École freudienne desde a sua criação, foi seu secretário de 1969 a 1979.

ALAIN DIDIER-WEILL: Como, no momento em que você começou uma análise, no contexto histórico em que nos encontrávamos, se escolhia um analista, Lacan ou um outro?

CHRISTIAN SIMATOS: Só posso falar do meio em que eu andava, o da residência nos hospícios – ainda se falava assim nos anos cinqüenta. O Institut* representava uma espécie de *establishment*, as condições de seleção lá eram reputadas severas; e as personalidades lá contavam menos que a própria instituição. A SFP*, em compensação, era marcada pelo sinal da transgressão por ter feito secessão da Internacional[1], e talvez em razão da personalidade de Lacan, que lá dava o tom. Assim, ao escolher um analista, éramos levados a escolher um campo, ainda que não tivéssemos muita idéia do que isso implicava. A partir daí, as coisas se decidiam conforme os temperamentos, colocávamos a confiança ou a desconfiança aqui ou ali. Coincidência, a sua questão cai no momento mesmo em que acabo de encontrar uma carta manuscrita de Lacan, escrita quando eu acabava de pedir uma análise e que me anunciava, enquanto secretário da Sociedade[2], que eu estava admitido à análise didática. Eu havia completamente esquecido a existência dessa carta e desse episódio. Acho que ela devia ter ficado letra morta, pois me lembro de que, num certo momento de minha análise, como costuma acontecer, eu tive dúvidas sobre a sua natureza didática. Ao encontrar essa carta, eu pensava que, no fundo, essas formalidades todas não tinham tantos efeitos sobre a maneira subjetiva como nos engajamos na análise; não é surpreendente que tenham acabado caindo em desuso.

Eu havia tomado uma primeira iniciativa junto ao Institut – à SPP* mais exatamente –, que se encerrara por uma recusa acompanhada da recomendação de passar primeiro por uma análise "terapêutica". Sábia resposta por muitos aspectos, mas, por todas as espécies de razões, eu só podia entendê-la como uma recusa brusca inaceitável.

Foi assim que fui admitido na casa de Lacan depois de ter passado por um fracasso no Institut! Você imagina os mal-entendidos que podiam se seguir... A partida não podia ter começado pior. Mas, no fundo, uma análise não é feita para desfazer esse gênero de combinações que não passam de encenações?

A. D.-W.: Qual era, então, o lugar de Lacan no seio da comunidade analítica?

---

[1] Para International Psychoanalytical Association (IPA)*, ou Associação Psicanalítica Internacional.
[2] Société française de psychanalyse*.

C. S.: Lacan já estava muito além daquilo que classifica alguém entre os notáveis. Ele transpusera os limites de um puro currículo, não devia mais nada a nenhuma forma de nomeação. Ele conseguira criar um clima em torno de seu nome e de sua pessoa.

A. D.-W.: Como descrever esse clima, já que é a palavra que você empregou?

C. S.: A palavra me veio à mente e, para justificá-la, com certeza vou ter que forçar um pouco as coisas. O que quero dizer é que ele ocupava muito espaço no universo dos alunos; ele marcava aquele mundinho – ainda não era o tempo das multidões – como uma referência dominante, para não dizer invasora. E isso era bem sensível para nós.

Superficialmente, ele se distinguia por seu personagem fora de norma, sua aparência original. No entanto, impunha respeito até àqueles em quem não inspirava confiança. Sabia-se que ele estava começando a tocar no sacrossanto tempo das sessões. Era notório que ele conduzia um número de análises didáticas pouco compatível com uma prática regrada conforme os usos. Mas também havia o imenso empreendimento que era o ensino dele, em Sainte-Anne, um seminário* muito brilhante, que encantava o auditório, algumas dezenas de pessoas então. De modo que ele estabelecia um laço implícito entre aqueles que vinham ali e se encontravam também em seu divã, daí o clima de que falo e que nos impregnava.

Acho que a confiança que tinham nele vinha de sua capacidade de tratar a psicanálise como a coisa mais séria do mundo, embora afirmasse a seu respeito uma rara liberdade de pensamento. Ele nunca pronunciava a última palavra de um desenvolvimento sem abrir para uma nova questão. Fazia da psicanálise uma disciplina viva, que parecia se inventar sob os nossos olhos justamente porque ele reinterpretava o legado freudiano. Acho que estávamos simplesmente seduzidos e contentes de assim estar. Em 1956, ele tinha uma posição dominante em sua sociedade de psicanálise. Monopolizava o interesse e as demandas de análise.

191

Era inimitável, mediante o que éramos numerosos em lhe roubar, de modo mais ou menos involuntário, um traço de sua pessoa, tomando emprestado a maneira de vestir, de andar, a elocução e os tiques de linguagem. Então, deve ser por isso que íamos ver Lacan. E, aliás, é exatamente pelas mesmas razões que se podia querer ficar longe dele.

A. D.-W.: Você consegue se colocar na situação e lembrar se algo particular o levou a decidir por ele?

C. S.: Posso me colocar na situação, mas isso implicaria falar de mim e não diria muito sobre ele. Eu não estava particularmente motivado pelo fato de ir procurar Lacan. Estava motivado pela análise há muito tempo, era o que me havia conduzido à medicina. Eu guardara essa idéia em reserva durante os estudos, via isso como um complemento de formação, logo, não me preocupara até a residência, na qual fui uma primeira vez quase reprovado, só sendo admitido como residente provisório. Foi o motivo de minha demanda de análise. Assim, foi no momento de uma derrota que a questão se colocou, e isso, aliás, funcionou antes bem para mim. Me fez voltar ao trabalho.

A. D.-W.: Você ia escutar Lacan em Sainte-Anne?

C. S.: Não no início. Durante o primeiro ano de análise com ele, ele me aconselhara a não ir ao seminário.

A. D.-W.: E depois?

C. S.: Depois sim, é claro. Não sei mais se tínhamos falado de novo disso, a coisa aconteceu naturalmente.

A. D.-W.: O que é interessante – já que você não foi primeiro cativado particularmente pelo ensino de Lacan, como a maioria – é que se trata de um encontro com o Lacan analista. Você tem a lembrança do homem Lacan, desse encontro com o analista, do que deu certo entre vocês e que fez com que você ficasse com ele, com que houvesse "encontro"?

C. S.: Não sei se houve encontro. Se houve, penso que foi no só-depois, muito mais tarde. Tenho a lembrança de alguém que fazia o que era preciso para que eu não tivesse a impressão de me entediar em seu divã. Ele não intervinha muito, não fazia o analista. Não havia ritual. Ele dava o sentimento de estar totalmente imerso em seu trabalho. Mas está claro que seu trabalho era visto pelos analisandos como uma extensão da análise deles, eles faziam daquilo o bem próprio, tanto que não tinham razão de se sentir negligenciados. Por isso é que ele podia se permitir todas as espécies de coisas que não teriam sido aceitáveis num outro contexto, por exemplo receber em *robe de chambre* tomando o café da manhã. Era folclore, aquilo nunca tinha um grande alcance. A prática dele era, no fundo, antes clássica. As intervenções às vezes eram didáticas, as coisas eram recolocadas no lugar a fim de que não nos sentíssemos obrigados a ser cultos. Dele se desprendia uma presença que se experimentava na acolhida, ele não precisava fazer mais nada. Eu tinha o sentimento de que ele fazia seu trabalho de psicanalista. No plano, se posso dizer, material, na época, os honorários eram razoáveis, não se esperava horas, as coisas aconteciam sem choques.

Ao contar assim, desordenadamente, essas impressões de um passado afastado, tenho a sensação de estar ao lado do essencial. O essencial é, mesmo assim, o fato de que ele tenha dado sozinho, durante mais ou menos duas décadas, uma coluna vertebral à psicanálise. Disso resultou que numerosos analistas, inclusive fora do círculo de seus alunos, não tiveram que se queixar do mercado de trabalho. Não acho exagerado dizer que é a ele que se deve isso.

A. D.-W.: Nessa época, o que representava, para a jovem geração, o conflito em torno das sessões curtas, que agitava nos bastidores os notáveis?

C. S.: Para a jovem geração da qual você fala, o que se passava nos bastidores não tinha muita importância. Quando se está comprometido na análise, só se tem olhos para o analista. Sentíamos profundamente que ele mesmo estava em seu lugar, e nós nos deixávamos envolver – ou alienar, por que não dizer – numa espécie de casulo. Não é o lado necessariamente exorbitante de poder que faz a dificuldade do trabalho do analista? Essa questão da duração da sessão não era para mim uma questão maior. É verdade, a duração era variável, mas não ultracurta nessa época. Pouco importa, entre os outros analistas, devia-se respeitar uma duração fixada por convenção. Mas tão logo se estava num analista com fama de jogar com a duração das sessões, a questão não tinha muito sentido. Não acho que ela jamais tenha dado lugar a um debate entre nós, mas se inseria naturalmente em nossa formação, levando-nos a situar o debate de outro modo. Por exemplo, eu podia me interrogar sobre o sentido de uma prática que se livraria dessa difícil questão ao se confiar à uniformidade de uma regra. Diante do poder que lhe vale a transferência, um analista pode contar com outra coisa que o que lhe vem da própria análise? Abrigar-se por trás da regra, um pouco à maneira de um jogador de cassino que é proibido de jogar, não pode deixar de ser pago em termos de verdade do desejo. Eis o gênero de raciocínio que nos era inspirado por nossa condição. Logo, essa questão não estava afastada, eu diria antes que não podíamos a um só tempo teorizar e ser parte interessada. Mas havia, mesmo assim, uma parte de interdito com relação aos "standards", já que, alguns anos mais tarde, no momento dos problemas com a IPA, houve uma investigação e foi o próprio Lacan, o que não era muito fácil de assumir, quem me convidou a não falar daquilo diante da comissão encarregada dessa investigação.

A. D.-W.: Uma situação que deve ter sido dura de enfrentar para um analisando.

C. S.: É verdade, mas o efeito de casulo de que lhe falo também era uma proteção.

A. D.-W.: Não é fácil compreender o que você chama de efeito de casulo...

C. S.: Com certeza é a minha maneira de descrever o ambiente daquela época que o deixa desnorteado. Ambiente, clima, casulo são termos próximos. Trata-se, simplesmente, de falar das condições de existência que eram as nossas para com o nosso engajamento analítico e que nos asseguravam um certo conforto. Por isso, havia certas coisas de que não ficávamos sabendo, e isso estava ligado a essas condições. É claro, é meu ponto de vista hoje, eu não o teria sustentado na época. Mas, quando falo de casulo ou de conforto, é para fazer entender que as relações internas ao grupo também encontravam seu cimento num comum desconhecimento daquilo que lhe era exterior.

A. D.-W.: Por exemplo?

C. S.: Difícil dar-lhe um exemplo sem me contradizer. Alguns de nossos colegas do Institut podiam interessar-se por Lacan, acompanhar o seminário; Lacan não era tudo para eles. Era tudo para nós, é o que eu quero dizer quando falo de desconhecimento. O casulo eram as condições criadas – induzidas, antes – para a nossa vida de jovens analisandos. Tenho vontade de dizer que estávamos atarefados por trás de uma espécie de mãe coruja mais que submetidos a uma autoridade paterna. Não me parece que tenhamos sido marcados como por um molde, tal como se poderia crer. De fato, cada um tinha apenas que se confrontar com seu desejo, o que não é tão mal assim como formação.

A. D.-W.: Você nos disse que teve a experiência daquela famosa comissão Turquet* enviada pela IPA para investigar sobre Lacan – e Dolto...

C. S.: É verdade, passei pela comissão e fui interrogado.

A. D.-W.: Como um jovem analisando pode viver isso? Hoje, essa história parece atordoante. E ninguém falou dela em detalhe até agora...

C. S.: Escute, é preciso referir-se ao que escreveu Élisabeth Roudinesco, que consultou arquivos para escrever seus livros[3]. Ela percebeu que os caras da comissão estavam apavorados de constatar a que ponto eu estava sujeitado, escravo da transferência: foi o que ela me confiou. Não fui eu quem disse isso a ela, eu estava muito mal colocado para saber. Não duvido nem por um instante, mas, com a distância, isso me faz antes sorrir, faz parte das lembranças ternas. O atordoamento de que você fala deve ter-me atravessado sem que eu percebesse!

A. D.-W.: Que lembrança você tem dos investigadores?

C. S.: Uma lembrança muito anestesiada. Foi no hotel *Westminster*. Faziam-me perguntas às quais eu me achava obrigado a responder inteligentemente, com uma falsa franqueza. Sobre as condições do desenrolar da análise, a duração das sessões essencialmente. É evidente que eles não eram bobos quando eu lhes dizia que durava pelo menos 35 minutos. Aliás, ao dizer 35 minutos, concedia-se a eles, de qualquer modo, alguma coisa, uma vez que o padrão deles era de 45 a 50 minutos! Eu saía do interrogatório como tinha entrado. Não tinha nenhuma paixão odienta por aquela gente. Estavam fazendo o trabalho deles. Estavam num mundo, eu estava num outro. É isso que eu chamo de efeito de casulo. Esse efeito também era determinado pelo fato de que havia outra geração entre Lacan e a minha. A geração dos Leclaire, Granoff, Perrier ocupava outro campo, outra função. Anzieu, Laplanche, Pontalis e alguns outros tinham começado a se afirmar, tinham acabado a análise. Para nós, a geração deles representava uma garantia. Eles nos davam trabalho, tínhamos uma relação constante com eles. Não aconteceu o mesmo com você? Em que ano você chegou em Sainte-Anne?

A. D.-W.: Comecei a residência em 1963.

---

[3] Cf. *Jacques Lacan, Esquisse d'une vie, histoire d'un système de pensée* (Fayard, 1993) e *Histoire de la psychanalyse en France* (t. II, Seuil, 1986).

C. S.: Eu estava terminando.

A. D.-W.: Era diferente para a minha geração. Entre nós, falávamos daquilo, mas era difícil compreender esse episódio Turquet. O que não compreendíamos era o que fez com que jovens analisandos tivessem aceitado ir àquele gênero de encontro. Por que ter ido lá?

C. S.: Não se tratava de aceitar ou de não aceitar, era uma obrigação.

A. D.-W.: Para apoiar Lacan?

C. S.: Sabíamos que havia uma etapa difícil a vencer, e esperávamos que Lacan saísse inocentado do caso. Ninguém, no seio da comissão Turquet, nunca me escreveu para me convocar. Passava pela SFP, que se comprometera em negociações em vista de se reintegrar à IPA.

A. D.-W.: Vocês tinham convocações?

C. S.: Com certeza.

A. D.-W.: Logo, Lacan se submetia a essa autoridade na época?

C. S.: É evidente que sim. Ele me chamou à casa dele para me deixar a par antes do encontro com os caras da comissão. Mas não estou certo de que ele mesmo me tenha pedido isso, parece-me que o pedido vinha de mim. Ele deve ter-me contado a mesma história, mas, no fundo, ele não precisava insistir no que era preciso dizer ou não dizer. Tudo estava implícito.

A. D.-W.: Havia um conflito entre aqueles que se apresentavam diante da comissão para inocentar Lacan e aqueles que não queriam inocentá-lo?

C. S.: Não me lembro de que possa ter havido muitos entre aqueles que estavam no divã de Lacan que teriam ido a essa comissão para derrubá-lo...

A. D.-W.: Não me lembro mais onde Élisabeth Roudinesco parece indicar que, confrontados com os problemas que podia colocar o pertencimento ulterior à IPA, alguns haviam entregado os pontos...

C. S.: É bem possível que existam aqueles que o deixaram, havia tanta gente com Lacan. Mas não os vejo entre os da minha geração. Aqueles de quem você fala eram antes os mais velhos, aos quais já fiz alusão. Leclaire, assim, tinha encontrado Turquet durante essas negociações políticas. Tinham se tornado amigos. Só mais tarde é que houve uma virada. No início, não estava em questão colocar-se numa posição de recusa diante dessa comissão para o pequeno grupo – completamente comprometido na análise – que formávamos. As dissenções que conduziram ao esfacelamento da SFP aconteceram, ou se acentuaram, somente quando esteve em questão aceitar ou não as condições da IPA, que queriam que fosse retirada de Lacan e de Dolto a qualidade de didatas. Pelas mesmas razões que aquelas que me haviam conduzido a me submeter a esse roteiro, à investigação da comissão, não hesitei um segundo quanto ao prosseguimento de minha análise. Nem me coloquei essa questão.

A. D.-W.: Isso deve ter influído para facilitar o seu comprometimento ulterior. A criação da École freudienne* deve ter sido um alívio em relação a isso tudo...

C. S.: É evidente que foi um alívio. Ainda que deva ser temperado. A crise também deixou rastros de amargura para mais tarde. A criação da École freudienne foi acompanhada de uma ruptura. Uma ruptura com pessoas com as quais nos entendíamos bem, que com freqüência admirávamos. Não foi simples romper laços de camaradagem e de amizade. Nós continuávamos nos nossos trilhos e outros tinham ido embora. Pessoas notáveis, mas que traziam subitamente a nossos olhos a marca de uma espécie de infâmia, por ter de certa maneira desajustado as nossas relações com Lacan, por nos ter na verdade aproximado dele um pouco demais. Mas não tínhamos idéia disso então, só queríamos ver na atitude deles uma espécie de covardia, uma forma de resistência à psicanálise encarnada por Lacan. Do ponto de vista de nossas relações de jovens universitários com a matéria na qual estávamos imersos, havia algo que devíamos deixar de lado, pois não podia ser gerido. No entanto, não se pode dizer que, naquele momento, estivéssemos divididos por questões teóricas de fundo. Não era isso. Aliás, pergunto-me se alguma vez é o caso em situações desse tipo.

A. D.-W.: Houve rupturas a um só tempo no momento da criação da EFP e no momento de sua dissolução. Para você, que viveu esses dois tipos de ruptura, a do início e a do fim, houve uma grande diferença entre uma e outra?

C. S.: Houve, igualmente, a ruptura que ocorreu durante a criação do Quarto Grupo.

A dissolução da Escola também era uma ruptura com nós mesmos, com tudo o que havia feito a nossa identidade, o nosso eu [*moi*]. Mas talvez seja preciso dizer que, já durante o ano ou os dois anos que precederam a dissolução essa identidade fora submetida à prova de um Lacan que estava no fim de seu discurso, que estava no termo de algo. E o patético de seu silêncio podia, a rigor, fazer com que temêssemos nós mesmos ser reduzidos ao silêncio. O carburante estava esgotado. Acho que foi isso a ruptura, para mim e alguns outros, foi quase uma virada ao avesso daquilo que constituía nosso ser de analista. Essa virada não era nem um pouco uma negação. Era uma virada que fazia com que, de repente, fosse preciso retomar as coisas de outro modo, perceber que íamos ter de nos arrumar sem Lacan. E penso que isso é que é essencial.

199

O resto é o ódio, as circunstâncias particulares da política que intervieram. Você não esteve no encontro de Aix-en-Provence no ano passado?

A. D.-W.: Não. Você esteve lá?

C. S.: Estive. Era Melman quem estava encarregado de falar da dissolução.

A. D.-W.: Você ficou sabendo de algo?

C. S.: Melman contou a história à maneira dele, isso me ajudou a ter uma idéia um pouco mais clara. Mas não era a mesma que a dele.

A. D.-W.: Você, que era bem próximo de Lacan, tentou, em seus momentos de silêncio, que eram bem terríveis lá pelo fim, fazê-lo falar para compreender o que ele estava achando?

C. S.: O que motivou, circunstancialmente, a minha partida da Cause freudienne*, após a dissolução, foi que, com efeito, não consegui um encontro com ele. Ele me havia escrito, como a outros, para me pedir para que fosse membro de um júri. Eu queria conversar com ele. Recusaram-me o encontro.

A. D.-W.: Glória[4]?

C. S.: É, era ela a intermediária. Então, considerei que não podia aceitar uma nomeação que ele não estava em condição de me confirmar de viva voz. Fui embora nesse momento, considerando que era o sinal de algo que não estava funcionando, que não estava claro, não estava nítido. Ele nunca se comportara daquele jeito. Recusaram-me esse en-

---

[4] Secretária particular de Jacques Lacan.

contro provavelmente porque ele não estava em condição de falar. Talvez não tivesse escrito a carta ele mesmo. São apenas hipóteses, verossímeis ou absurdas segundo os pontos de vista, mas, exceto tornando-se idólatra, o que havia atuado pela fala não ia prosseguir sem a fala. Devo dizer que eu tampouco estava sendo muito correto ao argüir essa recusa. Pois, nesse momento, tudo indicava que ele não estava mais em condição de receber ninguém, e se eu tivesse sido absolutamente honesto não teria sequer tomado essa providência. Teria ido embora sem dizer nada, ou então teria ficado por amor, como era pedido explicitamente.

A. D.-W.: O que você acha da maneira como se concluiu o seminário de Lacan?

C. S.: É uma questão séria, difícil e perturbadora. Primeiro, seria preciso dar-se o direito de admitir que o seminário não parou na mesma época para todo mundo. Alguns, que o acompanharam bem do início, consideram que Lacan tinha dado o melhor de si antes de 1964; outros situam os verdadeiros avanços precisamente a partir dessa data, após a separação definitiva com a IPA. A topologia, os matemas, os nós marcaram etapas que podiam desanimar uns e suscitar em outros uma nova paixão pelo seminário. Mas não temos a distância suficiente, é ilusório esperar um julgamento válido por parte de quem é oriundo dessa formação. Acontece o mesmo se a sua questão se referir ao silêncio que aos poucos invadiu a cena do seminário. Qual é o interesse de especular para saber se esse silêncio era o avatar derradeiro do espírito ou se era apenas uma marca de declínio? De minha parte, eu o sentia como uma espécie de tentativa de fazer ouvir algo, exatamente como ele sempre fizera através das diferentes formas de seu discurso, como se esse silêncio fizesse eco ao que ele mesmo procurava ouvir em sua busca. Talvez ele tivesse encontrado um limite em seu discurso, mas isso não era novo, era o que o havia estimulado em outros tempos. E podia-se compreender que ele estivesse freado pela doença. Seria possível crer até que ele não tinha mais senão o silêncio para lutar contra os limites. Logo, num sentido, o

Seminário não se concluiu para mim; afirmo isso para responder à sua questão, sabendo que vou atrair observações irônicas. Mas só faço encontrar aí o resto de uma transferência que constitui um ponto de referência necessário a meu trabalho de analista. Não é da ordem da dívida: não digo que sou devedor a Lacan por seu silêncio.

Entrevista com René Tostain

René Tostain, psicanalista, de formação médica, em análise com Lacan a partir do meio dos anos cinqüenta, participou ativamente dos trabalhos da École freudienne, de sua fundação, em 1964, até a sua dissolução, em 1980. Em 1982, associa-se à criação da Convention psychanalytique. Membro de honra do Espace analytique, hoje faz parte do conselho científico da Fondation européenne pour la psychanalyse. É notadamente o autor de Caminho da criação *(Point Hors Ligne-Érès, 1994) e de* Tempo de amar *(Denoël, 1988).*

ALAIN DIDIER-WEILL: Você encontrou Lacan em 1955. O que faz com que, em 1955, um jovem médico pense em ir ver Lacan em vez de algum outro?

RENÉ TOSTAIN: Fui ver Lacan por razões pessoais, sem pensar, na época, em me tornar psicanalista, também não psiquiatra, aliás. Um de meus amigos estava em análise com ele, vira-me bem derrubado após uma história sentimental. Ele me disse: "Não fique assim, vá ver Lacan".

Ele deve ter falado da minha história, pois, quando cheguei, Lacan me disse: "Ouvi falar de você, deite-se". Evidentemente, aquilo me deixou um pouco frio... Ele era assim. Tinha uma maneira muito direta de abordar o quente do assunto. Na verdade, talvez fosse o que eu desejava. Eu não tinha, então, nenhuma cultura teórica. Externo no serviço de psiquiatria de Delay, eu havia assistido uma ou duas vezes a seu seminário* em Sainte-Anne. Antes de Delay expulsá-lo, ao fim de dez anos, quando ele anunciou o projeto de falar dos "nomes-do-pai".

A. D.-W.: Por que esse seminário era inaceitável?

R. T.: Acho que Delay havia tolerado Lacan por causa da audiência que tinha nos meios intelectuais, de sua aura, de suas relações. Mas Delay, mundano neurótico, titular da cátedra de psiquiatria, era candidato à Academia Francesa. Não podia se dar ao luxo de aceitar que sustentassem propostas subversivas em seu serviço, não tinha vontade alguma de entrar em conflito com a *nomenklatura* – a *nomenklatura* religiosa, evidentemente, mas também a médica e a psiquiátrica. Para eles, Lacan era o diabo.

A. D.-W.: Podemos falar da maneira como, a seu ver, se instaurou a sua transferência com Lacan?

R. T.: Com freqüência me perguntei se, com outro analista, a transferência teria tomado tal tamanho. A transferência existe em todos os casos, mas, com ele, isso de fato assumia proporções excessivas. Era ele quem a instaurava, quem a mantinha, por sua sedução e jogando com seu carisma. Além disso, ele falava em público, e acontecia de, ao escutá-lo, termos a impressão de ouvir o que lhe havíamos dito, mas retomado teoricamente, o que lhe dava um outro alcance.

Não era muito analítico, mas, ao mesmo tempo, era. Ele precisava cercar-se das pessoas que tinha no divã, um pouco como se tivessem sido seus analistas, sem se preocupar muito com os efeitos que isso podia ter. Por exemplo, ele dizia: "Amanhã, venha logo depois do meu seminário, você me dirá o que achou dele". Não sei se, sozinho, ele poderia ter feito o que quer que fosse. Ele se servia daqueles que chamava de seus alunos, que ele usava até o osso, depois os jogava fora. Então, é verdade, isso nem sempre era muito bem vivido.

A. D.-W.: Você acha que a transferência para com o professor público podia atrapalhar a resolução da transferência para com o analista?

R. T.: De modo algum. A respeito dessa questão da conclusão da análise, acho que os analistas são gente que não acabaram a análise e que não acabarão nunca. Talvez seja isso, esse real que não acaba, que Lacan transmitia sobretudo, e que fazia seus analisandos trabalharem tanto.

A. D.-W.: O que você acha da posição tomada então pela IPA* em relação a Lacan e à sua prática?

R. T.: Há cinqüenta anos, tudo o que vem sendo escrito, tudo o que se diz, tudo o que se cogita de analítico, no imenso domínio cultural, refere-se a ele, à sua elaboração teórica. À exceção dele, não há mais ninguém, é o deserto, agora, a posição da IPA...

A. D.-W.: Você disse que não se destinava nem à psiquiatria nem à análise. Como se decidiu para você o fato de se tornar analista?

R. T.: Fui ver Lacan pelas razões pontuais que eu lhe disse. Não sei se teria empreendido uma análise sem essa história. Fiquei com ele durante dois anos e, depois, fui para a Argélia fazer o serviço militar. Ele me disse: "Por que você está fazendo o serviço militar?". Era um fato que ninguém, entre meus colegas, fazia o serviço militar; todos davam um jeito de ficar doentes. Eu estava encantado em largar ele e a análise. Uma vez na Argélia, médico de um batalhão de caçadores alpinos na Cabília, achei aquilo muito menos engraçado.

Quando voltei, instalei-me como clínico. Ao fim de dois ou três anos, fui, digamos por acaso, a seu seminário em Sainte-Anne. Na saída, fui apertar-lhe a mão e ele me disse: "Olha, Tostain, o que é que você está fazendo aqui? Venha me ver. De vez em quando penso em você, pergunto-me que fim levou. Venha me contar". Fui vê-lo e ele me disse: "Bom, deite-se". Era uma mania. E recomeçou. Essa é a anedota. Mas, a partir desse momento, muito, muito rápido, parei a medicina para me tornar analista. Devia ser o meu desejo.

A. D.-W.: Ele o levou a reconhecer esse desejo?

R. T.: Pode-se dizer assim. Acho que as vias que levam à análise e as vias da análise são extremamente diversas, com freqüência muito pouco claras. Pode-se reconhecer em Lacan o mérito de ter levado as pessoas a ousar fazer o que se recusavam a fazer. Retrospectivamente, pode-se falar de abuso, de forçamento, sobretudo quando se sabe o risco que se assume ao querer se interessar pela verdade.

A. D.-W.: A prática de Lacan não se caracterizava pela clássica "neutralidade benevolente". Como se manifestava o desejo dele?

R. T.: Ele tinha uma forma de generosidade, de interesse pelo outro, mas que não ia nem um pouco no sentido da neutralidade. Acho que ele tinha uma idéia muito alta da causa analítica. Tenho muitas lembranças de falas muito animadoras, do gênero: "É muito interessante o que você está dizendo aí, temos de prosseguir. Vamos mais adiante. Escreva-me isso".

A. D.-W.: Quando ele se comprometia como fez com você, em que ele se comprometia?

R. T.: Com freqüência se disse que Lacan gostava de seus analisandos, queria dividir com eles aquilo de que gostava. Um pouco como se você tem um amigo e conhece um bom restaurante, você lhe diz: "Olhe, vou levá-lo num lugar onde tem uma comida ótima, você vai gostar". Com ele, era assim. Ele sabia no entanto que zona a análise pode fazer numa vida, que desilusões ela pode provocar. Mas, para ele, não havia escolha, era um desbravador.

Fora isso, como todo analista, e acho que mais que todo analista, ele tinha seus pontos cegos, suas zonas de sombra, suas resistências ferozes. No limite da evitação, da rejeição, daí, talvez, sua prática das sessões tragicamente curtas. Aliás, muito tempo depois, pus-me a escrever um livro a partir de uma dessas recusas de ouvir o que eu dizia, e que chegava perto demais de sua história pessoal. Aquilo teve para mim conseqüências consideráveis.

A. D.-W.: Como você percebeu essa evolução que conduziu à institucionalização do ensino de Lacan no seio da École freudienne*?

R. T.: Aí ainda, havia coisa boa e ruim. Esse quadro tinha por função ressaltar seu ensino, mas também permitir que alguns fizessem carreira. Embora soubesse que os títulos, as medalhas distribuídas pela instituição tinham uma função de resistência à análise, Lacan precisava dessa organização à sua volta, essa cola de que por outro lado se queixava. Tudo isso estava ligado à sua história e à sua economia libidinal.

A. D.-W.: Segundo você, ele introduziu o passe* para lutar contra a resistência institucional de que você fala?

R. T.: Ele introduziu o passe três anos depois de ter criado a Escola. Três anos é a idade do desmame. Ele queria outra coisa que o amor incondicional que ele havia engendrado, outra coisa que aquela colagem em seu seio. Mas, ao mesmo tempo, não queria, já que se agarrou ao júri do passe*, o que era incompatível com a idéia inicial. Aliás, isso fez uma bagunça incrível. Querer fazer da instituição o lugar de sua fala era insustentável. O que é possível, embora incerto, no quadro da transferência analítica é impensável num quadro institucional.

Começou a ficar insustentável para aqueles que se arriscaram nessa experiência, e depois se tornou para a própria instituição, em razão do questionamento de seu modo de poder. Foi o fermento da dissolução* e da volta cômica à casa inicial: a família.

Hoje, quando pedem a minha opinião, desaconselho esse procedimento do passe. Como alguém pode dar conta a quem quer que seja de que se autorizou por si mesmo a se tornar analista num tempo da transferência em que ninguém responde mais por nada.

A. D.-W.: Que olhar você lança para a maneira como, hoje, se transmite a psicanálise?

R. T.: A análise é um ofício que creio patogênico para aquele que o pratica, que mergulha num enorme isolamento. Temos absolutamente necessidade de falar disso. Então, como fazer? Antigamente, raras pessoas faziam seminários dos quais muita gente participava religiosamente, hoje é o inverso. Acho interessante. A disseminação atual em pequenos grupos analíticos também tem com certeza um efeito benéfico sobre a transmissão da psicanálise, que é, por essência, intimista, para não dizer clandestina.

A. D.-W.: Você trabalha em cartel[1]?

R. T.: Nesse momento não.

A. D.-W.: Você sente necessidade de conversar com colegas?

R. T.: Sinto, mas sempre fiz coisas pontuais, sem regularidade. É mais que um erro, a meu ver, é uma resistência.

---

[1] Grupo de trabalho de analistas preconizado por Lacan no tempo da École freudienne de Paris, geralmente constituído de quatro membros mais um, "qualquer, mas não qualquer um", como diz Lacan, e que coordena o trabalho.

Entrevista com René Major

René Major, psicanalista, de formação médica, originário da província do Québec, no Canadá, veio para a França no fim dos anos sessenta. Durante muito tempo foi membro da Société psychanalytique de Paris, principal associação francesa ligada à IPA, de que recentemente se demitiu, dirigiu por um tempo o Institut, órgão de formação da SPP. Foi o principal fundador e animador de Confrontations, lugar de debates e trocas entre psicanalistas freudianos de todas as origens, do meio dos anos setenta até 1983. Próximo de Lacan, sem jamais ter pertencido a nenhuma das associações ou instituições lacanianas, organizou numerosos colóquios – e ainda recentemente os Estados Gerais da Psicanálise – e publicou numerosos artigos e obras, dentre eles Desde Lacan *(Aubier, 2000) e* Lacan com Derrida *(Mentha, 1991, Gallimard-Flammarion, 2001).*

ALAIN DIDIER-WEILL: O testemunho que você deu, já lá se vão uns dez anos, no livro *Lacan com Derrida*, sobre as circunstâncias precisas da fundação por Lacan, em 21 de junho de 1964, da *École française de psychanalyse** – primeira denominação do que ia se tornar a École freudienne de Paris* ou EFP – coloca certas questões essenciais para quem quer continuar a se interrogar sobre o encaminhamento de Lacan. Dessas questões você propôs, no quadro do colóquio "Lacan psicanalista", organizado em 1999 pelo Mouvement du Coût freudien[1], certas interpretações extremamente interessantes às quais eu gostaria de voltar aqui com você. Antes de mais nada, lembro em poucas palavras que a particularidade da sessão de fundação em que Lacan pronunciou seu discurso célebre – "Fundo, tão sozinho quanto sempre estive em minha relação com a causa psicanalítica, a *École française de psychanalyse...*" – deveu-se ao fato de que a fala de Lacan, naquele dia, ficou separada de sua presença real, já que foi por intermédio de um gravador que os ouvintes tomaram conhecimento do dito discurso fundador. Por que essa encenação, tão singular, pela qual ele escolheu dissociar a voz e a imagem no momento mesmo em que se anunciava como fundador, nunca fora evocada, antes que você o fizesse, por aqueles que como você tinham sido testemunhas diretas disso?

RENÉ MAJOR: É verdade que certas questões essenciais, ligadas ao que se pode chamar, à primeira vista, a estranha encenação do ato de fundação da *École française de psychanalyse*, sempre foram eludidas, e não cessei de ficar espantado, quando me acontecia evocar essas circunstâncias com outras testemunhas do acontecimento, que a lembrança delas permanecesse imprecisa, até mesmo que tivessem podido, na memória, substituir o registro no gravador pela presença de Lacan. Vale dizer a que ponto podia ser inconcebível para eles, mesmo *a posteriori*, que o ato que pronunciava a fundação da Escola estivesse dissociado da presença do fundador, e isto ainda mais porque o discurso de Lacan se enuncia na primeira pessoa: "Fundo [...]".

---

[1] O conjunto das contribuições ao colóquio "Lacan psicanalista" do Mouvement du Coût freudien será publicado em dezembro de 2001 numa obra trazendo esse título nas Éditions du Hasard.

Agradeço a você por ressaltar essas questões que abordei, em particular, no colóquio organizado pelo Mouvement du Coût freudien. Entretanto, não seria justo dizer que nenhuma outra testemunha direta da fundação da Escola nunca evocou as circunstâncias em que ela aconteceu. O próprio François Perrier – a principal testemunha – fez um breve relato em suas memórias intituladas *Viagens extraordinárias pela Translacânia*[2]. Aqui está: "Foi em minha casa, em meu apartamento, que Lacan, através de um curioso procedimento, fundou a École freudienne. Depois de registrar os estatutos e estar seguro da legalidade de sua fundação, ele tinha me enviado, na véspera, o texto datilografado. No dia seguinte, à noite, gravava-o no meu gravador diante dos sêniores. Dias mais tarde, pediu-me não só para alugar cinqüenta cadeiras no Catillon, mas também para ler o ato na assembléia! Aí, não me considerando seu duplo, recusei. Na noite da reunião, ele me preveniu que não viria. Preparei, então, o gravador, a fim de que ouvissem a voz dele e não a minha".

Você com certeza se lembra de que Christian Simatos estava a meu lado na tribuna durante o colóquio "Lacan psicanalista". Ele também estava presente na casa de Perrier durante essa fundação. Naquele dia, ele nos disse que não tinha notado essa particularidade da gravação do discurso fundador. Na época, ele estava em análise com Lacan. O que não era o meu caso. Eu havia encontrado Lacan no célebre colóquio sobre "O inconsciente", realizado em Bonneval em 1960, e, desde então, acompanhava assiduamente seu seminário em Sainte-Anne. O que deve ter servido para que me convidassem à casa de Perrier em 21 de junho de 1964.

Quanto a Perrier, ele não dá as razões pelas quais a gravação por Lacan do discurso fundador foi feita "em particular" diante de alguns que ele chama "os sêniores". Importa notar que esse primeiro tempo, o da gravação, aquele em que Lacan pronuncia o discurso fundador de

---

[2] *Lieu commun*, 1985.

viva voz, não é o tempo da fundação propriamente dita. Esse discurso só se torna performativo no segundo tempo, aquele em que se ouve a voz de Lacan em sua ausência. E é esse segundo tempo que se tornará originário para a fundação da Escola.

Já que falamos das particularidades dessa fundação, convém acrescentar outras que permanecem como questões: 1) Por que Lacan desejou que Perrier – e por que Perrier? – lesse o ato de fundação em seu lugar diante da assembléia que nos reunia? 2) Por que ele tinha gravado se previa que fosse lido a partir do texto datilografado entregue a Perrier na véspera da gravação? Pois, se ouvimos a voz gravada de Lacan nesse 21 de junho de 1964, foi em razão da recusa de Perrier de ler o ato de fundação. 3) Assim, Perrier recusava ser designado como delfim – ou, segundo ele, como "duplo" –, embora aceitasse que a biblioteca da Escola fosse primeiramente acolhida em sua casa. Enfim, deve-se à curiosidade de Perrier este ter ido ver em 1968 os estatutos da Escola registrados na Prefeitura em 1964 e ter notado que nenhum nome de psicanalista, à exceção do de Lacan, figurava na lista dos fundadores legais. Assim, à dissociação da voz e da presença acrescentava-se a dissociação do jurídico e do psicanalítico.

Tudo isso mereceria longos desenvolvimentos. Eu gostaria, em todo caso, de fazer duas observações. Uma é o aspecto espectral que evocava para mim a encenação da fundação, primeiro apenas com a voz de Lacan, depois, tão logo terminado o discurso, com seu brusco aparecimento em carne e osso. A outra diz respeito à relação invertida, outros diriam "em espelho", que mais tarde o ato de dissolução da Escola vai apresentar em relação ao ato de fundação: o texto de fundação escrito por Lacan devia ser lido por outro; o texto de dissolução, muito provavelmente escrito por outro, será lido por Lacan.

A essa última observação, eu gostaria de acrescentar, em contraponto, o lapso inscrito no ato de fundação que estranhamente antecipa a dissolução futura. Já o evoquei. É encontrado em todas as transcrições do discurso fundador, até na mais recente, publicada em *Outros escri-*

*tos*³, este ano. Enquanto o segundo parágrafo define a tarefa que cabe à Escola de "denunciar os desvios e os compromissos que amortecem o progresso [da psicanálise] ao degradar seu emprego", o terceiro parágrafo encadeia dizendo que "esse objetivo de trabalho é *indissolúvel* [sublinho] de uma formação a ser dispensada nesse movimento de reconquista". Evidentemente, é o adjetivo "indissociável" que seria apropriado, ali onde vem inscrever-se, paradoxalmente, "a indissolubilidade". As associações sempre prevêem a possibilidade de dissolução. O discurso fundador da Escola inscrevia soberanamente sua indissolubilidade. É essa postulação contraditória que terá de gerar, com as dificuldades que sabemos, a dissolução* da Escola.

A. D.-W.: Você também ressaltou, durante o colóquio "Lacan psicanalista", que Lacan não havia dito "Fundo sozinho", mas "Fundo tão sozinho quanto sempre estive...", o que, evidentemente, não é a mesma coisa. E, a respeito dessa relação singular de Lacan com a solidão, você propunha três pistas de reflexão para supor o que estaria em jogo para ele: de um lado, um aspecto melancólico de sua posição subjetiva; do outro, o que seria, ao contrário, a capacidade do homem de ação que assume sua solidão; enfim, você expunha uma terceira hipótese muito forte que, na minha opinião, dá às duas primeiras o sentido delas: a dita "solidão" na verdade remeteria ao ato ético relativo a todo analista que, se romper com a tentação de ser autorizado por uma instituição a exercer a psicanálise, é conduzido, pelo fato de renunciar à presença acompanhante da instituição, a encontrar esse tipo de solidão radical que é implicado pelo ato de só "se autorizar por si mesmo". Você pode comentar?

R. M.: Posso. Ressaltei que é costume assinalar que Lacan funda só. O próprio Perrier cita incorretamente o início do discurso ao afirmar que o ato dizia: "Eu, sozinho, como sempre estive, fundo a Escola Fran-

---

³ Seuil, 2001.

cesa de Psicanálise". A citação exata é bem diferente: "Fundo – tão sozinho quanto sempre estive em minha relação com a causa psicanalítica – a École française de psychanalyse [...]". Perrier não deixa de ter motivos para evocar de memória, em 1985, o ato de fundação como um ato solitário de Lacan, já que, em 1965, Lacan lhe escreve: "Depois de terme forçado a *fundar só* [sublinho] a Escola, porque vocês todos me deixaram só naquele momento [...]". Entretanto, ser forçado por outros a fundar só não é tampouco "fundar só". É fundar com outros na adversidade. A insistência de Lacan, aqui, em se dizer só coloca a questão da soberania (constituinte e alienante) e de sua legitimidade: ela não se legitima por outras – embora, quando o discurso de fundação torna-se performativo, Lacan esteja longe de estar só – e a ilegitimidade fundamental que é a condição da legitimidade deve ela mesma legitimar-se. Aliás, será preciso legitimar-se, de qualquer modo, por Freud, ao modificar o nome da Escola, embora guarde a mesma sigla EFP, para que se torne École freudienne de Paris. Mas o soberano em nada seria soberano se sua soberania não estivesse sempre fugindo dele e deixando-o só.

É nessa mesma carta a Perrier que Lacan conclui colocando um dilema: "Se lhes resta alguma medida, ou vocês estarão *todos comigo* – ou então fiquem juntos: todos eu os desejo mas *todos sem mim*". Por que essa violência fundadora, soberana, não pôde ver transformar o dilema numa aporia – todos comigo E todos sem mim –, em que o coletivo propriamente analítico poderia vir da solidão de cada um e a solidão de cada um sustentar-se por esse mesmo coletivo? É a questão que permanece aberta hoje para a psicanálise.

Entre todas as hipóteses que podem ser feitas a respeito das circunstâncias tão singulares da fundação da Escola, não se pode excluir que Lacan tenha temido o ato que ele ia cumprir, pois toda fundação reitera o golpe de espada dado por Rômulo em Remo. E o "retorno a Freud" de Lacan é o retorno ao Lacan da letra freudiana como sendo "legitimamente" sua destinação própria. Por que esse discurso de Lacan foi primeiramente pronunciado diante de alguns, como experiência de certo modo, e por que Lacan pôde desejar que, no momento de se tornar performativo, ele fosse pronunciado por outro? Alguém me observava, no colóquio "Lacan psicanalista", que, segundo a teoria lacaniana nessa época – a saber, que o signo só podia estar ligado à *phonè* e o discurso analítico à fala plena e presente –, era impensável que Lacan tivesse podido dissociar o ato de fundação, sua enunciação como tal, de sua presença real. Pode-se, antes, argüir que essa dissociação, tenha ela sido pensada ou não, poderia querer significar que a fundação podia sustentar-se por ela mesma na ausência de seu fundador suposto, qualquer que fosse a voz a proferi-la, podendo o *Eu* [*Je*] do "*[Eu]* Fundo" ser reapropriado por todo enunciador, tornando-se, então, um "nós coletivo". Ou ainda, que a voz, gravada num registro, arquivada como tal, tornava a fundação indissoluvelmente ligada ao enunciado performativo e soberano, para além da presença real, cujo rastro podia se perder para só se encontrar reproduzido no escrito.

"Tão sozinho quanto sempre estive em minha relação com a causa psicanalítica" é um enunciado que define a posição de todo analista, sobretudo se entendermos por "causa" o ato pelo qual se vê interrompida pela análise a continuidade de um discurso, o ato analítico como *Kairos* do momento a contratempo que sempre é inesperado e surge como não-saber ou saber inconsciente. Esse momento que constitui o acontecimento mais próprio da análise, a chegada insuspeita, desconcertante e desnorteante do "todo outro", apreensível como tal apenas num só-depois, é o momento em que todo analista só pode estar só, só diante daquilo que escapa a todo cálculo, em desistência[4] de toda autoridade que possa legitimá-lo. É o tempo da mais exigente responsabilidade. É, num sentido, um instante soberano, soberano como experiên-

---

[4] O termo "désistance", neologismo formado a partir do verbo "se désister" [*se désister* é renunciar ao prosseguimento de alguma ação judicial, retirar-se em favor de alguém (NT)], apareceu ao longo de trocas entre Jacques Derrida e René Major. *Cf.* notadamente as obras de René Major, *Lacan avec Derrida* (Mentha, 1991, e Gallimard-Flammarion, 2001) e *Au commencement – la vie, la mort* (Galilée, 1999).

cia do instante que nenhum discurso de domínio pode arrazoar, o instante em que "o sujeito que nada tem de sujeitado" – segundo a palavra de Bataille – é soberano. Momento soberano em que não há mestre. Nesse tempo de acolhimento incondicional ao "todo outro", pode-se dizer que o sujeito, ainda que analista, se autoriza por ele mesmo? O "por si mesmo" não deixa de trazer problema. O que é si mesmo? O sujeito está, então, em desistência daquilo que condiciona seu acolhimento a esse "todo outro" inesperado, embora sem desistir do que terá de responder. Se ele se autoriza ao fato de que isso advenha como acontecimento, é por causa de sua relação com o inconsciente.

A. D.-W.: Podemos nos perguntar o que pôde outorgar consistência à fundação da EFP por Lacan. Primeiramente, essa consistência institucional é, segundo você, da mesma ordem que a consistência de sua teoria enquanto suportada, segundo ele mesmo, por seu nome próprio – já que é, diz ele a esse respeito, a extensão de Lacan ao simbólico, ao imaginário e ao real que permite a esses três termos consistir. A esse respeito, o paradoxo da consistência institucional não se deve ao fato de que ela seja trazida, por um lado, por um nome próprio – o de Freud (École freudienne de Paris) – e, por outro, por um Eu [*Je*] enunciador: "Fundo tão sozinho..."? Essa articulação de uma singularidade subjetiva que funda em nome de outro (Freud) ao qual ele faz retorno não é a razão pela qual Lacan não podia criar uma Escola lacaniana que se teria apoiado em seu nome próprio?

R. M.: Nesse momento soberano de não-soberania de que acabo de falar, o analista é como o Ricardo II de Shakespeare desapossando-se do poder: "Não tenho nem nome nem título, sequer o nome que recebi nas fontes, que não seja usurpado". O ato analítico propriamente falando inventa ou reinventa a cada vez uma relação em que o poder se exerce e se destina por ele mesmo no mesmo momento. A interpretação dissolve o poder da transferência, já que o analisando encontra nele o sujeito do inconsciente que produziu a delegação desse poder. Esse sujeito deve, portanto, ser capaz de manter sua consistência no desinvestimento do nome e do título do analista. Esse título é emprestado pelo analisando ao analista para encarregá-lo de fazer as vezes de seu sintoma. Pois só o analisando pode dizer que houve analista.

Numa carta de 1920 a Ernest Jones, Freud escrevia: "Estou seguro de que, em algumas décadas, meu nome será esquecido, mas que as nossas descobertas subsistirão". Se excluirmos algum lamento que poderia afetar essas palavras, e até sem excluí-lo, Freud pensava, portanto, que a sua teoria podia consistir sem seu nome próprio. Deve-se notar, a esse respeito, que as sociedades psicanalíticas que se constituíram no primeiro rastro do pensamento de Freud nunca usaram seu nome e sim o da cidade ou do país onde se implantaram. A referência era feita à psicanálise e não ao nome de Freud. Mesmo a primeira Sociedade fora da IPA* na qual Lacan prossegue seu ensino chama-se Société française de psychanalyse e o primeiro nome da Escola só troca, a esse respeito, o nome Sociedade pelo de Escola. É num segundo tempo, aí ainda, que o nome de Freud inscreve-se no frontão da Escola fundada por Lacan. O que quer dizer, com efeito, que a consistência institucional da Escola deve vir, segundo Lacan, do nome de Freud. Um título sempre induz efeitos de nome próprio e vem acrescentar-se ao nome como outro nome do nome. A École freudienne de Paris é a Escola de Lacan, o nome ou o título escolhido por Lacan que vem acrescentar-se a seu próprio nome. Assim fazendo, deve-se reconhecer que Lacan aí reforça a idéia de que a psicanálise seria uma ciência ligada ao nome próprio, até mesmo, como alguns podem sustentar, uma ciência do nome próprio.

Quanto a saber se as circunstâncias particulares da fundação, a dissociação da voz de Lacan de sua presença real, puderam atuar em favor ou não da consistência institucional da Escola, para falar disso é preciso lembrar que Lacan recusou seguir a sugestão de Perrier que reclamava "uma instituição extra-Escola, um colégio de analistas" para evitar o "tudo em um" institucional que, segundo ele, só podia suscitar cisões. Digamos, para retomar nossos termos, que se tratava de evitar que a Escola devesse a sua consistência apenas ao nome de Lacan repetindo o de Freud. A história terá mostrado que a Escola como instituição só terá podido manter-se como tal pela presença real de Lacan, isto é, manter-se pelo nome próprio enquanto marca que serve à designação fora de toda significação. Enquanto significante, o nome de Lacan terá servido, por outro lado, para concentrar, na disseminação, em torno da partilha de uma herança de pensamento.

O desafio da questão sobre a teoria de que a consistência vem do nome próprio é enorme. Expliquei-me em outra parte – em *Lacan com Derrida* e em *No começo – a vida a morte* – mais longamente do que posso fazer aqui. Esses três nomes, o Simbólico, o Imaginário e o Real, adquiriram um funcionamento referencial equivalente ao do nome de Lacan. Se há o Lacan do Simbólico, o Lacan do Imaginário e o Lacan do Real, há também o Lacan simbólico, o Lacan imaginário e o Lacan real. Logo, uma homonímia percorre as três esferas tanto no registro da designação quanto no da significação. Por conseguinte, o nome próprio torna-se tanto um operador de desenodamento quanto de enodamento do nó. Se os três termos da trilogia, enquanto nomes próprios, devem sua consistência apenas ao nome de Lacan, vale dizer que, desligados desse nome, desse único nome, eles perdem toda consistência? Ou qual seria a condição dessa teoria sem esse nome, qual seria a consistência dela – a supor que ainda possa ter uma – se esse nome puder se manter na desistência dessa teoria ou se essa teoria puder se manter na desistência do nome próprio que a teria feito consistir? Essa última hipótese deixa-se habitar por uma lógica paradoxal e por uma experiência aporética que implica que uma lei do duplo possa reger o nome próprio. Como na questão mais acima evocada do dilema transformado em aporia, todos comigo E todos sem mim, a teoria psicanalítica poderia a um só tempo receber sua consistência do nome próprio, isto é, não apagar o rastro da subjetividade no trajeto que vai da metáfora ao conceito, e nem por isso cessar de consistir na desistência desse mesmo nome próprio, o que dá à teoria uma consistência própria. Sua aposta, risco e sorte é essa.

A. D.-W.: Para terminar, você poderia evocar, através do que foi a sua relação pessoal com ele, a imagem do homem Lacan? E igualmente a do psicanalista?

R. M.: Já evoquei a minha relação pessoal com Lacan como sendo de grande proximidade e de infinita distância ao utilizar mais ou menos os termos que, para Blanchot, caracterizam a relação do aluno com o mestre. Não estive, eu disse, em análise com ele, e não fiz parte da École freudienne, embora sempre tivesse mantido estreitas relações com vários membros da Escola e subscrito à maioria dos princípios diretores. Lembro que, quando Lacan me pediu que me tornasse membro da Escola, respondi-lhe: "Senhor, temos excelentes relações. Faço questão de conservá-las". Ao que ele se apressou em me dizer: "Como você tem razão, meu caro". Lacan sabia testemunhar esse gênero de respeito. Ele me enviou pessoas para análise e alguns de meus analisandos estiveram em supervisão com ele. Convidou-me algumas vezes para apresentar um trabalho em seu Seminário*. Intervim sobre a questão da transferência, a respeito do caso "Philippe, estou com sede" que Leclaire havia apresentado em Bonneval e retomado no Seminário de Lacan, sobre a proibição do incesto e sobre o simbolismo em Jones. As relações eram, com certeza, muito mais simples estando fora da Escola, embora seguisse de perto seu ensino. Eu tinha uma relação de interioridade e de exterioridade de certo modo. Lacan não cessou de dar atenção à experiência do movimento *Confrontations* que eu animava nos anos setenta. No dia em que as instâncias dirigentes da Escola pediram àquele que ocupava a função de vice-presidente que se demitisse, pretensamente em razão de sua participação ativa num colóquio que eu havia organizado sobre "O corpo e o político" – ele estava longe de ser o único membro da Escola a participar de *Confrontations* –, Lacan não deixou de me telefonar já no dia seguinte para me dizer: "Sobretudo não se preocupe, meu caro. Continue. Trata-se unicamente de uma questão de política interna". Foi em 1979, pouco tempo antes da dissolução da Escola.

Entrevista com Daniel Wildlöcher

Daniel Wildlöcher, psiquiatra e psicanalista, esteve durante uns dez anos em análise com Jacques Lacan, com o qual vai romper em 1963 durante a cisão da Société française de psychanalyse consecutiva a um conflito com a IPA. Chefe do serviço de psiquiatria na Salpêtrière durante vinte e cinco anos, membro fundador da Association psychanalytique de France (APF), de que é membro titular após ter sido presidente, é desde julho de 2001 presidente em exercício da IPA. Publicou numerosas obras, dentre as quais, recentemente, As novas cartas da psicanálise (*Odile Jacob, 1996*).

ALAIN DIDIER-WEILL: Na carta que você me enviou para aceitar o princípio desta entrevista, você utiliza termos que mostram, por um lado, um reconhecimento, ou antes, para ser preciso, um não-desconhecimento do Lacan analista, e, por outro lado, críticas maiores, severas, que ele lhe inspira, e de que vamos evidentemente falar. Uma posição contraditória? Ambivalente?

DANIEL WILDLÖCHER: Eu teria tendência, para começar a lhe responder, a voltar primeiro às últimas entrevistas que tive com Lacan, em

1963, na época da cisão da SFP*. No fim da última de todas, que marcava realmente a ruptura, eu lhe disse: "É certo que guardarei desses dez anos junto do senhor a impressão de que desempenhou um papel decisivo na minha existência e no meu pensamento, e na psicanálise, é claro, e isso, de qualquer modo, vou reconhecer sempre". E ele me disse: "Mas, se você reconhece, então por que faz isso tudo[1]?". Respondi-lhe: "Acho que já nos explicamos o bastante sobre isso". Essas poucas palavras se concluíram pelo fato de que, quando eu quis cumprimentá-lo antes de ir embora estendendo-lhe a mão, ele pôs os braços atrás das costas. E assim deixei a rua de Lille.

Essa ruptura aconteceu nas seguintes circunstâncias. Nosso grupo já tinha tomado todas as suas distâncias com os lacanianos. Estava em pleno conflito com aqueles que tinham ficado fiéis ao engajamento lacaniano, ao passo que nós, nós éramos – de fato é a palavra – infiéis.

RENAUD DE ROCHEBRUNE: "Nós", mais precisamente?

D. W.: "Nós" era um grupo constituído essencialmente em torno de Lagache e Granoff, que eram nossos colegas mais velhos, Favez estava menos implicado. Havia ali aqueles que chamávamos os "mocionários"[2], isto é, Laplanche, Pontalis, Lang, Smirnoff e eu e, próximo de nós, Lavie. Foi esse grupo que de certo modo assumiu a ruptura.

---

[1] Por "isso tudo", como vai mostrar a seqüência da entrevista, Lacan visava a posição doravante ostentada por Daniel Wildlöcher, que aprovava – assim como outros – as reservas da IPA quanto à sua prática, as quais implicavam o não-reconhecimento da Société française de psychanalyse pela Associação Internacional caso Lacan persistisse em dirigir análises didáticas.

[2] O grupo dos "mocionários" reunia, além de Daniel Wildlöcher, Aulagnier, Lang, Laplanche, Pontalis e Smirnoff, que haviam adotado um texto com pretensões moderadas, redigido por Wildlöcher, que pedia a Lacan para fazer concessões – logo, de fato, para renunciar a certos aspectos de sua prática – a fim de não comprometer definitivamente o desfecho das negociações entre a SFP e a IPA*, já que a primeira estava solicitando sua filiação à segunda.

Estava então em questão tentar ver uma vez mais, era a última, se Lacan não podia aceitar uma solução negociada para o conflito com a IPA. E, como na história do pequeno grumete, era o mais jovem quem tinha sido encarregado disso, tinham-me dito: vá lá! Eu que era provavelmente o menos consciente da gravidade do que estava em jogo. Assim, eu tive finalmente três entrevistas com Lacan. Na realidade, eu devia primeiro, com Clavreul e Israël, tentar discutir para ver se não se podia encontrar uma espécie de *modus vivendi*; e foi em seguida, considerando o estado da situação, que parecia bloqueada, que eu tinha ido ver Lacan, que me recebeu três vezes. Falamos, conversamos muito, no plano pessoal como no plano geral, e a última entrevista terminou como acabo de contar.

Então, isso pode deixar a impressão de uma certa ambivalência a respeito dele, mas na verdade era uma posição perfeitamente clivada. Uma posição a um só tempo de respeito pelo que me trouxera Lacan e igualmente de decepção – deve ser essa a palavra que melhor se aplica ao sentimento interior que esteve em jogo, para mim, em relação ao que ele fizera – e de crítica, pois, a isso voltarei, havia, no que ele fazia, coisas que eu não suportava. Depois, foi o deserto completo. Não houve mais contato algum. E posso lhe dizer que alguns daqueles que eram amigos comuns, até alguns daqueles que eu havia enviado a Lacan para uma análise pessoal, vieram ver-me, dizendo-me: já que é assim, não podemos mais conversar com você, isso está fora de questão. De um lado, havia Lacan, que se apresentava como a vítima de um ostracismo, o excluído, aquele que fora cassado – uma posição subjetiva muito "spinoziana" –, e, do outro, havia esse fato de que, a partir do momento em que não estava mais em questão chegar a um acordo, só podia então haver ausência, não existíamos mais uns para os outros. E foi assim com os lacanianos durante anos, com no máximo contatos com um e outro num plano estritamente pessoal. Alguns, devo dizer, não tiveram nem um pouco essa atitude: com Leclaire, por exemplo, nunca troquei uma única palavra. É verdade que ele estava bem a par de tudo o que se passara, já que fora a ele que eu escrevera primeiro uma carta particular para lhe dizer que eu iria retirar a minha solidariedade a um movimento de apoio a Lacan. E fora ele quem me dissera: converse com Pujol, converse com Granoff, e que, portanto, me pusera em contato com outras pessoas, das quais eu tinha então descoberto que partilhavam, senão as mesmas críticas, pelo menos uma igual atitude crítica para com Lacan.

A. D.-W.: Poderíamos voltar a dois pontos? Primeiro, sobre o que o fez escolher Lacan como analista. E, em seguida, sobre o que você chamou uma decepção a respeito dele, que levou você a retirar a sua solidariedade ao grupo lacaniano.

D. W.: Meu primeiro contato com Lacan ficou muito claro na minha memória. Estamos em 1952, ou 1951 talvez. Estudante de medicina, trabalho então como externo no serviço da Dra. Jenny Roudinesco – a futura Dra. Aubry, por quem sempre conservei muita estima. Eu queria fazer medicina porque, na verdade, queria fazer psicologia. Ora, naquela época, a psicologia não existia como disciplina, ou se era filósofo ou médico. A filosofia me parecia um pouco abstrata quanto às questões que me interessavam, e bem particularmente a loucura. Assim, decidi fazer medicina, com a idéia de me tornar psiquiatra. Além disso, interessava-me pela educação das crianças. Eu pertencia a uma geração que, durante os anos de guerra, vivera muito em colônias de férias, campos de jovens, e eu estava apaixonado, com um grupo de jovens monitores, pela psicologia da criança, Henri Wallon, etc. Havia ali um campo novo que me atraía.

E então descobri com a Dra. Roudinesco que a psiquiatria da criança era a psicanálise. Ela me pôs nas mãos um menino, pedindo-me que o atendesse em psicoterapia, sob sua supervisão, num momento em que eu ainda não havia lido três linhas de psicanálise. Aliás, lembro-me, se quiserem, de uma anedota divertida a esse respeito, que gosto muito de contar. Eu havia notado, ao fim de algum tempo, que o menino que eu tratava fazia, de modo repetitivo, rolinhos de massa de modelar depois os cortava com frenesi; eu não sabia o que pensar daquilo. Então, um dia, durante a reunião de supervisão semanal, falei daquilo. A Dra. Roudinesco puxou uma tragada da piteira e me disse, com ar inspirado: "Angústia de castração, é preciso lhe interpretar isso". Tomei toda a minha coragem; algumas sessões mais tarde, não sabendo o que eram as fórmulas mágicas de Freud diante do Pequeno Hans, eu disse ao menino: "Sabe, os meninos costumar imaginar que vamos lhes cortar o peru [já tínhamos empregado a palavra, logo, existia na língua dele e na minha com ele] e ficam angustiados por causa disso". Nesse momento, ele me olhou e me disse: "Pois é, mas cortaram o meu". Aí, ele me contou uma história de circuncisão médica, etc. Então, aí, vi-me como que convertido à psicanálise de uma só vez! Digamos, para ficar sério de novo, que comecei a realizar, então, que a psicanálise podia apresentar interesse.

Até ali, eu só havia lido nesse campo obras – as de Marie Bonaparte – que me haviam indignado, escandalizado. Eu achava que aquela psicanálise fundada no instinto e na biologização da sexualidade era um disciplina redutora, completamente fechada. E, além disso, pseudobiológica. O que me interessava, então, era a pintura, a literatura, o surrealismo, e a psicanálise me parecia uma espécie de ciência normativa. Foi a Dra. Roudinesco quem me disse um dia que, se eu quisesse me formar, eu deveria ir ver Lacan. Eu não o conhecia, no máximo ouvira dizer que era alguém muito inteligente, muito culto, só isso. Lá fui. Lacan me pergunta o que me interessa na psicanálise e evoco minhas prevenções para com o que sei dela – o lado redutor, a biologização, etc –, sem saber que tudo aquilo seria mel para ele. É então que descubro não só um homem culto, mas um homem que se interessa por muitas coisas, por Merleau-Ponty, pelo surrealismo... em suma, descubro que, com Lacan, a psicanálise não era nem um pouco o que eu temia. Desde a nossa segunda ou terceira entrevista, ele me fez, além disso, a operação sedução. "Já que você se interessa por quadros, você vai me dizer de quem é aquele quadro, e este, e aquele ali". Os Miró, os Masson, todos foram passando... exceto, infelizmente, *A origem do mundo*, que aliás nunca vi³. E foi assim que bem rápido tomei a decisão, a de ser psicanalisado por aquele homem, aquele intelectual aberto para o qual a psicanálise era de fato outra coisa. Nesse meio tempo, eu havia dado a minha volta, como se dizia na época. Vale dizer que, projetando portanto fazer uma análise, fui ver, para entrevistas – como era de uso muito cortês, já que o fato de ser aprovado para a didática era, então, *a priori* evidente para um residente como eu se não tivesse matado pai e mãe – , Nacht, Lagache, Parcheminey, Schlumberger. E Bouvet também, do qual gostei da maneira de falar, e que aliás me fez hesitar um instante quanto à escolha de meu psicanalista, pois ele me impressionou.

Fui, então, fazer o serviço militar, durante o qual trabalhei em Argel num serviço psiquiátrico e, ao voltar, um ano depois, em 1953, comecei minha análise com Lacan. A reputação dele, então, ainda que isso possa parecer espantoso visto depois, era: "com ele é um pouco duro, um pouco rude, mas vai relativamente rápido". Fiquei então sabendo por colegas de plantão, em Esquirol, na época Saint-Maurice, que estava acontecendo uma ruptura entre os psicanalistas, que Lacan tinha ido embora com Lagache e que ele acabava de pronunciar seu "discurso de Roma". Para falar a verdade, não me fiz nenhuma pergunta naquele momento. Com aquela cisão, de um lado havia o grupo Bouvet, do outro, o grupo Lacan, e estava simplesmente claro que eu pertencia ao segundo. Tornei-me assim, naturalmente, um dos jovens da Société française de psychanalyse* e, bem rápido, tão logo Lacan me autorizou a assistir – pois acontecia desse jeito então –, um fiel do seminário das quartas-feiras. Além disso, Lacan, quando eu estava no terceiro ou quarto ano de análise, doravante residente em Sainte-Anne no serviço de Delay, pediu-me para cuidar da apresentação de doentes, em outras pala-

---

³ O célebre quadro de Courbet, então considerado escandaloso, pertencia, na época, a Lacan. Mas ficava, de acordo com diversas fontes, em sua residência secundária, onde não estava exposto aos olhos dos visitantes.

vras, encontrar para ele, duas vezes por mês, o paciente que ele veria. Aliás, eu estava fascinado pelas entrevistas que ele fazia, era um psiquiatra notável. Eu ficava muito impressionado em particular com aquela capacidade que ele tinha de entrar com o paciente na experiência fecunda, no momento criador da psicose. O mais difícil era, em seguida, explicar ao paciente que ele nunca iria rever aquele senhor tão gentil e tão incisivo. Todos guardavam uma lembrança muito impressionada da entrevista, e ali havia uma dificuldade de natureza um pouco ética evidentemente, o que me constrangia. Aliás, é por isso que eu mesmo nunca fiz em meu serviço apresentação desse tipo posteriormente.

Assim, a minha análise com Lacan se desenrolou de 1953 a 1960. Durante todo esse tempo, fui portanto ao seminário, e depois também a Guitrancourt[4], já que as minhas relações com Lacan se "familiarizaram" um pouquinho, aliás sem excessos, ao longo dos anos.

R. R.: Até que ponto?

D. W.: Quando eu ainda estava no divã, ele às vezes me dizia: "Escute, meu caro, eu gostaria muito de vê-lo neste fim-de-semana. Já que a sua família mora no Oise, não muito longe da minha casa," – na verdade o trajeto levava um tempo louco! – "venha então a Guitrancourt, teremos uma sessão e depois, justamente, há Bataille que vai estar lá, jantaremos juntos". Logo, lá íamos, durante a sessão minha mulher papeava com Sylvia[5], depois jantávamos. Tudo isso não me chocava. Aliás, nos plantões dos hospitais, ficávamos muito misturados, os do grupo Bouvet e os do grupo Lacan, e eu não via muita coisa de radicalmente diferente no que se passava dos dois lados. Eu tinha quatro sessões por semana como os outros, de uns trinta minutos mais ou menos, etc. Eu no entanto achava que ele não era muito regular em seus horá-

---
[4] Casa de campo de Lacan, situada na região parisiense.
[5] Sylvia Bataille, mulher de Jacques Lacan.

rios, mas, como ele deixava esperando mais os outros que eu – eu tinha notado isso –, eu não me queixava muito. O que de qualquer modo me espantara desde o início era o que eu chamaria a agitação dele. Acho que era um homem que não suportava ficar mais de alguns minutos possuído pela psique de um outro. Era intolerável para ele. Então, é claro, podemos ridicularizar o que ele fazia durante as sessões, o chá que ele tomava, as notas que fingia tomar, embora, com toda evidência, estivesse cuidando da correspondência, a abertura da gaveta-caixa com a contagem das notas, mas, na minha opinião, havia ali algo de compulsivo. Algo que não o impedia de estar à escuta, incontestavelmente, aliás costumávamos sentir a presença dele, por trás, extremamente forte... mas, de repente, ele recomeçava. Ele não suportava, eu diria, aquela passividade de espera, que para mim é algo bem central na ascese analítica – o que poderíamos discutir, mas é outro assunto. Logo, as sessões podiam ser um pouco movimentadas, mas ele tinha uma escuta muito presente. As interpretações, estas, eram raras, eram aliás mais da ordem da interrogação, de um sublinhar de algo, de um fechamento de sessão. Além disso, havia o seminário. Ali, de certo modo ouvíamos falar de mecanismos aos quais voltávamos nas sessões seguintes. Assim, o trabalho do seminário tornava-se, se podemos dizer, uma espécie de interpretação coletiva, de sensibilização, de que depois nos fartávamos no trabalho psíquico no divã.

É isso, então, o que posso dizer, de modo sumário, da prática de Lacan. Mas aceito responder mais adiante à sua questão sobre as decepções que experimentei no fim da análise. Primeiro, esse fim da análise foi um pouco eu quem decidiu. E posso dizer que certas coisas, então, me chocavam. Em primeiro lugar, penso que houve momentos em que havia interpretações de transferência a serem feitas que não o foram. Por exemplo, um dia em que eu me queixava de que X só falava bem dele e pretendia ser seu filho querido, embora não estando em seu divã, no fim da sessão, ele se voltou para mim e me disse: "De qualquer modo, você não vai comparar os sentimentos que posso ter por você com aqueles que tenho para com X". Eu saí mais tranqüilo, mas achei no mínimo estranha essa frase. Talvez tivesse um sentido que eu não havia entendido, mas, enfim, esse tipo de situação me incomodava. Outras coisas ainda me haviam chocado. Assim, quando pedi supervisões aos membros da comissão de ensino, isto é, Lagache, a Dra. Favez, Perrier acho, e quando me preparava para encontrá-los, Lacan me disse à porta: "Escute, você sabe, são pessoas que não compreendem muito bem o sentido que dou a sessões um pouco particulares, não lhes fale de sessões curtas, aliás não faço com você". Mais tarde, ele precisou: "Eu me autorizo a fazê-lo, mas fiquem sabendo que não autorizo ninguém mais além de mim a ter essas práticas". E mais tarde ainda: "É uma pena que você me deixe logo antes de eu ter feito a teoria" – em outras palavras, antes de ele ter feito a teoria de suas práticas e, em particular, das sessões curtas. Assim, a primeira versão de sua reação era "Não diga o que eu faço", e isso eu tomei muito mal. E, aliás, disse isso a ele. Como eu me exprimia a esse respeito, o fim da análise, de fato, não fora gravemente conflituoso. Mas mesmo assim eu tinha a impressão de que punha fim, de modo um pouco prematuro, a essa análise, e que ele me deixava ir embora. Em suma, eu parava de uma maneira a um só tempo um pouco insatisfatória... mas relativamente satisfatória mesmo assim. Pois eu tinha estado diante de um homem antes gentil, de quem pude apreciar ao longo dos anos seguintes a qualidade do debate que ele mantinha.

Quanto a decepções, devo acrescentar que também tinha me acontecido ficar às vezes decepcionado num plano teórico. Quando eu lhe dizia que não estava entendendo muito bem isto ou aquilo, ou então quando não via como se podia dizer a um só tempo isto e aquilo, não era fácil ir mais adiante: ele não ficava à vontade no debate privado. Em vez de dizer "tentemos falar sobre isso", ele respondia: "Você verá, basta seguir o seminário, você verá, vou falar sobre isso mais tarde". Por isso, ficávamos todos numa espécie de espera do seminário como o lugar da fala de Lacan a um só tempo para sua análise pessoal e para os debates de idéias que poderíamos ter vontade de fazer – mas, de fato, não havia muito debate, ainda que alguns antigos como Perrier ou Leclaire, e só eles, pudessem falar no seminário. Logo, havia uma frustração, inclusive no plano teórico. De qualquer modo, eu suportava mal o dogmatismo, o lado carismático, a devoção – mais mantida pelos colegas que por ele aliás – que cercavam isso tudo e que caracterizavam, afinal, a posição de Lacan: "o" mestre!

R. R.: Uma posição permanente ou não? Podemos imaginar que você pôde ver Lacan em outra posição, pelo menos durante aqueles jantares na casa dele dos quais você participou...

D. W.: É claro! Tínhamos ali uma conversa muito diferente. Estávamos diante de um homem muito erudito e sobretudo muito ávido de saber o que você ia poder lhe trazer. Às vezes podia até ser constrangedor. Lembro-me, para tomar um exemplo caricatural mas falante, de um dia em que eu voltava da Itália, depois de lá ter passado férias, e ele me dissera: "Wildlöcher, você tem que me explicar, como anda a Itália?". Eu estava um pouco estupefato! Como podia eu ser capaz de lhe dizer como andava a Itália! Ao mesmo tempo, era gratificante. E ele não fazia isso por comédia. Era, desse ponto de vista, um homem muito sincero, que tinha vontade que seus alunos fossem os melhores, pessoas que surpreendessem uns e outros. Havia a um só tempo uma vontade de dominação e um respeito e um interesse pelas pessoas. Era, se quisermos, sedução, mas não só.

O mesmo acontecia com todos, inclusive nesses casos, esses jantares, a que você fazia alusão. Ele perguntava muito, interrogava muito. Falava muito pouco dele. Vi-o interrogar Bataille, vi-o perguntar a Jakobson o que este pensava da realidade, da *Wirklichkeit*, e ficar muito decepcionado, aliás, por não obter uma verdadeira resposta. Lembrome também que, um dia, Lacan me falara de Lévi-Strauss e me deixara nitidamente entender que este último estava irritado por ser constantemente solicitado por ele sobre tal ou tal ponto que ele queria aprofundar. Acreditei entender, mesmo sem ser eu mesmo daquele meio, que, no fundo, esses homens com quem ele conviveu estavam todos um pouco cansados com a insistência, a pressão de Lacan, que podia ser vivida como uma dominação, mas que era uma demanda, uma demanda considerável, que marcava sua necessidade de ser alimentado. Assim, de um lado, na minha opinião ele estava frustrado na análise, pois em geral não suportava essa espécie de fala, e ia buscar sua nutrição dessa língua do espírito necessária à sua criatividade pessoal em outra parte.

A. D.-W.: Você diz que, na intimidade, ele falava pouco e perguntava muito e que o lugar do seminário era aquele onde ele falava realmente...

D. W.: É. E a decepção de que lhes falei no fundo veio aos poucos. Parei a minha análise em 1960, as supervisões se desenrolavam, eu sempre tinha relações com Lacan, a gente se via de vez em quando, eu ia ao seminário regularmente. Às vezes ainda lhe acontecia me telefonar e me convidar para jantar. Embora a nossa relação pudesse tomar, em certas oportunidades, um aspecto um pouco agressivo. Por exemplo, um dia, ele não estava contente porque ficara sabendo que Lebovici fizera um elogio à minha intervenção num congresso de psiquiatria da criança em Roma, e ele me convocara na hora que se seguira à minha volta a fim de que eu lhe explicasse por que Lebovici – que eu não conhecia – achara aquilo tão interessante. Mas, quase sempre, tudo ia antes bem. Assim, eu não me colocava muitas questões, embora às vezes estivesse em desacordo com o que acontecia, como eu disse. Depois, fiquei sabendo, e voltamos ao que falávamos no início, que havia negociações com a Associação Internacional, de que eu nada sabia.

Um das coisas que me haviam chocado no ensino de Lacan era, de certa maneira, seu fechamento. Tanto havia uma abertura que me interessara enormemente nesse ensino no plano cultural – para a filosofia, a história, etc –, tanto, tão logo se estava no plano da mera psicanálise, ele estava na polêmica pura. Ou bem ele batia – apoiando-se numa simples observação ou palavra – em tal ou tal analista americano, como Hartman ou Kris, ou então nada dizia do que se passava em outros lugares, era o silêncio. Seu tom polêmico e seu fechamento ao pensamento psicanalítico outro me desagradavam muito. Como eu disse, ele não sabia debater, só podia estar na polêmica ou – e isso era evidente – no transe criador. No fundo, percebo que ao defender, hoje, como faço, o debate psicanalítico, talvez eu tenha encontrado uma maneira de continuar a acertar as minhas contas com algo que diz respeito a Lacan...

Então, quando fiquei sabendo que algo se passava do lado da IPA, que o que estava em questão era que não pudéssemos pertencer a ela porque havia uma contestação forte das práticas de Lacan, pensei: bom, vamos permanecer lacanianos, é evidente, mas mesmo assim temos que saber que não somos unânimes a pensar que tudo é perfeito. Enviei, então, a Leclaire, como disse, uma longa carta em que lhe explicava que não estava nem um pouco de acordo que fossem defendidas a qualquer preço as práticas de Lacan, pois eu achava que havia ali coisas que eram inadmissíveis: uma certa vontade de dominação, a ausência de interpretação, o fato de que tudo passava pelo seminário numa espécie de trabalho coletivo de sensibilização analítica e de criação e não num trabalho pessoal de interpretação individual, as pressões insistentes – do gênero: "diga a fulano, que você conhece bem, e que não voltou a me ver depois que o deixei esperando três horas noutro dia, que ele tem que voltar" –, até mesmo caprichosas que ele exercia...

A. D.-W.: A vontade de dominação que você evoca se manifestava na cura psicanalítica? De que maneira?

D. W.: Na cura, essa vontade de dominação se manifestava pelo fato de que a interpretação não era dada *ad hominem*, se posso dizer, num momento da sessão, mas era retomada, através do seminário, numa verdade geral, como algo que requeria uma adesão de conjunto. E entendi bem depois, lendo-o e relendo-o, que no fundo Lacan pretendia manter essa experiência negativa da situação analítica; era preciso que dessa negatividade saísse uma criatividade, mas num nível sublimado e depois da análise.

A. D.-W.: O que se deve entender por "experiência negativa"?

D. W.: Falo disso no sentido de que, no fundo, devia ser abandonado no deserto da sessão tudo o que é da ordem das ilusões imaginárias, como atingir a verdade, ouvir a fala do analista, ficar tranqüilizado quanto à culpa, tudo o que de certa maneira podia acalmar o jogo. Logo, nada para interpretar a transferência. A tal ponto que não se interpretava nada, já que tudo podia ser entendido como uma interpretação "acalmante". Daí, creio, uma relação com a terapêutica que estava ali muito visível: não era preciso que qualquer coisa, no fim das contas, fosse terapeuticamente ativa na sessão. Tudo devia ficar numa falta, e é dessa falta que surgiria algo. Eu diria que havia ali em Lacan uma concepção que eu qualificaria de um pouco mística da análise, o que não me agradou. Pois eu entendia bem o sentido dessa posição, esse fato de que não se tratava de querer tratar a qualquer preço, de suprimir o sintoma, etc, mas eu pensava que mesmo assim se tratava de permitir que a pessoa tivesse um acesso a uma liberdade interior, em suma, ali, eu sentia bem que tínhamos uma sensibilidade diferente.

A. D.-W.: Você acaba de fazer referência à mística. Você acha que Lacan tinha uma posição de tipo mística?

D. W.: Perguntei-me isso com freqüência. Às vezes pensei: Lacan sempre quer mostrar que é mais marxista que os marxistas, e sobretudo ri quando lhe dizem que ele é mais jesuíta que os jesuítas, mas tocamos aí em algo que está no fundo dele mesmo, que seria da ordem de uma espécie de inquietude mística, do lado de Inácio de Loyola ou de São João da Cruz.

A. D.-W.: Como essa dimensão era perceptível nele?

D. W.: Sentia-se, de qualquer modo, um homem trágico. Mesmo quando estava alegre e relaxado, sentia-se que era um homem profundamente trágico. Eu havia sentido isso bem antes que houvesse conflitos entre nós. Depois, era ainda mais marcado. Posso ainda ouvi-lo dizer-me, na época da ruptura: "Mas, enfim, Wildlöcher, se você me diz isso tudo, é porque você pensa como analista; e, se você pensa como analista, de quem você recebe isso? Você me diz que é de mim que recebe. Então, como pode ficar nessa posição?". Eu lhe respondia: "Mas o senhor também me ensinou uma certa liberdade. Foi o que ganhei com a análise. E é essa liberdade que me permite lhe dizer o que estou dizendo". Estão vendo o debate, o apelo que ele fazia, eram muito duras essas últimas entrevistas com ele.

R. R.: Na época, de que maneira você ligou, o que, afinal, não era necessariamente evidente, essa decepção para com Lacan que você comentou longamente e o problema da adesão à IPA, que, até ali, não o atormentava muito?

D. W.: Para mim, a IPA não contava. O que contava era saber se consideravam que éramos solidários com Lacan ou não.

R. R.: Mas eram a IPA e seus responsáveis, e só eles, que colocavam a questão...

D. W.: É verdade, mas eu sequer sabia como eles viam a situação. Eu primeiramente só me coloquei a questão, naquela oportunidade, em relação às minhas próprias interrogações. Depois, é verdade que, ao encontrar os membros da comissão da IPA, de minha parte, vi pessoas com as quais me entendi relativamente bem. Disseram-me: "Mas, a SPP* ou a SFP, não existe só isso na psicanálise no mundo. Quanto a Lacan, é seu direito acreditar nas teorias dele, o problema não está aí. O problema é a prática dele, é esse número incrível de pessoas que ele tem no divã". Um dia, um de nós aliás me dissera: "Com Lacan, sempre há só cinco pessoas em didática, mas percebemos que elas nunca têm os mesmos nomes!". E é verdade que Lacan operava uma espécie de recolhimento de candidatos, recolhimento que se acentuava e que ainda se agravou, acho, quando ele considerou que havia um risco de ruptura com alguns desses alunos. Logo, o que se passava, para mim e outros, é que estávamos retirando a solidariedade. Não queríamos mais ser puros fiéis. Aliás, os colegas que tinham ficado nessa posição nos diziam: "Você está totalmente certo, as críticas que você faz, eu também faço, mas não podemos fazer isso com Lacan, não é possível". O "não podemos fazer isso com Lacan" declinava-se em "é mesmo assim quem nos alimenta intelectualmente, é só dele que podemos esperar uma certa criatividade analítica", ou então "se fizermos isso com ele, vamos matá-lo".

Então, em seguida, de uma política de retirada de solidariedade tivemos de acabar numa política de exclusão. Passamos de uma posição "nobre", que podia satisfazer a nossa consciência, a uma posição que implicava que lutássemos, já que estávamos zangados, em ruptura, e de fato era preciso se proteger.

R. R.: Essa passagem de uma posição à outra mesmo assim se faz, de certa maneira, sob o impulso da comissão da IPA, a comissão Turquet*, diante da qual você tem de testemunhar sobre Lacan. Visto de hoje, esse procedimento algo inquisitorial não parece banal. Era normal responder à convocação, depois às perguntas de uma comissão como essa?

A. D.-W.: Parece mesmo assim difícil imaginar que, hoje, jovens analistas se prestassem a tal operação...

D. W.: Não sei... Mas, quando fui encontrar aquela gente, eles não me fizeram perguntas que me chocassem. O que me chocou foi quando Leclaire enviou uma carta àqueles que deviam se apresentar perante a comissão que dizia "Não digam tudo, vocês não estão tratando com interlocutores honestos, desconfiem", dando de novo o mesmo golpe que aquele que Lacan me aplicara alguns anos antes durante a história das supervisões. Ora, eu achava que não tinha nada a esconder. Nem o trabalho que eu fizera com ele e ao qual dava importância, nem o fato de que não estava de acordo com a prática dele.

R. R.: Quem, precisamente, o convocou?

D. W.: A comissão quisera ver, é claro, pessoas analisadas por Lacan e que já tinham tomado posição a favor ou contra ele, e pedira, acho, a Leclaire, que ainda era o presidente da SFP, para designar essas pessoas. Por que fui um dos primeiros escolhidos para testemunhar? Não sei dizer. Temo que o fato de que eu era, na época, um ex-chefe de clínica, bem situado no meio psiquiátrico, deve ter feito de mim alguém muito apresentável na vitrine. Leclaire, que conhecia bem a minha maneira de pensar, talvez também supusesse que eu tinha um bom contato, como se diz, que eu sabia falar às pessoas e que eu estaria menos numa posição defensiva que outros, e que podiam portanto me enviar entre os primeiros perante a comissão.

A. D.-W.: Foi de fato nesse momento do encontro com as pessoas da IPA que se precisaram para você as críticas que podiam ser feitas a Lacan?

D. W.: Totalmente. Isso cristalizou essas críticas. E, de fato, sempre guardei uma grande estima, que aliás era partilhada, creio, pelos membros da comissão que conheci nessa ocasião, em particular Ilse Hellman e sobretudo Paula Heimann, com a qual mantive uma correspondência até sua morte. Os outros? Turquet? Com certeza fazia menos o meu gênero...

A. D.-W.: Você chegaria a dizer que, durante as entrevistas com a comissão, coisas, ali, se abriram para você?

D. W.: Certamente, coisas se abriram. O que ouvi? Os lacanianos, diziam-me, estão sempre nos falando das relações com Nacht e Lebovici, mas a psicanálise não se resume a relações com algumas pessoas. Além disso, vocês nos falam de Freud, tudo bem, mas, entre Freud e vocês, há mesmo assim outras pessoas. Vocês conhecem Melanie Klein? Vocês conhecem a escola da egopsychology? Vocês conhecem Ferenczi? Tínhamos decerto ouvido falar um pouco deles, mas não sabíamos muita coisa. Ferenczi, bem rápido o tínhamos colocado de lado, e de Abraham, que não era, é verdade, sempre animador, não falemos, ainda que um pequeno artigo lhe tivesse sido dedicado. Logo, eles podiam nos dizer: mas vocês não conhecem a literatura internacional.

E é fato que eu jamais havia lido um texto em inglês. Eu não sabia o que era a vida da psicanálise de outra maneira que através daquilo que se falava no seminário. Eles suscitaram o meu interesse, minha adesão a um pensamento internacionalizado. E, aliás, guardo sempre uma enorme irritação contra os chauvinismos franceses – é evidente que não há só o lacaniano. Nem tudo está para ser encontrado em outra parte, mas há uma enormidade a ser encontrada no debate com outras partes. Aliás, foi após esse primeiro encontro que tive com analistas vindos de outros horizontes – e também graças à ajuda preciosa de Granoff – que pude ter contatos com outros, notadamente com psicanalistas ingleses. Foi assim que, pouco a pouco, estabeleci relações com Anna Freud – injustamente desconsiderada, com freqüência mal vista, por causa, notadamente, de seu estilo um pouco estreito, mas que tem pensamentos bem interessantes e pela qual tive admiração –, Winnicott, Masud Khan e muitos outros. Eu não estava forçosamente de acordo com essas pessoas, mas não estávamos em relações maniqueístas. Em suma, eu tinha a impressão de me libertar de um jugo.

R. R.: Logo, não teria havido traumatismo para você no momento da ruptura com Lacan...

D. W.: Sim, houve mesmo assim um traumatismo no plano pessoal. Como poderia ter sido de outro jeito depois que Lacan, no momento da ruptura, saiu com coisas como "se você tiver problemas na vida, não se espante, eu certamente não seria estranho a eles". No momento, isso me fez rir um pouco, pois me lembrava uns versos de *Polieuta* que eu conhecia de cor – "Não duvide do braço do qual partirão os golpes...".

R. R.: "Golpes" que vieram?

D. W.: Não. E não penso que se tenha tentado o que quer que fosse. Não há o menor indício. Que tenha havido em seguida ostracismo, isso é seguro, mas à exceção disso...

A. D.-W.: A sua irritação não vinha mais dos lacanianos que do próprio Lacan?

D. W.: Absolutamente. Era ao fenômeno lacaniano, a esse sistema, que eu não aderia. E dele saí nessa ocasião. Os colegas me diziam: mas você está nos deixando! E eu lhes dizia que, de fato, não suportava o que estava acontecendo, não suportava que me dissessem certas coisas e depois que, em seguida, fossem "rastejar", recusando que houvesse um debate sobre o que estava em jogo. Alguns, como Leclaire, me pediam no entanto para ficar, me dizendo que era justamente com pessoas como eu que o debate poderia acontecer. Ao passo que, se, com outros, eu fosse embora, certamente não haveria debate.

A. D.-W.: Ele estava errado? O que você pensa hoje?

D. W.: Não sei se o debate poderia ter acontecido. A coisa tão rápido se politizou – no melhor sentido do termo, aliás – que a questão dificilmente podia se colocar. Nos últimos anos, eu vivia algo tão sectário, tão fechado, tanto era preciso esperar tudo do mestre, para hoje e para amanhã, que não era mais possível. Aliás, ao pensar que eu estava indo embora quando ele em breve ia fazer a teoria de sua prática, que o que eu esperava ia vir, Lacan estava bem nessa ótica. E pensei, e lhe disse, que eu estava esperando há tempo demais as teorias relativas às questões que eu lhe colocava e que, dali por diante, eu veria bem o que iria acontecer. Depois, ele me disse a esse respeito que detestava essa idéia de que eu ia – assim como os outros que estavam indo embora – apossar-me de suas idéias e delas tirar proveito embora o criticasse...

R. R.: Se você me permite ser abrupto, foi esse o caso? Mais simplesmente, você continuou a ler Lacan?

D. W.: Não. Parei de ler Lacan durante um certo tempo, não suportava mais, por razões psíquicas sobre as quais não me estenderei. Não quis lê-lo, mas não quis tampouco criticá-lo, em todo caso no sentido de me perguntar "isso está funcionando?". Isso aliás me foi censurado: alguém como Anzieu me dizia que eu deveria trabalhar sobre Lacan, mostrar em que era diferente ou não daquilo para o que tínhamos ido. De fato, as pessoas do grupo dos mocionários não fizeram esse trabalho. De minha parte, de dois ou três anos para cá, venho relendo os textos de que fui ouvinte assíduo, tentando ver em que eram vetores de algo que ainda me diz respeito e em que provavelmente desempenharam um papel mesmo à minha revelia. Pois eu disse muito na época que o que eu criticava eram as práticas, mas de modo algum o pensamento de Lacan, e hoje creio que não era verdade. Também havia, para mim, no pensamento de Lacan, coisas que não eram aceitas e que estiveram na origem da ruptura. Tento trabalhá-las, não num espírito polêmico, mas para tentar diferenciar as coisas, para abrir um debate com a filiação lacaniana sobre as diferenças. Evidentemente, isso me leva a me interrogar sobre o que se passa atualmente, a pensar que é preciso absolutamente que a Associação Internacional, a IPA, se abra ao debate com grupos exteriores e que estão eles mesmos dispostos a marcar, mas também a trabalhar essas diferenças. Mas resta saber com quem se pode debater e com quem não se pode. Quando meu antecessor na presidência da IPA tentou falar com Jacques-Alain Miller, penso que, infelizmente, não houve debate, pois este último não queria debater. Aliás, continuo a me perguntar por que Jacques-Alain Miller quis ir ao congresso da IPA, o que estava buscando, já que recusava qualquer debate.

A. D.-W.: Você dizia – entendi bem? – que havia no pensamento de Lacan elementos de desacordo, mas que não eram pensados...

D. W.: Em todo caso, que não eram pensados por mim. Não sei se ele via até onde aquilo ia, mas já havia nele uma crítica da interpretação, uma teoria até da não-interpretação, que ia muito mais longe que o que sobressaía das duas ou três frases em que estava em questão falar ou não falar para o analista. No fundo, penso que o debate em torno da duração das sessões era apenas um sintoma. Pois a questão não é essa. Aliás, eu mesmo acho que talvez valha mais a pena ter sessões freqüentes, mas curtas, em vez de longas, mas espaçadas. Mas o problema não está aí, o problema é o que se faz na análise, o que se pensa na análise, o que se pensa entre duas sessões.

R. R.: A sessão curta faz parte justamente daquilo que Lacan finalmente teorizou, em particular ao se interrogar sobre a interpretação...

D. W. Ele teorizou isso com o conceito de escansão. Só que a escansão, para mim, não é a interpretação. É um método que de qualquer modo é muito particular e de que vemos mais facilmente os inconvenientes que as vantagens. Acho que Lacan, nesse ponto, fez uma racionalização do que estava ligado à sua personalidade, a saber, sua incapacidade de passar de quarenta a quarenta e cinco minutos fechado numa sala com a fala de um outro.

R. R.: Havia, visto de hoje, outros desacordos tão fundamentais quanto aquele sobre a interpretação?

D. W.: O mais fundamental era seguramente aquele que se referia à lógica da interpretação. Sobre a transferência também, havia desacordo. Mas os dois estão ligados.

A. D.-W.: Ao lermos um livro recente que você escreveu, podemos ter a impressão de que você pensa que essa idéia de Lacan segundo a qual o inconsciente é estruturado como uma linguagem poderia chegar a um certo desconhecimento do inconsciente...

D. W.: Isso não esteve em jogo na época da ruptura. Mas hoje me parece importante. Acho que Lacan permaneceu um homem de sua época, que aderiu a uma teoria do pensamento como sendo um pensamento de enunciado. Ora, acho que agora sabemos que o pensamento não está no enunciado. Os enunciados são o produto de uma atividade de combinatória, de jogo, de flutuação, e o sentido das coisas não está nos signos, está no jogo dos signos. Lacan sentiu isso, mas foi para o lado do significante ao conservar uma teoria do signo, e acho que aí ele está superado. Acho que a maioria dos psicanalistas não mediu o que está em jogo por trás disso. Em outras palavras, o inconsciente provavelmente está estruturado de modo bem diferente, mas o que podemos fazer com o inconsciente está estruturado como uma linguagem. Desse ponto de vista, Viderman, a partir de uma posição não lacaniana, sem dúvida apontou algo interessante. A linguagem, sim, é o acesso ao inconsciente, mas não a própria estrutura do inconsciente.

A. D.-W: O que seria, então, desconhecido na cura analítica?

D. W.: É outro assunto. É desconhecido que aquilo de que falamos tem efeitos que vão para além da linguagem, e que nada sabemos disso. A única coisa que talvez saibamos é como a flutuação associativa vai de certo modo refletir os movimentos que terão sido mais ou menos provocados. É a onda que isso provoca que está ali. Tomemos um exemplo. De M'Uzan – ele não é nem um pouco lacaniano – fala de uma observação de um sonho em que a paciente vê uma amiga dotada de um falo dourado, etc. Ela acorda, pensando, "só faltava essa, um falo assim, só a Toinon para sonhar com isso". Toinon é a moça que é o objeto do sonho. E De M'Uzan pensa "você não"*. Estamos aí no trabalho do significante. Acho que há, decerto, o trabalho do significante, mas tomar esse objeto "Toinon" como um objeto de trabalho psíquico, a questão não é essa. A questão é saber o que isso fez mudar, mexer, na associatividade, no fluxo das imagens, dos pensamentos. O que isso fez mudar nesse desconhecido que para nós é a psique. Em outras palavras, utilizamos esse objeto como um chiste, no melhor sentido do termo. Pois há uma força econômica nele. Mas isso não deve levar a idolatrar o significante, a coisificá-lo. Discutir isso, eis uma oportunidade de debate.

A. D.-W.: Será que esse debate na verdade não se refere ao que Lacan subsumia sob o termo Real? Não se está falando aí, com efeito, daquilo que escapa à palavra?

D. W.: Talvez. E seria, portanto, um terreno de debate, uma oportunidade de tentar ver o que quer dizer o outro, por que não dizemos a mesma coisa, se falamos ou não da mesma coisa com termos diferentes, etc. Mas, já que continuamos nas grandes questões teóricas a respeito de Lacan, eu gostaria de dizer, pois não se falou disso até aqui, que suporto muito mal também a teoria que ele fez do sujeito. Aliás, eu disse isso a Lacan; logo, isso não data de ontem. Disse-lhe que estava um pouco cansado de ouvi-lo nos falar sem parar do sujeito, ao passo que ele de fato preconizava a dessubjetivação radical e que só nos tinha ensinado uma coisa, é que, para ele, o sujeito não existe. Há aí realmente matéria para debate. Fala-se muito da teoria do sujeito, do sujeito do inconsciente, mas acho que o inconsciente não tem sujeito. "Isso" fala, "isso" pensa, "*Es*" *denkt*, mas não é um sujeito, é o aparelho psíquico.

A. D.-W.: Não há sujeito do inconsciente, você diz. Mas será que poderíamos dizer, de certo modo, que há uma presença em nós que escolhe inconscientemente um sintoma?

---

* Homofonia em francês: *Toinon* e *toi non* [você não]. (NT)

D. W.: Numa perspectiva muito clássica, eu lhe diria que isso é do lado do eu [*moi*]. Não do lado do eu [*moi*] imaginário, do qual Lacan chacoteou com razão, mas do lado da agência psíquica que subjetiva em nós. Há um sistema de organização psíquica em nós que é um sistema subjetivante, que funciona como que posicionando o sujeito, sujeito que é um sujeito ilusório. E isso se chama o eu [*moi*]. O que sempre censurei em Lacan foi ter confundido o eu [*moi*] agente com o eu [*moi*] imagem – ainda que seja verdade que em Freud os dois existem. Coisa curiosa que nunca compreendi, essa questão no entanto estava muito presente no espírito do analista de Lacan, Löwenstein, que escreveu páginas notáveis para dissociar o *self*, logo, o eu [*moi*] imaginário, e o eu [*moi*] enquanto agente psíquico, enquanto conceito instrumental de uma organização da psique. E Lacan nunca entendeu isso! Como se explica que Lacan nunca tenha entendido a maneira como seu analista soube estabelecer essa diferença e tenha, portanto, podido fazer como se ela não existisse. Lagache tinha sabido muito bem, então, ressaltar também que há um eu [*moi*] constituinte e um eu [*moi*] constituído; e é por isso que, nessa época, fora de qualquer questão de transferência lateral, eu facilmente me encontrara próximo dele.

A. D.-W.: Se pensarmos no ser falante que faz um chiste, isso o atravessa, isso escapa à vontade dele, vem a ele como uma interpretação inconsciente. Será que, ali, essa presença, você a chama eu [*moi*] ou sujeito?

D. W.: Não há sujeito ali, há um eu [*moi*] apreendido por um trabalho psíquico inconsciente que está aquém dele. E que se torna sujeito falante se esse eu [*moi*] fabricar de certo modo uma linguagem de assunção, isto é, um "penso que", "creio que", mas é uma formação do eu [*moi*].

R. R.: O interlocutor, em caso de chiste, não supõe, no entanto, imediatamente, um sujeito, ele?

D. W.: Mas o inconsciente não trabalha os chistes, ele trabalha a psique sob o modo do chiste.

R. R.: Estamos falando muito aqui de diferenças teóricas. Mas, na sua prática de todos os dias, resta algo identificável do que se passou com você durante uma dezena de anos no divã de Lacan?

D. W.: É realmente difícil responder à sua questão. Pois é uma questão que me coloquei durante a minha carreira inteira. É certo que, quando comecei a minha prática, esta não estava muito afastada daquela que eu havia conhecido. Mas, em seguida, fiz todo um trabalho que não devia muita coisa ao que eu havia feito ou lido antes. É evidente que também era, junto com meus analisandos, meu próprio trabalho de análise que continuava. Em suma, agora, tenho a impressão de que o que faço é muito diferente daquilo que fazia Lacan. Não houve, a esse respeito, ruptura, mas uma evolução cada vez mais nítida. O que resta? Com certeza muito mais do que costumo pensar. Em particular, se defendo a interpretação, permaneço mesmo assim convencido de que a interpretação deve ser dada no bom momento, e economicamente; deve ser útil, mas absolutamente não informativa. Não penso que só haja Lacan para dizer isso, mas é algo que está bem na orientação dele. Por outro lado, talvez eu deva a ele, às vezes, uma certa liberdade com o paciente. Passo por alguém frio, sou bem reservado. E fico atento para manter uma posição de não-dominação, de não-influência, eu nunca disse a alguém quem ele devia ir ver, talvez eu seja até estrito demais a esse respeito. Mas, por outro lado, tenho uma espécie de facilidade. Aconteceu-me, por exemplo, pedir a um paciente: "Puxa, você está indo a esse país, pode me trazer tal ou tal coisa, eu adoraria". Depois, acabei me perguntando o que havia feito ali, mas posso fazê-lo. São pequenas coisas. Mas talvez seja também um estilo.

Por outro lado, e ainda que de novo nos afastemos aqui da prática, resta-me certamente dessa época uma propensão permanente a ler e a citar Freud. Em 1953, incontestavelmente, ler Freud era lê-lo com

Lacan. Lagache, é verdade, também tinha começado a fazer isso, mas, do lado da SPP, pensava-se que era melhor não ler Freud diretamente, era considerado um pouco perigoso. Um discurso católico, ora: não leiam a Bíblia, reportem-se apenas à maneira como ela foi compreendida. Desse ponto de vista, os lacanianos eram como protestantes que retornavam ao Livro. E, hoje ainda, percebo o efeito disso quando vejo que colegas, em encontros internacionais – foi ainda o caso com um deles recentemente, após uma intervenção de minha parte –, observam que só um francês para citar Freud com tanta facilidade num colóquio.

Posfácio
por Emil Weiss

Os textos que compõem o núcleo desta obra provêm, na origem, de gravações efetuadas entre 1994 e 1995 para a realização do filme intitulado *Quartier Lacan* (primeira parte: "Jacques Lacan em ação"; segunda parte: "A obra de Jacques Lacan"), encenado e produzido sob meus cuidados. Ele foi difundido sob forma de videocassete pelas Éditions du Seuil. Serge Leclaire, Vladimir Granoff, Maud Mannoni, Moustapha Safouan, Jean Clavreul, Claude Dumézil, Charles Melman e René Bailly participaram desse empreendimento – que não inclui, portanto, René Major, Christian Simatos, René Tostain e Daniel Wildlöcher, cujas entrevistas também figuram na presente obra.

Assim, terei tido a satisfação – ainda que seja bem relativa sob certos aspectos, como se compreenderá – de ver chegar a última etapa, sob forma escrita, dessa aventura gratificante, mas também muito complexa, que representou a feitura de *Quartier Lacan*. Vou tentar aqui fazer a descrição.

No começo do projeto, houve um encontro com Alain Didier-Weill, iniciado por Florence Gravas, em 1993. Este me falara de sua vontade de criar um documento filmográfico relativo a Jacques Lacan construído a partir de testemunhos de psicanalistas escolhidos entre os mais próximos e também entre os primeiros companheiros de estrada do mestre. Propôs-me cuidar da realização do projeto.

Compreendi a importância que ele dava a esse trabalho de memória e senti sua paixão pelo assunto – paixão que posteriormente se revelou presente também em todas as testemunhas que participaram do filme. Também compreendi que essa mesma paixão suscitada por Lacan talvez esteja na origem dos numerosos conflitos que dividiram a maioria dos analistas continuadores de seu empreendimento.

Nessas circunstâncias, realizar esse filme documentário correspondia a aceitar um desafio: reunir no seio da obra, no mesmo quadro, apesar de estarem divididos, aquelas e aqueles que estavam de acordo em trazer sua contribuição a esse trabalho de memória. Um empreendimento de início fundado, com certeza, no próprio trabalho de memória de cada um, mas que, no fim das contas, devia visar transcender as contribuições individuais numa criação comum. Em tal conjuntura, talvez fosse possível, eu pensava, superar as clivagens iniciais e esses conflitos entre analistas que me pareciam um pouco falsos, em todo caso excessivos. Entretanto, as minhas intenções "pacificadoras" não me pareciam suficientes para garantir que todas as condições estariam reunidas a fim de que eu pudesse me "jogar na água" e tomar, como convém, o longo caminho que a confecção de um filme como esse impõe percorrer.

Meu universo pessoal, impregnado por um interesse constante pelos mistérios da alma humana, era não só estranho à psicanálise, mas também resistente quanto à hipótese de um dia me tornar analisando. Com certeza por medo de perder a minha autonomia, e por recusa de modificar essa misteriosa alquimia que mantemos com o sujeito de nossas pesquisas num processo dito de criação. Além disso, as coisas que eu já conhecia desse "quartier Lacan" tinham chegado a mim junto com os ruídos da cidade. Tinham um perfume de escândalo e costumavam ser testemunhas de um fenômeno idólatra.

Nessas condições, o que me autorizava a me lançar nesse empreendimento? Minha motivação foi dupla.

Por um lado, já lá se vão muitos anos, afastei-me do procedimento científico, que correspondia à minha formação inicial e marcara com sua impressão o início de meu itinerário profissional, pois o achava insatisfatório no plano humano. Hoje ainda, apesar dos múltiplos benefícios tecnológicos que ele nos traz, eu o qualificaria de singularmente invalidante. Esse procedimento tem por postulado a objetividade: a reprodução dos fenômenos observados graças a um método em que o observador está necessariamente fora do fenômeno observado. Esse dispositivo, sempre em ação de maneira exclusiva no âmbito científico, condiciona nosso meio e nossos modos de pensar. Determina uma maneira de escrutar o real ao mesmo título que determina valores éticos e morais, ou antes, a ausência ou a quase ausência deles, já que limita singularmente o lugar dado ao ser humano enquanto sujeito único e específico de sua história.

A teoria e a prática psicanalíticas representam uma tentativa de renovação do par observador/sujeito, com certeza discutível, provavelmente inacabada, mas seguramente estimulante. Isso se manifesta não só no desenrolar da cura analítica, mas ainda nas orientações teóricas propostas por Lacan, assim como na organização das instituições analíticas.

Aliás, a intenção de Lacan de "devolver a fala" aos humanos é, para mim, tanto – senão mais – um projeto ético e uma concepção filosófica quanto uma concepção da prática analítica. Lacan produziu um esforço teórico considerável para realizar essa ambição. Este "devolver a fala" também constitui um programa político de uma subversão radical e de uma atualidade sempre crescente.

A proximidade de tal ambição com o desígnio profético só podia deixar Lacan incompreendido por todos aqueles que acreditaram poder se apropriar do "seu" Lacan pela "mandicação", para retomar um conceito fundamental da exegese bíblica[1].

---

[1] Esta referência à "mandicação", aqui, diz respeito ao pecado original de Adão e Eva, que comeram Conhecimento como comemos um gênero alimentício.

Um outro registro, intuitivo e afetivo, foi igualmente determinante para me convencer a me lançar nessa aventura. Vindo de horizontes em que a tradição oral e a cabala ocupam um lugar importante, o trabalho de Lacan me havia interpelado sem que eu pudesse explicitar realmente por quê. Os jogos de palavras que às vezes se tornavam conceitos em Lacan, como o "ser da fala" [*parlêtre*] (justaposição de "fala" [*parole*] e "ser" [*être*]) que encontramos na cabala sob a forma *hai-medaber* (vivendo-falando) para definir o homem, haviam suscitado curiosidade em mim. O fato de ter sabido que Lacan havia estudado a cabala com Emmanuel Reis, que foi um próximo de Jacob Gordin, meu "mestre espiritual", e que se voltara para Alexandre Kojève, amigo próximo de Gordin, para estudar a filosofia, confortara-me nesse sentimento de que eu me encontrava, com ele, num terreno onde eu teria encontros da ordem das afinidades eletivas.

Como agir, para pôr formalmente Lacan "na lata*"? Foi aqui que nasceu a idéia de uma encenação articulada em torno de um divã vazio, portanto em torno de uma ausência. Uma ausência com a qual foram confrontadas nossas testemunhas, levadas a evocar Lacan em pinceladas sucessivas, graças a uma fala viva que ressuscitava o que podia ser. Pôr todo o filme sob o signo da fala, privilegiar o verbo para limitar melhor a imagem, a imagem a mais, a imagem em excesso: no máximo duas fotos de Lacan aparecem na tela durante as duas horas do filme, ao passo que a voz de Lacan pontua numerosas vezes as frases do filme. Não é oportuno detalhar aqui as numerosas considerações que nos animaram na montagem desse filme, a fim de tentar permanecer em harmonia com a "gramática" psicanalítica. Digamos, entretanto, que importava para mim, antes de permitir que o relato decolasse, precisar "o lugar" de onde cada participante falava, as circunstâncias de seu encontro e sua

---

* Duplo sentido: *mettre en boîte* literalmente quer dizer pôr na lata do filme, filmar, e também *enrolar, enganar alguém*. (NT)

posição em relação a Lacan. Para o resto, neófito quanto à disciplina psicanalítica, pareceu-me essencial servir-me de minha própria ignorância como método de restituição: levando em conta a complexidade da proposta, e a reputação solidamente ancorada de hermetismo dos analistas, considerei que, se a proposta do filme estivesse se tornando evidente para mim, ela também estaria, com certeza, para um auditório mais amplo. Daí o desafio maior desse filme: apresentar de maneira inteligível a doutrina psicanalítica e, mais particularmente, as contribuições lacanianas.

 É importante para mim exprimir aqui a estima e o reconhecimento que dou ao trabalho de todos os analistas interrogados e dizer que me senti enormemente enriquecido ao fim desse empreendimento. A "missão" de que os senti investidos, que implicava um esforço solitário e constante, a benevolência que mostram para com o sofrimento humano, é isso o que a meu ver justifica uma admiração.

 No momento em que este livro é publicado, desejo, para terminar, dar uma explicação. Consciente, desde o início, de que grande parte do material reunido para o filme não poderia ser utilizado na montagem final, eu havia sugerido, no momento mesmo da gestação do projeto, conceber e desenvolver um projeto redacional. Este livro, na minha mente, devia preservar, pelo modo de apresentação das entrevistas, as escolhas operadas durante a realização do filme, indo mais adiante que este. Graças a um recorte temático dos testemunhos de cada participante, associados aos dos outros, eu imaginava que poderia instalar-se uma espécie de polifonia, e que poderíamos chegar, assim, a uma "forma" mais apropriada para esse trabalho de memória que uma simples sucessão de testemunhos individuais. Na minha mente, a obra escrita devia permanecer coletiva, desenvolvendo e englobando a extensão e a riqueza de todos os materiais conforme uma estrutura a ser estabelecida.

 Essa forma de obra coletiva parecia-me impor-se por mais de uma razão. Primeiro, todos os analistas que participaram desse empreendimento também são autores que publicaram muito e desenvolveram sua pesquisa. As intervenções deles, forçosamente limitadas durante as nossas gravações, não apareceriam no mesmo nível que as obras que eles escreveram. Publicar separadamente o testemunho de cada autor não podia causar confusão e deixar crer que todos tinham dado exaustivamente sua cadência, embora, na verdade, tivessem respondido a questões num tempo limitado, quase sempre após um dia de trabalho? Por outro lado, o teor das frases, recolhidos de maneira oral, prestava-se melhor a uma passagem à escrita sob forma de um exercício de dialética coletiva. Apresentar individualmente as contribuições, embora até alguns se tenham corrigido para dar uma forma escrita ao que disseram, outros não, arriscava, aliás, prejudicar a unidade do livro. Enfim, a reunião, sob nossos cuidados, desse coletivo de analistas que só existe virtualmente não podia facilitar, por pouco que fosse, o entendimento de uns e outros?

Para grande tristeza minha, tal projeto não pôde ser levado a cabo, por falta de entendimento entre os iniciadores de todo o empreendimento. E foi a razão pela qual durante muito tempo me opus à publicação deste livro.

Porque me parecia importante que existisse um documento escrito que testemunhasse o trabalho de memória empreendido, e porque o editor se comprometeu a publicar a integralidade desses testemunhos, finalmente dei meu acordo à publicação desta obra, sabendo que o editor procurou coletar algumas contribuições novas para ampliar as perspectivas de apreciação do "fenômeno Lacan".

Achei importante que os leitores pudessem ficar a par destas observações precedentes ao lerem este *Quartier Lacan* sob forma escrita.

Glossário[1]

Analista da Escola: ver abaixo passe e júri do passe.

Associação psicanalítica internacional (ou Associação internacional, ou Internacional): ver IPA.

Borromeano: ver nó borromeano.

---

[1] Proposto pelo editor, este glossário, bem resumido, sem visar, evidentemente, ser exaustivo, tem por única ambição facilitar um pouco, se necessário, a leitura da obra, em que a primeira ocorrência das palavras aqui definidas é assinalada por um asterisco. Não pode substituir, para mais precisão, a consulta de fontes mais completas. É possível, em particular, sobretudo para as definições dos conceitos evocados na obra, reportar-se a diversos "dicionários" da psicanálise, como os publicados pela Fayard (por Élisabeth Roudinesco e Michel Plon) ou Larousse (sob a direção de Roland Chemama). E, no que se refere à história do movimento psicanalítico francês, consultar *A batalha de cem anos*, o compêndio histórico de Élisabeth Roudinesco, e mais particularmente seu segundo tomo, que cobre grande parte do período evocado em *Quartier Lacan: Histoire de la psychanalyse en France*, t. II, Le Seuil, 1986, Fayard, 1994.

Cause freudienne: Última instituição cuja criação é atribuída a Jacques Lacan, em 1980, após a dissolução da École freudienne de Paris. Terá uma existência efêmera, mas dará nascimento, de fato, a outra instituição, a École de la Cause Freudiana (ver abaixo).

Cisões: O termo cisão evoca essencialmente, na presente obra, duas crises que afetaram o movimento psicanalítico freudiano na França. Primeiro, a crise de 1953 (provocada pela criação do Institut, julgado "acadêmico" demais por um grupo de jovens analistas, e pela contestação da prática de Lacan por grande parte dos notáveis da SPP, e que conduzirá à criação da SFP), depois a do início dos anos 1960 (provocada pelo fracasso de negociações entre a IPA e a SFP, Lacan recusando dobrar-se às "recomendações" da primeira quanto à sua prática, e que conduzirá à criação da EFP). Às vezes também se fala de cisão, sempre na França, a respeito da dissolução da École freudienne de Paris em 1980 ou da criação do Quarto Grupo (por analistas opostos à adoção do procedimento do passe tal como o concebia Lacan) em 1969.

Comissão Turquet: Comissão dirigida pelo psicanalista inglês Pierre Turquet encarregada pela IPA de investigar, entre 1961 e 1963, a Société française de psychanalyse e, mais particularmente, Lacan e sua prática das curas didáticas. Essa comissão, que interrogou um certo número de analisandos de Lacan, devia dar uma opinião – será finalmente negativa – quanto ao pedido de filiação da SFP à IPA.

Delenda: Nome dado por seus organizadores, essencialmente os futuros dirigentes da École de la Cause freudienne, às "segundas-feiras da dissolução", reuniões destinadas, em princípio, a partir de junho de 1980, a permitir que os analistas fizessem o luto da École freudienne após o anúncio de sua dissolução por Lacan.

Departamento de psicanálise: Departamento criado no seio da Universidade "experimental" de Vincennes – Paris-VIII – no fim do ano de 1968 por um grupo de analistas e professores lacanianos conduzido por Serge

Leclaire. O departamento, o único na França a propor um ensino da psicanálise freudiana fundado no trabalho de Lacan, será profundamente reorganizado e dirigido a partir de 1984 por uma equipe animada por Jacques-Alain Miller.

Diretório (da École freudienne): Órgão de direção da École freudienne de Paris.

Dissolução (da École freudienne): Em 5 de janeiro de 1980, Jacques Lacan anunciava sua decisão, que será contestada por alguns membros como sendo não estatutária, de dissolver a École freudienne de Paris. Essa dissolução tornou-se efetiva no plano legal após uma votação em fim de setembro.

Discurso de Roma: Em setembro de 1953, Lacan, pouco depois de seu primeiro conflito com a IPA, pronuncia uma conferência, depois lê um relatório durante o primeiro congresso da Société française de psychanalyse em Roma. Sua intervenção, que será reproduzida sob o título "Função e campo da fala e da linguagem em psicanálise" (*cf. Écrits*, Le Seuil, 1966), igualmente conhecida sob o nome de "discurso de Roma", expunha o que vai constituir a base da doutrina lacaniana.

École de la Cause freudienne: Oriunda da Cause freudienne, essa instituição reúne, a partir de 1981, em torno de Jacques-Alain Miller, genro de Lacan, os lacanianos que se dizem os mais "ortodoxos".

École française de psychanalyse: Primeiro nome dado, em 21 de junho de 1964, à instituição criada por Lacan após a cisão de 1963, consecutiva ao segundo conflito entre os lacanianos e a IPA. Essa instituição, conservando as mesmas iniciais, vai rapidamente tomar o nome de École freudienne de Paris (EFP).

École freudienne de Paris: Instituição que reagrupou os psicanalistas lacanianos a partir de junho de 1964. Criada, primeiramente sob o nome de École française de psychanalyse, após a crise que havia conduzido ao desaparecimento da Société française de psychanalyse, a École freudienne será dissolvida em 1980, pouco antes do desaparecimento de Lacan em setembro de 1981.

EFP: Ver École freudienne de Paris.

Grafo: Lacan "construiu" um grafo, ou melhor, grafos, em número de três, às vezes chamados "os grafos do desejo", primeiro em seu seminário sobre *As formações do inconsciente*, em seguida para sua comunicação de 1960 no colóquio de Royaumont publicada sob o título "Subversão do sujeito e dialética do desejo" (*Écrits*, Le Seuil, 1966). Eles lhe permitiram representar notadamente a articulação entre o sujeito, o desejo e o significante.

Institut: Lugar de ensino e de formação dos analistas da Société psychanalytique de Paris (SPP). Uma contestação de sua concepção, em 1953, provocará uma cisão no seio da SPP e conduzirá, finalmente, à criação da Société française de psychanalyse, cuja figura de proa será Jacques Lacan.

IPA: A International psychoanalytical association, internacional do movimento freudiano, foi criada em 1910 por Freud e Ferenczi. As duas instituições francesas filiadas à IPA são a Société psychanalytique de Paris, fundada em 1926, e a Association psychanalytique de France, fundada em 1964 após a cisão da Société française de psychanalyse.

Júri do passe: Júri encarregado, na École freudienne de Paris, de supervisionar o passe (*cf.* abaixo) e de conceder ou não o título de Analista da Escola aos passantes (*cf.* abaixo).

Nó borromeano: Figura topológica, introduzida por Lacan em seu ensino a partir de 1972, composta de três "anéis" ou três "rodas de barbante", ligados de tal maneira que o corte de um qualquer deles libera os outros dois. Permite mostrar o modo de enodamento entre as três categorias do Real, do Simbólico e do Imaginário (RSI). Posteriormente, Lacan opôs a esse nó a 3 um nó borromeano a 4, dito nó do "sinthoma".

Objeto a ou *Objeto pequeno a*: Utilizado por Lacan em seu ensino a partir do início dos anos 1960, notadamente durante o seminário sobre a transferência, esse termo designa o "objeto causa do desejo" que "foge do sujeito" e que não é representável enquanto tal, ainda que possa ser identificado aos quatro "objetos parciais" que são o seio (objeto da sucção), as fezes (objeto da excreção), a voz e o olhar. O objeto *a* só surge e só "opera" como uma "faltar em ser".

Passe: Procedimento "inventado" por Jacques Lacan em 1967, depois experimentado no seio da École freudienne de Paris, que devia permitir esclarecer o processo e o momento da passagem da situação de analisando àquela de analista. Aquele que quer relatar a maneira como se tornou analista, o "passante", deve mostrar isso diante de outros analistas, os "passadores", que, estes, transmitirão o que ouviram a um "júri do passe", encarregado de "nomear" "analista da Escola" cada passante que supostamente demonstrou ao longo do procedimento que de fato tinha tornado transmissível, pela fala, essa passagem do analisando àquele que está se tornando analista. Lacan esperava desse procedimento, ainda hoje colocado em prática em certas sociedades de analistas de diversas modalidades, que ele permitisse uma melhor compreensão de certas questões cruciais: o desejo do analista, o fim da análise, o efeito didático de certas curas, a formação dos analistas, etc. Lacan vai julgar, pouco tempo antes de dissolver a École freudienne, que essa experiência estava se tornando "um fracasso".

Passante: Ver passe.

Passador: Ver passe.

Seminário: Lugar essencial do ensino de Jacques Lacan. O seminário primeiramente ocorreu no domicílio de Lacan na rua de Lille antes de se tornar público, em Sainte-Anne, na École Normale Supérieure depois na Faculdade de Direito de Paris. Os textos dos seminários, dando conta do ensino oral de Lacan, vêm sendo pouco a pouco publicados, estabelecidos por Jacques-Alain Miller, nas Éditions du Seuil. A partir de data recente, é possível ouvir alguns dos seminários, tornados acessíveis por lacanianos internautas, na "rede".

SFP: Société française de psychanalyse.

SPP: Société psychanalytique de Paris, filiada à IPA (ver acima), primeira associação de psicanálise na França, fundada em 1926. Criou um Institut encarregado da formação dos psicanalistas. Dará direta ou indiretamente nascimento, através de várias cisões, em particular com os lacanianos, a outras sociedades de psicanálise freudianas francesas.

OBRAS PUBLICADAS

Psicanálise e Tempo
Erik Porge

Psicanálise e Análise do Discurso
Nina Leite

Letra a Letra
Jean Allouch

Mal-Estar na Procriação
Marie-Magdeleine Chatel

Marguerite ou "A Aimée" de Lacan
Jean Allouch

Revista Internacional nº 1
A Clínica Lacaniana

A Criança na Clínica Psicanalítica
Angela Vorcaro

A Feminilidade Velada
Philippe Julien

O Discurso Melancólico
Marie-Claude Lambotte

A Etificação da Psicanálise
Jean Allouch

Roubo de Idéias?
Erik Porge

Os Nomes do Pai em Jacques Lacan
Erik Porge

Revista Internacional nº 2
A Histeria

Anorexia Mental, Ascese, Mística
Éric Bidaud

Hitler – A Tirania e a Psicanálise
Jean-Gérard Bursztein

Littoral
A Criança e o Psicanalista

O Amor ao Avesso
Gérard Pommier

Paixões do Ser
Sandra Dias

A Ficção do Si Mesmo
Ana Maria Medeiros da Costa

As Construções do Universal
Monique David-Ménard

Littoral
Luto de Criança

Trata-se uma Criança – Tomos I e II
Congresso Internacional de Psicanálise e suas Conexões – Vários

O Adolescente e o Psicanalista
Jean-Jacques Rassial

— Alô, Lacan?
— É claro que não.
Jean Allouch

A Crise de Adolescência
Octave Mannoni e outros

O Adolescente na Psicanálise
Raymond Cahn

A Morte e o Imaginário na Adolescência
Silvia Tubert

Invocações
Alain Didier-Weill

Um Percurso em Psicanálise com Lacan
Taciana de Melo Mafra

A Fantasia da Eleição Divina
Sergio Becker

Lacan e o Espelho Sofiânico de Boehme
Dany-Robert Dufou

O Adolescente e a Modernidade - Tomos I, II e III
Congresso Internacional de Psicanálise e suas Conexões – Vários

A Hora do Chá na Casa dos Pendlebury
Alain Didier-Weill

W. R. Bion – Novas Leituras
Arnaldo Chuster

Crianças na Psicanálise
Angela Vorcaro

O Sorriso da Gioconda
Catherine Mathelin

As Psicoses
Philippe Julien

O Olhar e a Voz
Paul-Laurent Assoun

Um Jeito de Poeta
Luís Mauro Caetano da Rosa

Estética da Melancolia
Marie-Claude Lambotte

O Desejo do Psicanalista
Diana S. Rabinovich

Os Mistérios da Trindade
Dany-Robert Dufour

A Equação do Sonhos
Gisèle Chaboudez

Abandonarás teu Pai e tua Mãe
Philippe Julien

A Estrutura na Obra Lacaniana
Taciana de Melo Mafra

Elissa Rhaís
Paul Tabet

Ciúmes
Denise Lachaud

Trilhamentos do Feminino
Jerzuí Tomaz

Gostar de Mulheres
Autores diversos

Os Errantes da Carne
Jean-Pierre Winter

As Intervenções do Analista
Isidoro Vegh

Adolescência e Psicose
Edson Saggese

O Sujeito em Estado Limite
Jean-Jacques Rassial

O que Acontece no Ato Analítico?
Roberto Harari

A Clínica da Identificação
Clara Cruglak

A Escritura Psicótica
Marcelo Muniz Freire

Os Discursos e a Cura
Isidoro Vegh

Procuro o Homem da Minha Vida
Daniela Di Segni

A Criança Adotiva
Nazir Hamad

Littoral
O Pai

O Transexualismo
Henry Frignet

Psicose, Perversão, Neurose
Philippe Julien

Como se Chama James Joyce?
Roberto Harari

A Psicanálise: dos Princípios Ético-estéticos à Clinica
W.R. Bion – Novas Leituras

O Significante, a Letra e o Objeto
Charles Melman

O Complexo de Jocasta
Marie-Christine Laznik

O Homem sem Gravidade
Charles Melman

O Desejo da Escrita em Ítalo Calvino
Rita de Cássia Maia e Silva Costa

O Dia em que Lacan me Adotou
Gérard Haddad

Mulheres de 50
Daniela Di Segni e Hilda V. Levy

A Transferência
Taciana de Melo Mafra

Clínica da Pulsão
Diana S. Rabinovich

Os Discursos na Psicanálise
Aurélio Souza

Littoral
O Conhecimento Paranóico

Revista Dizer - 14
A medicalização da dor

Neurose Obsessiva
Charles Melman

A Erótica do Luto
Jean Allouch

Um Mundo sem Limite
Jean-Pierre Lebrun

Comer o Livro
Gérard Haddad

Do Pai à Letra
Hector Yankelevich

A Experiência da Análise
Norberto Ferreyra

A Fadiga Crônica
Pura H. Cancina

O Desejo Contrariado
Robert Lévy

Psicanálise de Crianças Separadas
Jenny Aubry

Lógica das Paixões
Roland Gori

Um Narrador Incerto, entre o
Estranho e o Familiar
Lucia Serrano Pereira

Gide-Genet-Mishima
Catherine Millor

Dependência Química na Adolescência
Hélio Fernandes Mattos

O Sexo Conduz o Mundo
Colette Chiland

Um Homem de Palavra
Nazir Hamad

A Arte de Reduzir as Cabeças
Dany-Robert Dufour

Poetas, Crianças e Criminalidade...
Sobre Jean Genet
*Alba Flesler / Claudio Martyniuk /
Fernando Sabsay / Isidoro Vegh*

A Paixão do Sujeito Freudiano
Bernard Penot

Clínica Lacaniana: as Homossexualidades
Revista Internacional n. 2

A Escola do Sujeito
Claude Dumézil

A Significação do Falo
Diana Rabinovich

A Angústia e o Desejo do Outro
Diana Rabinovich

O Próximo
Isidoro Vegh

Sombra do Teu Cão
Jean Allouch

Crueldade no Feminino
Sophie de Mijolla-Mellor e Julia Kristeva

A Descoberta de João
Marcelo Pio da Costa

Separações Necessárias
Emilio Rodrigué

Os Nomes Indistintos
Jean-Claude Milner

Lacaniana I
Moustapha Safouan

Psicanálise e Saúde Mental
*Sonia alberti e
Ana Cristina Figueiredo (org.)*

O Caminhante Analítico
Victor Smirnof

Figuras do Real
Ginette Michaud

Do Amor do Outro ao Amor de Si
Patrick Delaroche

A Topografia de Lacan
Jean-Paul Gilson

O Conhecimento Paranóico
Revista Litoral

Letra e Pulsão de Morte
André Green

Enigma do Incesto
Laure Rozen

O Inferno do Dever
Denise Lachaud

A Quarta Mulher
Paul Tabet

Lacaniana II
Moustapha Safouan

Dez Conferências de Psicanálise
Moustapha Safouan

Estados de Abandono
Jacques André

Transferência e Estados Limites
Jacques André

Da Paixão
Jacques André

A Anatomia da Terceira Pessoa
Guy Le Gaufey

A Criança no Espelho
(Freud Wallon Lacan)
Émile Jalley

A Violência na Adolescência
Pierre Kamerer

Para uma Clínica do Real
Isidoro Vegh

O Fracasso do Fantasma
Silvia Amigo

As Figuras do Real
Patrick Delaroche

Amor e Ódio
A Ambivalência da Mãe
Michele Benhaim

Oriente Médio: Povos Autoritários Sociedades Bloqueadas
Philippe Draz Vincent

Dicionário da Sexualidade Humana
Philippe Brenot

Dicionário da Justiça
Löic Cadiet

O Jornalista e seu Poder
Gerard Spitéri

Michel Foucault: a Inquietude da História
Mathieu Potte-Bonneville

O Sexo do Mestre
Jean Allouch

Psicoterapia-Psicanálise-Didática 1 - debates
Analyse Freudienne Presse

Psicoterapia-Psicanálise-Didática 2 - debates
Analyse Freudienne Presse

A Pulsão de Morte
Michel Plon (org.)

A Crueldade no Feminino
Sophie de Mijolla-Mellor

Por que não há Relação Sexual?
Roberto Harari

A Saúde Totalitária
Roland Gori

A Morte de Deus
Dany-Robert Dufour

O Espelho do Artista
Yolanda Freyre

Nietzsche e o Demônio do Meio-dia
Jean-Baptiste Botul

Fim da Picada
Guilherme Knabb
Mariana Friedheim

Psicanálise de Pais
Durval Checchinato

Separações Necessárias
Emilio Rodrigué

Reflexões Sobre a Questão Gay
Didier Eribon

"Inseto"
Claire Castillon

A Lógica do Gênero
Laure Murat

No Reino das Mulheres
Irène Frain

O Inestimável Objeto da Transmissão
Pierre Legendre

Impresso por:

Tel/Fax: (21) 2159 7979
E-mail: edil@edil.com.br